문화문고 026

경전으로 본 세계종교

불교

김용표 편저

傳統文化研究會

경전으로 본 세계종교

경전으로 본 세계종교
문화문고 **불 교** 정가 22,000원

2017년 06월 10일 초판 인쇄
2024년 12월 31일 초판 2쇄

편 저 김용표
편 집 남현희
교 정 이효재 김효동
출 판 김주현
관 리 함명숙
보 급 서원영

발행인 김 현
발행처 (사)전통문화연구회
서울 종로구 삼봉로 81 두산위브파빌리온 1332호
전화 : 02-762-8401 전송 : 02-747-0083
사이버書堂 : cyberseodang.or.kr
온라인서점 : book.cyberseodang.or.kr
전자우편 : juntong@juntong.or.kr
등 록 : 1989. 7. 3. 제1-936호
총 판 : 한국출판협동조합(070-7119-1750)

ISBN 979-11-5794-138-4 04220
978-89-91720-76-3(세트)

임 원

간행사

본회는 한국고전의 연구와 번역의 선결과제先決課題로, 동양고전의 협동연구번역과 on-off라인을 통한 교육을 해온 지 20여 년이 되었다. 이는 우리의 역사歷史와 문화文化를 깊이 이해하기 위하여 동양의 역사와 문화를 총체적으로 조명하여야 한다는 취지에서이다.

그런데 동서양 고전에 대해서 그 중요성은 인정하고 있지만, 특히 한국과 동양의 한문고전은 지식인이나 일반인은 물론 전문가조차 해독하기 어려워 일본이나 중국의 번역본을 중역하는 상황이었고, 동양고전은 현대화가 늦어져 이제야 본격적인 작업을 하고 있다.

오늘날 각계의 교류가 긴밀히 이루어지면서 세계가 하나로 되는 상황에 이르러, 우리 국민의 역사·문화 의식이 한국에서 동양으로, 또 세계로 지향해야 하는 시급한 시대가 다가왔다.

그러나 세계로의 지향이 서구화의 다른 이름이고 우리로서는 허상일 수 있음을 주의해야겠지만, 우리와 동양의 자주성과 자존의 아집도 경계하여 새로운 그 무엇을 그려내야 할 것이다. 이를 위해서는 일차적으로 한韓·중中·일日이 삼국양립三國兩立에서 발전하여 삼국정립三國鼎立을 이룸으로써, 치욕의 역사에서 벗어나 안정과 발전의 기반을 마련해야 할 것이다.

본회는 이러한 상황에서 1차적인 준비로 '동양문화총서'를 몇

권 간행한 바 있으나, 이 계획의 충실을 기하기 위해서는 한 손에는 연구, 다른 한 손에는 보급이라는 과제를 좀더 확실히 해결하지 않으면 안 된다. 이러한 문화 보급의 취지에서 앞으로 국민의 전체적인 수준 향상을 위하여 '사서四書'의 문고화를 시작으로, 우리와 동양에서부터 서양의 고전과 인물과 문화에 관한 '문화문고' 간행의 출발점으로 삼고자 하는 것이다.

대체로 문고는 연구서에 비하면 2차적 작품이므로, 해석과 주석 등을 본문에 녹여서 중등학생 수준의 독자가 읽어서 이해되도록 하려고 한다. 그러나 특수한 분야나 전문적인 것도 필요한 것이다. 또한 시대에 부응하여 편리하며 염가로 읽힐 수 있는 '전자출판'도 겸행할 예정이다.

구미歐美의 유명한 문고본이 끼친 세계 문화적 영향이나, 이웃 일본의 교양과 지식이 이와나미문고岩波文庫에서 나왔다는 사실을 기억해야겠다. 우리나라의 문고본은 그간 부침浮沈이 있었으나, 여러분의 서가에도 상당수 있듯이 그 공헌은 인정하지 않을 수 없다.

앞으로 우리는 동양고전의 번역 및 교육사업과 함께 통섭적統攝的 방법으로, 국가경쟁력을 키우고 문예부흥을 개막하는 계획의 꿈도 이루기 위하여 지혜를 모아 헌신할 것을 다짐하며, 이에 각계의 관심과 지원을 기대한다.

전통문화연구회 회장 이계황

이 책에 대하여

불교경전은 팔만대장경이라고 할 만큼 방대한 내용을 담고 있다. 여기에는 경經·율律·논論 등 삼장三藏이 포함되어 있다. 경(sūtra)이란 본래 산문으로 이루어진 붓다의 간결한 설법을 의미했으나, 광의로는 붓다의 모든 설법을 기록한 문헌을 가리킨다. 설법의 기술형식에 따라 9분교分教 또는 12분교로 분류하며, 그 내용에 따라 초기경전(5부·4아함), 대승경전, 밀교경전 등으로도 구분된다. 율장律章에는 대소승 계율에 관한 가르침이 담겨 있다. 논장論章에는 경전에 대한 여러 주석서 및 아비달마阿毘達磨 철학서도 포함되어 있다. 그 외에도 조사어록祖師語錄과 《고승전高僧傳》 등의 사서史書도 대장경大藏經에 포함되어 있다.

본서는 2001년 발행한 《경전으로 본 세계종교》(전통문화연구회)의 〈불교〉편을 청소년과 일반인이 쉽게 이해할 수 있도록 간편하게 재편집한 것이다. 《경전으로 본 세계종교》는 세계의 7대 종교경전을 비교종교학적 관점에서 주제별로 정선한 한국 최초의 세계경전 개론서였다. 그러나 그 양이 방대하여 일반 독자들이 접근하기 어려운 단점이 있었다. 이에 이 책을 종교별로 분책하고, 내용도 쉽게 수정하여 종교별 단행본으로 다시 출판하기로 한 것이다.

이 책은 비교종교학적 분류 체계(목차 참조)에 따라 불교 경전의 내용을 재구성하였다. 종교현상학적 유형론에 의한 경전의 선정과 분류에 따라 독자들은 여러 차원의 불교 가르침을 새로운 시각으로 균형 있게 이해할 수 있을 것이다.

본서에는 초기경전과 대승경전이 망라되어 있으나, 한국불교의 전통에 따라 선어록禪語錄도 많이 수록되었다. 대승경전은 붓다의 역사적 언어로서의 불설佛說보다는 내적 깨달음의 내용인 법성法性을 더 중요시하고 있다. 대승경전을 신봉하는 불교도들은 역사적 붓다의 설법뿐만 아니라, 제자의 설법, 붓다의 법력과 가피력加被力[1]에 의한 설법(pratibhāṇa), 천인天人과 여러 성인聖人들의 설법도 동등하게 불설로 인정하고 있다. 산티데바Santideva의 《보리행경菩提行經》이나 혜능慧能의 《육조단경六祖壇經》에 '경'이라는 이름을 붙인 것은 이 때문이다.

대승의 모체인 《반야경般若經》은 경전의 의미를 경계가 없는 지평까지 열어놓았다. 대승불교에서 경전은 한계가 없는 열린 텍스트이므로 정각正覺을 얻은 이에 의해 끊임없이 편찬될 수 있다고 본다. 깨달은 이의 언설은 다 불설로 인정하는 열린 경전관을 지니고 있으므로 경전의 궁극적 권위와 가치는 설한 자가 누구인가보다도 그 경전이 주는 효용성에 있다. 여기에서 대승불교에서의 불설의 개념은 상좌부上座部 전통의 해석과 판연히 다름을 알 수 있다.

경전을 읽는 것은 거울에 자신의 마음을 비쳐보는 것과 같다.

1) 가피력加被力 : 불·보살이 자비의 마음으로 중생들에게 힘을 더해주는 것을 뜻한다.

붓다의 설법을 결집한 불전은 진리의 길을 밝혀주는 등불이며 저 언덕에 이르게 도와주는 뗏목과 같다. 경전을 읽고 해석하는 방법은 다양하나, 천태대사天台大師 지의智顗의 독법대로 경전의 한 구절 한 구절을 자신의 마음으로 간주하고, 그 내면을 관조하는 관심석觀心釋이 중요하다. 이는 경전의 말씀을 붓다의 마음과 자신의 불성의 거울에 비쳐보는 것이다. 모든 법을 해석할 때 문자적 해석보다는 자신의 불성과 상조相照하는 수행으로 회향廻向할 때 경전 읽기는 그 자체가 수행이 되는 것이다.

이러한 의미에서 육조대사 혜능은 "보리자성菩提自性이 곧 경전"임을 천명했으며, 도원선사道元禪師는 "산하대지山河大地와 일월성신日月星辰이 곧 경전이다. 경전은 모든 시방세계이니, 경 아닌 곳이 없고 경 아닌 때가 없다." 하였다. 우리의 경전 읽기도 언어로 된 경전뿐만 아니라 우주의 실상과 자기 내면의 경전을 발견하여, 이를 열어 마음으로 읽고 깨달아가는 데서 완성될 것이다.

2016년 입춘일

북악 황매산방黃梅山房에서 김용표金容彪

일러두기

1. 본서는 동서양東西洋의 중요한 고전古典, 인물人物, 문화文化에 관한 모든 국민의 교양도서로, 미래 한국의 양식良識 기반을 구축하기 위한 문화문고文化文庫이다.

2. 본서는 《경전으로 본 세계종교》(전통문화연구회, 2001) 〈불교〉를 문고文庫 형태에 맞게 개고改稿하였다.

3. 본서의 체제는 《경전으로 본 세계종교》의 체제를 따랐으며, 각 항목과 그에 대한 설명을 일부 수정 보충하였다.

4. 고유명사와 용어 및 주요 어휘는 독자의 문장 이해를 위하여 한글과 한자漢字를 병기하였다.

5. 맞춤법과 띄어쓰기는 한글 맞춤법과 표준어 규정을 따르는 것을 원칙으로 하였다.

6. 독자의 이해를 돕기 위해 해당 내용에 관련된 도판圖版 자료를 수록하였다.

7. 본서 부록 중 '붓다의 설법과 생애', '세계의 불교 미술'은 QR코드를 통해 스마트 기기로만 볼 수 있는 자료이며, 불교 회화, 조각 등의 이미지와 그에 대한 설명을 실었다.

8. 본서에 사용된 주요 부호符號는 다음과 같다.

“ ” : 대화, 인용

‘ ’ : 재인용, 강조

( ) : 간단한 주석註釋

〔 〕 : 음이 다른 한자漢字, 번역문의 원문原文

《 》 : 서명書名

〈 〉 : 편장명篇章名, 작품명作品名, 보충역補充譯

참고문헌

• 대상 경전

《가전연경迦旃延經》, 《관무량수경觀無量壽經》, 《관심론觀心論》, 《금강경金剛經》, 《금광명경金光明經》, 《금강오가해金剛五家解》, 《능가경楞伽經》, 《대반열반경大般涅槃經》, 《대승기신론大乘起信論》, 《대승열반경大乘涅槃經》, 《대집경大集經》, 《대품반야경大品般若經》, 《돈오입도요문론頓悟入道要門論》, 《무량수경無量壽經》, 《무문관無門關》, 《미륵상생경彌勒相生經》, 《반야심경般若心經》, 《법구경法句經》, 《밀린다왕문경彌蘭陀王問經》, 《법집경法集經》, 《보리행경菩提行經》, 《법화경法華經 : 묘법연화경妙法蓮華經》, 《보왕삼매론寶王三昧論》, 《보적경寶積經》, 《부증불감경不增不減經》, 《불소행찬佛所行讚》, 《불전佛傳》, 《비나야 피타카》, 《사분율四分律》, 《사십이장경四十二章經》, 《사정단경四正斷經》, 《상응부경전相應部經典》, 《선경어禪警語》《소부경전小部經典》, 《수심결修心訣》, 《숫타니파라〔經集〕》, 《수능엄삼매경首楞嚴三昧經》, 《승만경勝鬘經》, 《신심명信心銘》, 《아나율경阿那律經》, 《유마경維摩經》, 《유조단경六祖壇經》, 《임제록臨濟錄》, 《입중론入中論》, 《잡아함경雜阿含經》, 《장부경전長部經典》, 《장아함경長阿含經》, 《재경齋經》, 《전법륜경轉法輪經》, 《전심법요傳心法要》, 《정법안장正法眼藏》, 《중론송中論頌》, 《중부경전中部經典》, 《중아함경中阿含經》,

《증일아함경增一阿含經》, 《증지부경전增支部經典》, 《천수경千手經》, 《팔천송반야경八千訟般若經》, 《화엄경華嚴經》

- 《한글대장경》, 동국대학교 역경원, 2000.
- 《고려대장경》, 동국대학교, 1957.
- 고익진, 《한역 불교근본경전漢譯佛教根本經典》, 동국대학교출판부, 1982.
- 미즈노코겐水野弘元 저, 이미령 번역, 《경전성립과 전개》, 시공사, 1996.
- 불광교학부, 《경전의 세계》, 불광출판부, 1991.
- 불교성전편찬위원회, 《불교성전》, 동국대학교 역경원, 1978.
- 불서해설대사전편찬회, 《불서해설대사전佛書解說大辭典》, 대동출판사, 1993.
- 소화신찬국역대장경편집부, 《소화신찬국역대장경昭和新纂國譯大藏經》 1, 경전부 동경 : 동방서원, 1929.
- 시이오벤쿄椎尾辨光, 《불교경전개설》, 불교사상연구대계 12, 민족사, 1982.
- 이기영, 《불전해설》, 한국불교연구원출판부, 1978.
- 이재창, 《불교경전개설》, 현대불교신서 46, 동국대학교역경원, 1982.

목 차

간행사

이 책에 대하여

일러두기

참고문헌

제1장 불교 개요 / 19

1. 불교 발생의 역사적 상황 / 21
2. 창시자 고오타마 붓다 / 22
3. 불교의 역사 / 26
4. 불교경전의 성립 / 30
5. 불교의 근본교리 / 35

제2장 궁극적 실재 / 39

1. 법신法身(Dharma-kāya) / 43
2. 불성佛性 / 46
3. 공空 / 51
4. 진여실상眞如實相 / 54

제3장 세계, 존재, 인연 / 59

1. 세계의 생성 인연 / 63

2. 무상無常과 생주이멸生住異滅 / 67

3. 존재의 법칙 / 70

제4장 인간과 종교적 체험 / 73

1. 인생의 괴로움 / 76

2. 무명無明과 윤회輪廻 / 84

3. 열반涅槃과 해탈解脫 / 95

4. 지혜의 완성 / 104

제5장 수행 / 109

1. 발보리심과 자기를 다스리는 수행 / 112

2. 선정禪定 / 125

3. 보살도菩薩道의 실천 / 142

4. 인욕忍辱과 정진精進 / 147

제6장 의례 / 155

1. 귀의歸依와 예경禮敬 / 159

2. 참회懺悔 / 169

3. 발원發願과 회향廻向 / 174

4. 염불念佛 / 184

제7장 개인윤리와 이상적 삶 / 187

1. 업보業報 / 190
2. 삼독三毒 / 196
3. 무소유無所有와 무집착無執着 / 201
4. 선행善行 / 204

제8장 사회윤리와 이상적 사회 / 211

1. 평등심平等心 / 214
2. 생명의 존중과 자비慈悲 / 217
3. 보시布施 / 223
4. 사회의 윤리 / 226
1) 부부간의 윤리 / 227
2) 친족간의 윤리 / 229
3) 부자간의 윤리와 효행 / 230
4) 노사勞使간의 윤리 / 231
5) 사제간의 윤리 / 232
6) 신자의 길 / 233
5. 국가의 윤리 / 235
6. 불국정토佛國淨土 / 240

제9장 창시자 / 243

1. 여래如來의 지혜 / 247
2. 여래의 수승한 모습 / 257
3. 붓다의 인격 / 264
4. 붓다의 교육 방법 / 279
5. 여래의 본성 / 287
6. 붓다의 생애 / 288

1) 출가 결심 / 289
2) 성도成道 / 290
3) 최초의 설법說法 / 293
4) 열반涅槃 / 297

제10장 공동체 / 303

1. 불법 안에서의 평등 / 307
2. 화합의 공동체 / 312
3. 교단의 성립 / 320
4. 아라한阿羅漢과 성인聖人 / 332

〔부록〕

도판 목록 및 사진 자료 제공처 / 345
붓다의 설법과 생애(QR코드 이용 자료) / 348
세계의 불교 미술(QR코드 이용 자료) / 349

제1장

불교 개요

해인사海印寺 팔만대장경판八萬大藏經板(고려)

1. 불교 발생의 역사적 상황

불교는 인도 문명의 토양土壤에서 발생한 종교이다. 인더스 문명을 형성한 원주민은 드라비다족과 문다족이었으나 기원전 13세기경 아리안족이 침입하여 이들을 정복하고 인도 문화의 주류를 형성하였다. 아리안족은 인도에 정착하여 《베다》라는 종교 성전을 집성하고 브라만교라는 종교 문화를 형성하였다. 베다의 종교는 신에 대한 제사를 통하여 현세의 복지福祉와 해탈解脫을 기원하는 의식을 존중하였다. 여기에서 자연히 제사를 주관하는 브라만이라는 사제가 최고의 지배계급이 되었으며 카스트 제도라는 종교적 계급제도가 형성되었다.

기원전 800년경부터 《우파니샤드》라는 철학적 종교 경전이 나타났다. 이 경전은 우주의 근원을 브라흐만Brahman(범梵)이라고 하고 인간에 내재하는 자아自我를 아트만ātman(아我)이라고 하였다. 우파니샤드 철학은, 이 세계는 환상이고 브라흐만만이 실재한다고 본다. 브라흐만과 아트만은 본래 하나이므로 범梵과 아我가 하나가 되어야만(범아일여梵我一如) 윤회輪廻의 괴로움으로부터 해탈解脫할 수 있다는 것이다. 이러한 윤회와 해탈 사상은 불교 형성에도 큰 영향을 미쳤다.

기원전 6세기경, 갠지스강 주변의 평야 지대를 중심으로 자유로운 신흥 농경인과 상공인 계급들이 대두되고, 소도시를 중심으로 군소 국가가 등장하기 시작하였다. 또한 이러한 시대 상황을 배경으로 전통적인 브라만교에 반대하는 다양한 신흥 종교와 철학사상이 나오게 되었다. 그 대표적인 신흥 종교에는 자이나교를 비롯한 육사외도六師外道[2)]들이 있었다. 그들은 감각적 유물론이나 불가지론不可知論, 또는 인과因果의 부정이나 무도덕론, 또는 고행주의苦行主義를 내세우기도 했다. 불교는 이러한 시대에 나타난 신흥 종교의 하나로 전통적인 브라만교뿐만 아니라 소위 육사외도의 사상도 모두 비판하면서 중도中道와 연기緣起의 진리를 제창하였다.

2. 창시자 고오타마 붓다

붓다Buddha라는 말은 동사 어근 'budh(깨닫다)'에서 유래된 말로 '진리를 깨달은 사람'이라는 의미를 가지고 있다. 중국에서는 '불타佛陀' 또는 '불佛'이라고 음역되었다. 불교의 창시자인 고오타마 붓다Gautama Buddha는 석가족釋迦族의 성자라는 의미에서 샤카무니Shākyamuni라고도 부른다.

2) 육사외도六師外道 : 아지타 케사캄발리, 파쿠다 카짜야나, 푸라나 카샤파, 마칼리 고살라, 산자야 벨라티풋타, 니간타 나타풋타 등의 여섯 사상가와 그 유파를 가리킨다.

석굴암 본존불(통일신라)

간다라 양식 불상

고오타마 붓다는 기원전 624년경에 현재의 네팔 지방에서 석가족의 왕자로 태어났다. 그의 아버지는 카필라의 왕 슛도다나(정반淨飯)였고, 성은 고오타마였다. 왕비인 마야摩耶 부인은 같은 석가족의 일족인 고리야족으로서 데바다하성의 공주였다. 설화에 의하면 결혼 후 오랫동안 아기가 없다가 20년이 지나서 흰 코끼리가 오른쪽 겨드랑이로부터 태내에 들어오는 꿈을 꾸고 아기를 잉태하였다. 왕비는 나라의 풍습에 따라 친정으로 돌아가는 도중에 룸비니 동산에서 오른손을 들어 무우수無憂樹 가지를 꺾으려는 순간에 왕자를 낳았다고 한다. 이 왕자의 이름은 싯다르타였다. 마야부인은 싯다르타의 생후 7일 만에 이 세상을 떠났고, 싯다르타는 그 후 부인의 동생인 마하프라자파티에 의해 양육되었다.

보살이 흰 코끼리를 타고 마야부인의 태 속으로 들어가다
(도솔래의상兜率來儀相, 송광사松廣寺 영산전靈山殿 팔상탱八相幀, 조선)

싯다르타는 7세부터 학문學問과 무술武術의 도를 배웠다. 19세에 싯다르타는 데바다하성의 왕 수프라붓다의 딸 야쇼다라와 결혼하였다. 이후 10년 동안 싯다르타는 화려한 궁중 생활을 즐겼지만, 그는 일찍부터 인생의 고뇌에 의문을 품고 자주 명상에 잠기게 되었다. 생로병사生老病死에 대한 의문을 풀지 못해 인생의 의미에 대해 회의하는 나날이 계속되었다. 싯다르타가 29세가 되는 해에 외아들인 라훌라가 태어나자 싯다르타는 드디어 출가를 결심하고 마부인 찬다가를 데리고 궁전을 떠났다. 그리하여 이 세속과의 관계를 끊고 출가사문出家沙門이 되었다.

싯다르타는 그 후 6년간 뼈를 깎는 수행을 계속하였다. 그가 35세 되던 해 12월 8일, 새벽의 명성明星을 바라볼 때 위없는 깨달음(무상정등정각無上正等正覺)[3]을 얻어 부처가 되었다. 이로부터 싯다르타는 붓다, 여래如來, 석가모니釋迦牟尼, 세존世尊 등 여러 가지 이름으로 알려지기 시작했다.

붓다는 바라나시의 녹야원鹿野苑에 가서 5인의 비구比丘에게 최초로 법을 설說하였다. 그 후 붓다는 계속하여 45년간 법을 설하여 수많은 중생을 제도하였다. 80세에 붓다는 라자그리하(왕사성王舍城)로부터 슈라바스티(사위성舍衛城)로 오는 도중, 바이살리에서 병을 얻어 쿠시나가라성 밖의 사라沙羅나무가 두 그루 나란히 서 있는 사이에 누워 마지막 순간까지 가르침을 설하고 고요히 열반涅槃에 들었다. 이때가 기원전 543년경이었다.

---

3) 무상정등정각無上正等正覺 : 가장 수승殊勝하고 진실하며 보편타당한 진리의 깨달음(anuttara-samyak-sambodhi)을 뜻한다.

3. 불교의 역사

출가사문을 중심으로 한 불교 교단을 상가saṃgha라고 한다. 최초의 교단은 붓다가 성도成道한 후 녹야원에서 다섯 비구를 제자로 받아들인 것으로부터 성립되었다. 그 후 불교 교단은 율장律藏의 가르침을 중심으로 운영되었다.

불멸佛滅 후 100년 이후부터 불교 교단은 붓다의 교법에 대한 해석의 차이로 여러 부파部派로 분열되기 시작하였다. 18부파 이상에 달했던 소승小乘 부파는 크게 상좌부上座部(Theravāda)와 대중부大衆部(Mahāsaṇghika)로 나눌 수 있다. 이 가운데에서 상좌부계의 설일체유부說一切有部는 캐시미르 지방을 근거지로 하여 쿠샤나 왕조의 보호를 받아 불교 교설을 철학적으로 체계화하는 작업에 몰두하였다. 이러한 경향은 불교를 이론적이고 분석적인 종교로 만들게 되어 자연히 소수 엘리트 승려의 전유물이 되었다. 일체 중생一切衆生의 구제라는 불교 본래의 이상과는 달리 은둔적 승원僧院 중심 불교와 자기 수행과 학문적 불교에만 만족하는 풍토가 유부계열有部系列 부파불교部派佛教의 특징이었다.

대승불교大乘佛教(Mahāyāna Buddhism)는 이러한 부파불교의 소승적 경향에 반대하여 기원전 1세기 전후 시작된 새로운 불교 운동으로써 대두되었다. 대승불교 신봉자들은 대승이라는 말을 자신들 교설의 위대함을 강조하려는 의도로 사용하였다. 그것은 상대적으로 좁고 열등하다고 보는 소위 소승小乘(Hinayāna) 학파의 교설보다 훌륭하고 우월하다는 의미를 내포하고 있다. 대승불교에서는 대승의 길을 신봉하는 사람을 보살菩薩이라 하고 소승의 가르침을 따르는 사람을 성문聲聞(Śrāvaka)[4]이나 연각緣覺(Pratyeka-buddha)[5]이라고 구별하면서 소승불교도는 자신의 구원만을 목표로 하지 생사의 괴로움에 빠져 있는 다른 사람들을 돌아볼 여유가 없는 사람들이라고 비판하였다.

대승불교 운동은 윤리적으로는 자비慈悲와 이타주의利他主義, 교리적으로는 제법개공諸法皆空, 교단적으로는 출가와 재가를 구분하지 않는 적극적이고 혁신적인 불교 개혁을 단행하였다. 대승은 재가와 출가, 선인과 악인, 현인과 범부를 구분하지 않았다. 교단사적으로 볼 때 대승의 이념은 부파불교 대중부의 교설에서 주로 나왔다. 그러나 그 원류를 찾아보면 사실은 초기경전인 5부 니카야nikāya에 거의 다 설해져 있는 것이다. 그러므로 대승불교는 초기불교의 자비정신과 연기사상을 시대적 요구에 알맞게 재해석하여 불교의 본래 정신을 회복하고자 했던 것으로 볼 수 있다.

그 후 대승불교는 크게 중관학파中觀學派(Mādhyamika), 유가유식학파瑜伽唯識學派(Yogācāra), 불교논리학파佛教論理學派, 밀교密教 등의 단계로 발전하였다. 중관학파는 《반야경般若經》을 소의경전所依

---

4) 성문聲聞(Śrāvaka) : 불교의 교설教說을 듣고 스스로의 해탈을 위하여 정진하는 출가 수행자를 뜻한다.

5) 연각緣覺(Pratyeka-buddha) : 붓다의 가르침에 의지하지 않고 스스로 진리를 깨달은 성인으로 독각獨覺 또는 벽지불辟支佛이라고도 한다.

經典으로 하는 대승학파이다. 이 학파의 창시자는 2세기경의 용수龍樹(Nāgārjuna)이다. 그는 《반야경》의 공사상空思想을 철학적으로 체계화하여 공空의 근거로서의 연기緣起의 의미를 밝혔다. 용수는 《반야경》 사상에 기초하여 불교의 근본 교설인 연기설을 공사상으로 재해명하여 대승불교의 토대를 확립하였다. 그러므로 대승의 제종파에서는 그를 '8종의 조사祖師' 또는 '제2의 부처님'으로 받들고 있다. 6세기 이후 중관학파는 스바탄트리카Svātantrika(자립논증학파自立論證學派)와 프라상기카Prāsaṇghika(귀류논증학파歸謬論證學派)로 나뉘었다.

용수龍樹(《삼재도회三才圖會》)

유식학파唯識學派(Yogācāra)는 초기 불교의 유심사상唯心思想과 요가행자들의 선정禪定 체험, 화엄華嚴의 삼계三界 유심사상, 반야般若 공사상의 실천적 필요와 윤회의 주체로서의 무의식인 알라야식(Alāya-vijñāna)의 존재 필요성 등의 사상적 요소를 종합하여 성립되었다. 유식사상은 외적 대상은 마음의 작용일 뿐이라는 만법유식사상萬法唯識思想을 주장하였다. 그 후 유식학파는 진나陳那를 중심으로 한 인명因明논리학파를 성립시켰다.

불교논리학파는 바라문교학에서 논리를 전문적으로 연구하는 니야야학파(정리학파正理學派)의 영향으로 오분작법五分作法(종宗, 인因, 유喩, 합合, 결結)의 논리 체계를 수용하여 발전시켰다.

7세기 이후 인도 종교는 주술이나 의례를 중심으로 한 탄트라 운동의 물결에 휩싸이게 되었다. 이러한 경향은 불교에도 심대한 영향을 미쳐 밀교密教를 성립시켰다. 대승불교는 힌두교적 밀교의 영향으로 더 대중화되어 불상 제작과 공양, 그리고 다라니陀羅尼 독송讀頌의 의례가 일반화되기 시작했다. 7세기 후반 밀교 경전《대일경大日經》과《금강정경金剛頂經》등이 편찬되었고 오릿사의 삼바라왕 인드라부티(687~717)는 금강승金剛乘(Vajrayāna)을 창시하였다. 그 후 밀교는 금강승인 좌도左道 밀교와 진언승眞言乘(Mantrayāna)인 우도右道 밀교로 나뉘어졌다.

7세기경에 아라비아 지방에서 창시된 이슬람교는 1027년 서북 인도 지방을 지배하였다. 이슬람교도의 인도 정복은 힌두교와 불교 등의 종교 탄압과 쇠퇴를 가져왔다. 그들은 1175년에 판잡 지방을 정복하였고, 1203년에는 수많은 불교 사원과 불탑을 파괴하였다. 이때 많은 불교 승려들이 티베트와 네팔 그리고 남인도 등으로 망명하였으며 그 후 인도 불교는 거의 쇠퇴하였다.

현재의 대승불교는 티베트, 네팔, 중국, 한국, 일본 등 북방불교 문화권에서 신봉되고 있다. 반대로 미얀마, 스리랑카, 타이랜드 등 남방불교권에서는 소승 18부파의 일파인 상좌부上座部(Theravāda) 불교가 성행하고 있다.

4. 불교경전의 성립

붓다의 입멸 직후 제자들은 붓다의 가르침을 경전 형태로 편찬하기 시작하였다. 이를 결집結集(Saṇgīti, 합송合誦)이라고 한다. 결집은 인도 불교사에 있어서 수차례 이루어졌다. 붓다의 열반 직후에 행하여진 제1차 결집은 왕사성王舍城에서 7개월간 이루어졌다. 마하가섭摩訶迦葉을 중심으로 500여 명의 비구가 모

마하가섭摩訶迦葉(《삼재도회三才圖會》)

여 편찬회의를 열었다. 출가자의 행동 규범과 승단의 운영에 관한 율律은 우바리優婆離가 송하고 교리에 대한 법法은 아난다阿難陀가 송하여 이를 불설로 승인하였다. 여기에서 경經(sūtra)과 율律(vinaya)의 이장二藏이 성립되었다.

아난阿難(《삼재도회三才圖會》)

불경은 서분序分, 정종분正宗分, 유통분流通分이라는 일정한 형식에 따라 편집되었다. 서분은 "이와 같이 내가 들었다.〔如是我聞〕"라는 말로 시작되며, 설법장소, 청법자, 설법의 인연 등이 기술된다. 정종분은 설법의 본론이며, 마지막 유통분에는 대개 "붓다의 설법을 듣고 모두가 큰 환희심으로 믿고 받들어 행하였다.〔聞佛所說 皆大歡喜信受奉行〕"는 구절로 마치는 것이 원칙이 되었다.

제2차 결집은 불멸 후 약 100년경에 바이샬리에서 700여 비구가 모여 행하였다. 이 결집은 계율의 해석 문제로 보수파와 진보파의 대립이 표면화되어 상좌부와 대중부로 나뉘는 교단 분열의 원인이 되었다.

제3차 결집은 불멸 후 200년경 아쇼카왕 18년에 왕의 명으로 파탈리푸트라에서 100여 명의 고승이 모여 행하였다. 약 9개월간 소요된 이 결집에서 구전되어 오던 경전을 비로소 문자화하였다. 또한 경장과 율장 외에도 논장論藏(Abhidharma)을 결집하여 불교의 삼장三藏이 성립되었다. 그 후에도 카니시카왕의 후원으로 제4차 결집이 있었다.

이때 성립된 삼장을 대승불교에서는 소승 삼장이라고 한다. 현존하는 파알리어 삼장 중 경장에는 5부 니카야(한역 4아함에 해당)가 있다. 니카야는 장부長部(Dīgha-nikāya) 33경, 중부中部(Majihima-nikāya) 152경, 상응부相應部(Samyutta-nikāya) 56경, 증지부增支部(Anguttara-nikāya) 1법-11법, 소부小部(Kkhuddhaka-nikāya) 15경 등으로 나뉜다. 율장은 3부로 나뉘고 논장에는 7부 아비달마abhidharma장이 있다.

대승불교의 성립과 함께 많은 대승경전이 편찬되었다. 불멸 후 300~500년경에 《반야경般若經》, 불멸 500년경에 본연부本緣部·대집부大集部 등 방등부方等部, 불멸 600년경에 《법화경法華經》, 불멸 700년경에 《화엄경華嚴經》 계열의 경전, 그리고 불멸 900년경에 밀교계 경전이 성립되었다. 대승경전의 결집의 시기, 장소와 편찬자에 대해서는 자세히 알 수가 없다. 다만 최초의 대승경전은 남인도에서 출현하고 북인도에서 완성된 것으로 보고 있다. 대승의 문헌은 크게 경經(sūtra), 논論(sastra), 탄트라(tantra) 등 세 부분으로 나눌 수 있다. 이 중에서 경은 가장 권위 있는 문헌으로 대승불교도들은 그 안에 포함되어 있는 교설敎說의 불설로서의 권위를 의

심하지 않았다. 논서論書는 특정 학파의 체계적인 주장을 내세우는 문헌이다. 탄트라는 이보다 더 제한적인 것으로 비의秘義를 전수받은 밀교파에서만 통용되는 문헌이다.

대승 경전의 모체인 《반야경》은 대승불교의 이상적 인간상인 보살의 삶의 목표와 방법을 제시해주는 경으로 공空사상을 근간으로 한다. 현존하는 《반야경》은 30여 종의 이본異本이 있으며 기원전 1세기경부터 600년 이상의 기간 동안 제작된 것이다.

《화엄경華嚴經(Buddhāvamsaka-mahāvaipulya-sūtra)》 계열의 경전은 2, 3세기경에 반야부 경전에 이어 성립된 경전으로 〈십지품十地品〉, 〈입법계품入法界品〉 등 각 품들이 독립된 경으로 유통되다가 집대성된 경이다.

대방광불화엄경변상도大方廣佛華嚴經變相圖(고려, 국립중앙박물관 소장)

《묘법연화경妙法蓮華經(Saddharma-puṇḍarīka-sūtra)》은 '백련白蓮과 같은 정법正法'이라는 의미를 지닌 대승경으로 일승一乘 불교를 지향하는 통일적 대승경전이다. 이 경의 초기 형태는 1, 2세기경에 성립되어 후에 〈관세음보살보문품觀世音菩薩普門品〉과 〈보현보살권발품普賢菩薩勸發品〉 등이 첨가되었다.

묘법연화경변상도妙法蓮華經變相圖(고려, 국립중앙박물관 소장)

아미타불의 정토淨土 신앙에 관한 경전으로는 1, 2세기경 서북 인도에서 성립된 《무량수경無量壽經》, 《아미타경阿彌陀經》과 4, 5세기경에 성립된 《관무량수경觀無量壽經》 등이 있다.

중기 대승경전은 새로운 대승의 교의가 첨가된 논장의 성격을 담고 있는 것이 특색이다. 중기 대승경전에는 여래장如來藏(tathāgatagarbha)이나 불성佛性(Buddhatva)의 교리나 유식사상唯識思想을 선양하는 사상이 담겨 있다. 여래장사상을 설하고 있는 경으로는 《여래장경如來藏經》, 《부증불감경不增不減經》, 《승만경勝鬘經》, 《열반경涅槃經》 등이 있다. 5세기 이후 성립된 유식 계열의 경전으로는 《해심밀경解深密經》, 《능가경楞伽經》 등이 있다. 후기 대승불교 시대에는 힌두교의 밀교화 경향으로 인하여 불교도 주술신앙과 밀교적 종교로 변화되기 시작하였다. 6세기 이후 편찬된 밀교계 경전으로는 《대일경大日經》과 《금강정경金剛頂經》이 대표적이다.

5. 불교의 근본교리

불교의 모든 가르침은 연기론緣起論(pratītya-samutpāda)에 바탕을 두고 있다. 연기론은 이 세상의 모든 존재는 상대적이고 상호의존적인 관계에 있다고 보는 이론이다. 연기의 진리는 다음과 같은 짧은 문구로 표현된다.

“이것이 있을 때 저것이 있다. 이것이 일어날 때 저것이 일어난다. 이것이 존재하지 않을 때 저것이 존재하지 않는다. 이것이 소멸할 때 저것이 소멸한다.”

초기경전에는 이러한 연기의 원리를 12인연법因緣法으로 설명하고 있다. 《브라흐마자라경》에서 부처님은 창조주와 주재자로서의 신의 개념을 부정하고, "여래는 이러한 신의 개념에서 자유로워졌다."고 하였다. 여래가 이 세상에 나타나든 출현하지 않든 간에 현상의 본성, 현상의 규칙적인 형태나 조건성으로서의 연기법은 존재하며, 다만 여래는 이를 발견하고 이해하고 드러내 보이셨다는 것이다.

불교의 인간해석 원리는 '삼법인三法印'과 '사성제四聖諦'의 교리에 담겨 있다. 삼법인이란 제행무상諸行無常, 제법무아諸法無我, 열반적정涅槃寂靜이다. 제행무상이란 이 세상의 존재는 항상 변화하여 영원한 것이 없다는 사실을 말한다. 제법무아는 존재하는 모든 사물에는 영원불변한 실체가 없다는 원리이다. 일체 존재를 구성하고 있는 오온五蘊, 즉 색色(rūpa)·수受(vedanā)·상想(saṃjña)·행行(saṃkāra)·식識(vijñāna) 등은 본래 그 실체가 없는 가합假合의 존재로 영원히 나라고 할 것이 없다는 것이다. 여기에서 색은 물질세계를 가리킨다. 수·상·행·식은 느끼고 생각하고 작용하고 식별하는 정신적인 활동을 표현한 것이다. 여기에 존재하는 것은 다 괴로움이라고 보는 일체개고一切皆苦를 더하여 4법인설四法印說이라고도 한다. 일체는 무상하고 무아이고 괴로움이라고 보는 것이 불교의 현실 인식이다. 여기에서 벗어난 영원한 자유와 깨달음의 경지를 열반적정涅槃寂靜이라고 표현한다.

사성제四聖諦는 네 가지 성스러운 진리라는 의미이다. 이것은 붓다가 바라나시의 녹야원에서 최초로 한 설법이었다. 이 교설은 ① 고苦(duhkha) : 생의 괴로움 ② 집集(samudaya) : 고의 원인 ③ 멸滅

(nirodha) : 고의 소멸 ④ 도道(mārga) : 고의 소멸에 이르는 길 등으로 이루어졌다. 고제苦諦는 이 세상이 단적으로 괴로움으로 가득 차 있다고 보는 것이다. 고라는 것은 자기 생각대로 되지 않는 것이라고 말할 수 있다. 여기는 구체적으로 생로병사 등의 4고와 8고가 있다. 고가 발생하는 원인을 붓다는 욕망과 어리석음에 있다고 설하였다. 멸제滅諦는 열반과 해탈을 말하며, 도제道諦는 구체적으로 정견正見, 정사유正思惟, 정어正語, 정업正業, 정명正命, 정정진正精進, 정념正念, 정정正定 등의 팔정도八正道를 가리킨다. 이 여덟 가지 길은 불교 수행의 세 가지 길인 계율(계戒)과 선정禪定(정定)과 지혜(혜慧)의 삼학三學을 완성시키는 구체적인 방법으로 제시된 중도中道의 가르침이다. 중도란 '향하여 진행한다'는 의미로, 극단을 버리고 바르고 조화된 길을 실천하는 것을 말한다.

사성제의 교설에 나타난 바와 같이 불교는 현실의 괴로움에 대한 문제에서 출발하여 해탈을 얻으려는 현실 중심의 종교이다. 인간의 문제는 신神 등의 초월적인 존재와는 전혀 관계가 없다고 본다. 오직 인간 내부의 마음과 거기에서 일어나는 고뇌의 소멸을 목표로 하였다. 붓다의 설법을 살펴보면, 시종일관 현실에 근거하여 모든 인간의 문제를 해결하려고 한다. 현실과 동떨어진 초월적이고 형이상학적인 문제에 대한 질문에 붓다가 침묵으로 일관한 사실은 이를 잘 말해준다. 이러한 태도는 독화살을 맞은 사람의 비유 등에 잘 나타나 있다. 독화살을 맞은 사람은 먼저 그 화살을 뽑아내야지 그 화살을 쏜 사람이나 활의 형태 등에 대해 알 필요는 없다. 마찬가지로 세계의 본질에 대한 탐구보다는 실존하는 생사의 문제를 해결하여 열반을 증득證得하는 일이 더 긴요하다는 것이다.

붓다는 네 가지 성스러운 진리를 깨달아 스스로 해탈하도록 열반에 이르는 길을 발견하고 보여주었다. 그러나 그 길을 여는 것은 인간의 책임이다. 그러므로 《법구경法句經》에 "너희는 스스로 노력해야 한다. 여래는 다만 그 길을 보여줄 뿐이다. 이 길을 따라 명상하는 이는 생사의 악마 사슬로부터 자유로워질 것이다."라고 설하고 있다. 불교의 종교적 입장에서는 이와 같이 철저한 현실중심주의와 자신의 구원은 각자의 노력에 달렸다는 주체적 책임의식을 강조하고 있다.

제2장

궁극적 실재

금동아미타불입상金銅阿彌陀佛立像
(신라-통일신라, 국립중앙박물관 소장)

불교에서의 궁극적 실재는 법신法身(Dharma-kāya)·공성空性(śūnyatā)·진여眞如(tathāta)·제법실상諸法實相·불성佛性(Buddhatta)·법성法性 등과 같이 다양한 개념으로 표현되고 있다. 그러나 일체 존재의 고정불변성을 부정하는 사유체계를 지니고 있는 불교의 기본 입장에서 볼 때, 이 '궁극적 실재'라는 용어가 꼭 적합한 개념이라고 볼 수는 없다. 불교의 연기사상緣起思想이나 공사상空思想은 사실상 궁극적 실재라는 개념을 인정하지 않는다. 그러므로 불교에서 궁극적 실재라는 용어를 사용하는 경우, 그것은 존재로서의 실재가 아니라 궁극적인 깨달음의 체험이나 궁극적 가치를 말하는 것이라고 보아야 할 것이다.

우주의 궁극적 실재를 불교에서는 비인격적인 것으로 표현한다. 이 세상에 화신불化身佛로 태어났던 석가모니불이나 보신불報身佛인 아미타불阿彌陀佛 등의 인격적인 부처님은 방편方便으로 화현化現한 존재이지 궁극적 실재 자체는 아니라고 본다. 궁극적인 것은 방편이나 용用으로 나타난 불佛·법法·승僧 등이 아니라, 그러한 존재의 몸(법체法體)인 법신불法身佛이다. 원효元曉와 같은 사상가는 이를 일심一心이라고 표현하였다.

법신法身(Dharma-kāya)은 부처의 우주적 몸으로서 대승불교에서는 부처의 영원한 진리의 몸 그 자체를 의미한다. 법신은 빛깔도 형상도 없는 진실 그대로의 모습이며, 차별성이 없는 제법諸法의 실상 그 자체를 말한다. 그것은 깨달음과 미혹에 의하여 변하는 일이 없는 부처의 본성이다. 법신은 부증불감不增不減한 것으로 일체에 평등하고 무량한 공덕을 지니고 있다.

대승불교의 법신사상은 공사상의 다른 표현이라고도 볼 수 있다. 우주의 일체 사물은 그 본성에 있어서 실체가 없는 무자성無自性이며 그러므로 공성空性(śūnyatā)이라고 말한다. 이러한 공성의 도리를 용수龍樹는 "소멸되지도 않고 생기지도 않으며, 단일하지도 않고 여럿도 아니며, 오지도 않고 가지도 않는다."고 간결하게 표현하고 있다. 존재론적으로 공은 모든 존재의 무자성성無自性性과 연기성緣起性을 의미한다. 인식론적 차원에서 볼 때 공은 얻을 것도 없고 얻어야 할 진리(법法, Dharma)라는 관념도 없는 세계이다. 인식의 주관인 몸과 마음의 요소, 즉 감각·지각·사고 등뿐만 아니라 인식의 대상이 되는 외적 객관도 모두 공하다. 모든 이원적二元的 사유에서 벗어난 평등일미平等一味한 제법의 진실상이 곧 공성空性이다. 진여眞如란 존재의 있는 그대로의 모습으로 연기緣起의 원리에 의해 상호 의존적으로 존재하고 있는 우주의 참 실상實相이다.

불교의 궁극적 실재를 이해함에 있어서 주의해야 할 점은 궁극적 실재는 존재가 아니라 있는 그대로의 실상을 바르게 보는 깨달음의 관점에서 이해되어야 한다는 점이다. 그러므로 궁극적 실재를 불교에서는 언제나 체험적인 차원으로 설명하려고 한다. 법신을 일심一心이나 여래장如來藏, 불성佛性과 같은 마음의 문제로 이끌어 가는 것은 바로 이 때문이다.

1. 법신法身(Dharma-kāya)

법신이란 부처님의 세 가지 몸(삼신三身 : 화신化身 · 보신報身 · 법신法身)의 하나로 진여眞如와 법계法界의 원리와 일치한 부처님의 참된 몸(진신眞身)이다. 대승불교에서는 일반적으로 우주의 본체인 진여 실상과 일치한 불신佛身을 법신이라고 한다. 법신은 방편으로써 현실 세계에 화현하는 모든 부처님의 영원한 본체로 모양과 형상이 없다. 부처님이 얻은 계戒 · 정定 · 혜慧 · 해탈解脫 · 해탈지견解脫知見을 법신이라고도 한다. 진리의 몸 자체는 빛깔도 형상도 없다. 그러면서도 모든 부처님과 법을 있게 하는 근원이 된다.

"수보리須菩提야, 어떻게 생각하느냐? 가히 32상相으로 여래를 볼 수 있겠느냐?" 수보리가 답하였다. "그러합니다. 32상으로써 여래를 보겠습니다." 부처님께서 말씀하셨다. "수보리야, 만약 32상으로써 여래를 볼진댄 전륜성왕轉輪聖王도 곧 여래이리라." 수보리가 부처님께 대답하였다. "세존이시여, 제가 부처님께서 말씀하신 뜻을 이해하기로는 응당 32상으로써 여래를 볼 수 없습니다." 세존께서 게송偈頌으로 말씀하셨다.

만약 형상으로 나를 보려거나
음성으로 나를 찾는다면

이 사람은 사도邪道를 행함이라.

여래를 능히 보지 못하리라.

《금강경金剛經》〈법신비상분法身非相分〉

중생계를 떠나지 않고 법신이 있다.

법신을 떠나지 않고 중생계가 있다.

사리풋타여, 이 두 법은 의미가 하나이지만

다만 이름이 다를 뿐이다. 《부증불감경不增不減經》

세존世尊이시여, 법신을 떠나지 않고 여래장如來藏이 있습니다.

또한 여래장을 떠나지 않고 법신이 있습니다. 《승만경勝鬘經》

마음이 무너지지 아니함을 아는 것이 실상법신實相法身이며, 마음이 만상을 포함함을 아는 것이 공덕법신功德法身이며, 마음이 무심임을 아는 것이 법성법신法性法身이며, 근기根機에 따라 응하여 설법함이 응화법신應化法身이며, 마음은 형상이 없어 얻을 수 없음을 아는 것이 허공법신虛空法身이다. 만약 이 뜻을 확실히 아는 이는 곧 증득證得할 것이 없음을 알 것이다.

얻음도 없고 증득함도 없음이 곧 불법을 증득한 것이요, 만약 법신을 증득함이 있고 얻음이 있음을 증득으로 삼는 이는 곧 삿된 견해의 증상만인增上慢人[6]이며 외도라고 할 것이다.

6) 증상만인增上慢人 : 증상만은 사만四慢의 하나로 이미 얻은 것처럼 교만하게 우쭐대는 마음이다.

《유마경維摩經》에서 이르기를 '사리불이 천녀天女에게 묻되 그대는 얻은 바가 무엇이며 증한 바가 무엇이기에 말재주가 이와 같으냐.' 하고 물으니, 천녀가 대답하기를 '나는 얻음도 없고 증함도 없이 이와 같음을 얻었소. 만약 얻음이 있고 증함이 있으면 불법 가운데에 증상만인이 되는 것이오.'라고 하였다.

《돈오입도요문론頓悟入道要門論》 14장

부처님 몸은 청정하고 항상 고요하십니다. 시방세계十方世界를 비추더라도 그 자취가 없고 형체를 나타내지 않으며 마치 허공에 뜬 구름 같습니다. 이처럼 부처님의 몸은 고요한 선정의 경지이므로 어떤 중생도 생각으로 헤아릴 수 없습니다. 또 여래如來는 진리의 큰 바다를 한 소리로 남김없이 말씀하십니다. 여래의 미묘한 음성은 깊고 충만하여 중생들은 각자의 그릇에 따라 그 가르침을 받아들입니다. 시방삼세十方三世 모든 부처님이 쌓은 보살행菩薩行은 모두 부처님 둘레에 나타나지만 부처님은 조금도 그것을 마음에 두지 않습니다. 부처님 몸은 허공과 같아 다할 수 없습니다. 부처님의 몸은 모양이 없으니 무엇에나 걸림이 없으십니다.

여래의 지혜 광명은 끝없는 시방세계를 두루 비추고 모든 중생들로 하여금 있는 그대로의 여래를 보게 하십니다. 중생들의 세계는 큰 바다처럼 넓지만 여래는 그 마음을 잘 아시고 중생의 지혜 바다를 열게 하십니다. 여래는 이 세상에 출현하시어 널리 시방세계를 비춥니다. 여래의 법신은 무엇에도 견줄 수 없으며 최상의 지혜로써 진리를 말씀하십니다.

《화엄경華嚴經》〈세간정안품世間淨眼品〉

보신과 화신이 참이 아닌 거짓 인연임을 깨달으면,
법신의 맑고도 맑고 끝이 없는 광대함을 보리로다.
천 개의 강마다 물이 흐르니, 달은 천 강마다 떠오르고,
만 리에 구름이 걷히면 만 리 하늘 가득 펼쳐지네

《금강경오가해金剛經五家解》

2. 불성佛性

불성佛性·여래장如來藏 등의 용어는 쓰이는 맥락에 따라 차이가 있으나, 본질적으로는 동일한 의미를 내포하고 있다. 불성이란 부처를 이룰 수 있는 근본 성품으로, 모든 중생은 본래 법성을 갖추고 있으므로 부처가 될 수 있다. 여래장(tathāgata-garbha)은 여래의 태胎와 그릇이라는 의미로 생명이 있는 존재는 그 태에 여래를 간직하고 있다는 사실을 나타낸다.

진여眞如 자체의 상은 본래 그 바탕에
스스로 일체 공덕을 만족하고 있다.

그 자체에 큰 지혜 광명의 의미가 있고, 법계를 널리 비춘다는(편조법계遍照法界) 의미가 있고, 진실을 깨달아 안다는 의미가 있고 자성청정심自性淸淨心의 의미가 있고, 상락아정常樂我淨의 의미가 있고, 청량하고 변치 않는 자재의 의미가 있기 때문이다.

이와 같이 갠지스강의 모래알보다 더 많은 불리不離, 부단不斷, 불이不異, 불가사의不可思議한 불법은 구족하고 만족하여 부족함이 없는 까닭에 여래장이라 하고 또 여래법신이라고 부르는 것이다.

《대승기신론大乘起信論》

모든 법은 인연 따라 일어나고 인연 따라 사라집니다. 그러나 불성은 깨뜨려지지도 않고 무너지지도 않으며, 끌려가지도 않고 얽매이지도 아니하여 허공과 같습니다. 모든 중생에게는 다 허공과 같은 불성이 있습니다. 만약 이 불성이 없다면 가고 오는 것도 없고, 나고 크는 것도 없을 것입니다. 허공에는 거리낌이 없기 때문에 아무것도 볼 수 없는 것처럼, 중생의 불성도 그러하여 보살이라야 겨우 볼 수 있는 것입니다. 이것은 여래의 경지이니 성문聲聞이나 연각緣覺으로는 알지 못합니다. 중생은 이 불성을 보지 못하기 때문에 번뇌의 그물에 걸려 생사에 괴로워하지만, 불성을 보면 생사에서 해탈하여 열반을 얻을 것입니다.

《대승열반경大乘涅槃經》〈사자후보살품獅子吼菩薩品〉

여래장如來藏은 불생불멸이며 사라지거나 다시 오는 바도 아닙니다. 여래장은 결합되어 이루어지는 세계를 허용하지 않으며, 영원·지속·불변입니다. 그러므로 여래장은 영원, 무분별, 그리고 해탈된 것으로 알려지는 구체적인 불성들의 토대요, 유지자維持者이며, 또한 이들을 지니는 자입니다. 뿐만 아니라 여래장은 무상하고 분별이 있으며, 해탈되지 못한 것으로 알려지는 외적으로 이루어진 자성들의 토대요, 유지자이며, 또한 이들을 지니는 자이기도 합니다.

부처님이시여, 여래장은 자아도, 의식 있는 존재도, 영혼도, 인격도 아닙니다. 부처님이시여, 이 여래장은 미망迷妄된 법계의 씨앗이며, 법신의 씨앗이며, 출세란 교설敎說의 씨앗이며, 본래 자성청정自性淸淨한 교설의 씨앗입니다.

《승만경》〈자성청정장自性淸淨章〉

불성은 그 무엇으로도 멸해 없어지지 않는다. 자아의 본바탕은 다만 여래를 간직한 곳집이다. 그와 같은 곳집은 결코 부서질 수 없으며, 불에 태워질 수도, 강제로 빼앗아질 수도 없다. 비록 그것은 파괴될 수도 없고 또한 볼 수도 없지만, 비길 데 없는 깨달음을 얻을 때 그것을 알 수 있다. 《대승열반경》〈사자후보살품〉

온갖 색깔들을 흩뿌려 칠하는 화가처럼
미망迷妄은 천차만별 상을 펼쳐내지만
요소들은 아무런 분별상도 지니지 않네.

요소들에 아무런 형상도 없고
아무런 형상도 요소들에 없지만
요소들을 떠나서는 아무런 형상도 있을 수 없네.

마음속에 아무런 그림 없고
그림 속에 아무런 마음 없지만
마음을 떠나 무슨 그림 있을 수 있나.

무한하고 헤아릴 수 없이 많은
온갖 형상들을 현현顯現하며
서로에게 알려지지 않으며
멎어서는 일 없는 마음.

마치 화가가
스스로의 마음을 모르지만
그 마음으로 인하여 그림을 그리듯
일체만유一切萬有의 본바탕도 또한 한가지라.

마음은 온 세상을 그릴 수 있는
예술가와도 같아
이로부터 오온五蘊이 생겨나며
그것이 짓지 않은 것 아무것도 없네.

마음처럼 부처가 있고
부처처럼 일체 중생이 있으니
알아라, 부처와 마음은
본래 다함없는 것임을.

만일 사람들이 마음으로
온 세상이 일어남을 안다면
그들이 부처를 보리니
부처의 참모습을 깨우쳐 알리라.

마음은 몸에 거하지 않으며
몸도 마음에 거하지 않지만
미증유未曾有의 보살행을
자유로이 행한다.

만일 사람들이 진실로
삼세의 모든 부처들을 알려 한다면
우주의 본원을 염念하라.
일체는 마음에서 지어지는 것이다.

《화엄경》〈야마궁중게찬품夜摩宮中偈讚品〉

자성自性이 모든 법을 포함하기 때문에 크다고 하는 것이다. 만법은 사람들의 성품 속에 있다. 만약 남의 선악을 보더라도 취하고 버리는 분별이 없이 거기 물들지 않으면 마음이 허공과 같을 것이다. 이것이 큰 것이다. 어리석은 사람은 입으로만 말하지만 지혜로운 사람은 마음으로 행한다. 어리석은 사람이 마음을 비우고 아무 생각도 없이 고요히 앉아 스스로 크다고 일컫는다면, 이런 사람과는 더불어 말할 것이 못 된다. 왜냐하면 그는 그릇된 소견을 가지고 있기 때문이다.

마음은 넓고 커서 법계에 두루해 있다. 쓰면 아주 분명하고, 응용에 따라 일체를 알아서 일체가 곧 하나요 하나가 곧 일체이며, 가고 옴에 자유로워 마음에 걸림이 없으니 이것이 곧 반야이다. 모든 반야지般若智가 다 자성으로부터 나온 것이며 밖에서 들어온 것이 아니다. 마음을 쓸 때 잘못이 없으면 이것이 진성眞性의 자용自用이다. 하나가 참될 때 모든 것이 참된 것이다.

《육조단경六祖壇經》〈반야품般若品〉

3. 공空

공空의 산스크리트어인 'śūnyā'는 '텅 빈'이라는 의미로 명사형 'śūnyatā'를 보통 '공성空性'이라고 번역한다. 공사상은 진리의 실체화를 철저히 부정한다. 그러므로 공은 불교의 궁극적 실재가 아니라 오히려 궁극적 실재에 머무는 마음을 끊임없이 논파하는 도

구이다. 법신을 공이라 할 때도, 이것은 어디까지나 세속적 진리(세속체世俗諦, saṃvṛti-satya)에서만 통하는 방편적 논리이다. 공사상은 인식의 대상과 그 인식주체의 실체성을 모두 부정하는 무득無得의 존재론이자 인식론이다.

관자재보살觀自在菩薩이 오묘한 반야바라밀다般若波羅蜜多를 닦으실 때 몸과 마음의 구성 조건들이 모두 공한 것임을 비추어 보시고, 온갖 괴로움과 재앙의 바다를 건너셨느니라.

사리자舍利子여, 삼라만상은 공한 것이며 공한 그 모습이 삼라만상이니, 감정이나 생각·욕망·의식 등 마음의 작용도 공한 것이니라.

그러므로 공의 세계에는 이렇다 할 물질(색色)도 없고, 감정(수受)·생각(상想)·욕망(행行)·의식(식識)도 없고, 눈(안眼)과 귀(이耳)와 코(비鼻)와 혀(설舌)와 몸(신身)과 뜻(의意)도 없으며, 빛깔(색色)이나 소리(성聲)나 냄새(향香)나 맛(미味)이나 촉감(촉觸)의 관념(법法)에 매일 것도 없으며, 그러한 것들의 모든 상대 또한 없느니라.

그러므로 미혹된 어리석음도 없고 어리석음을 벗어나는 것도 없으며, 늙고 죽음도 없으며 끝내 늙고 죽음을 벗어나는 것도 없으며, 괴로움도 없고 괴로움의 원인도 없고 괴로움을 없애는 일도 없으며, 팔정도八正道의 길도 없느니라.

지혜가 따로 있을 수 없으며 아무런 얻을 것이 없으므로 모든 보살은 이 반야바라밀다에 의지하여 닦아가니, 마음에 걸림이 없고 마음에 걸림이 없으므로 두려움이 없어 잘못된 꿈결 같은 생각을 떠나 마침내 궁극의 열반에 이르느니라.

과거 현재 미래의 모든 부처님이 반야바라밀다를 의지하여 최고의 올바른 깨달음을 얻었으니, 이 반야바라밀다는 가장 신비한 진언이고 가장 밝은 진언이며 위없는 진언이며 비길 데 없는 진언이니, 능히 일체의 괴로움을 없애고 참으로 진실하여 허망함이 없느니라. 그러므로 이제 반야바라밀다의 주문을 설하노라.

아제 아제 바라아제 바라승아제 모지 사바하.

《반야심경般若心經》

인연으로 생겨난 모든 것을 공하다고
우리는 말한다.
그것은 또한 가설假說된 것이요,
이것이 즉 중도中道이다.

《중론송中論頌》24. 18

비말라키르티(유마힐維摩詰)가 말했다. "문수文殊여, 모든 세계들도 텅 비어 있습니다." 문수가 물었다. "무엇이 그들을 비어 있게 합니까?" 비말라키르티가 답하였다. "그들의 궁극적 실유實有가 원래 공이기 때문에 비어 있습니다." 또 묻기를, "공이 어찌하여 공합니까?" 하니 답하였다. "분별이 없는 공을 쓰므로 공합니다." 또 묻기를, "공은 구상具象 개념으로 되어 있습니까?" 하니, "그 구상 개념조차도 공하며, 공성空性이 공성을 만드는 것은 불가합니다."
라고 답하였다. 《유마경維摩經》〈문질품問疾品〉

유마힐維摩詰(중국 돈황 벽화)

4. 진여실상眞如實相

진여眞如(tathāta)란 있는 그대로의 존재 모습을 말하며, 인간의 사유나 개념을 초월하는 경계이다. 이것은 거짓이 아닌 진실이며 변치 않는다는 의미에서 진여라고 한다. 제8 아리야식阿梨耶識〔아뢰야식阿賴耶識〕을 진여라고 하는 학파도 있고 제9 아마라식阿摩羅識을 진여라고 하는 학파도 있다. 《대승기신론大乘起信論》에는 진여는 적정寂靜한 무활동의 체體가 아니라 인연을 만나면 생멸하는 존재가 되는 것이다. 이것을 물과 파도의 관계와 같다고 비유한다. 실상은 진여와 같이 있는 그대로의 만유萬有의 참된 모습을 말한다.

부처께서 성취한 바는 희유稀有하여 알기 어려운 법으로서 오직 부처와 부처만이 모든 법의 실상을 능히 다 깨달아 아는 것이다. 이것은 소위 모든 법의 이와 같은 모양, 이와 같은 성품, 이와 같은 체, 이와 같은 힘, 이와 같은 작용, 이와 같은 원인, 이와 같은 인연, 이와 같은 결과, 이와 같은 갚음, 이와 같은 처음과 끝이 동등함이다. 《법화경法華經》〈방편품方便品〉

수보리須菩提야, 만일 어떤 이가 말하기를, 여래가 간다거나 온다거나 앉는다거나 눕는다고 한다면, 이는 내가 말한 바를 바로 알지 못하는 것이니라. 무슨 까닭이냐? 여래는 어디로부터 오는 일도 없고 또 어디로 가는 일도 없으므로 '여래'라 이름하느니라.

《금강경金剛經》〈위의적정분威儀寂靜分〉

여래는 어디로부터 오는 것이 아니며, 어디로 가는 것도 아니다. 왜냐하면, 진여는 움직임도 없으니, 진여가 곧 여래인 까닭이다. 소산所產이 아닌 것은 오고 감이 없으니, 여래는 소산이 아니다. 존재의 구극究極은 오고 감이 없으니, 여래는 존재의 구극이다. 마찬가지로 여래는 공, 여실如實함, 부동, 허공이라 말할 수 있으니, 이는 여래가 이러한 법의 밖에 있는 것이 아닌 까닭이다. 이러한 법들의 진여와, 일체법一切法의 진여와, 여래의 진여는 다만 이 하나의 유일한 진여일 따름이다. 진여에는 아무런 구분도 없으니, 이 진여는 다만 유일무이唯一無二라 할 것이다.

《팔천송반야경八千頌般若經》31. 1

언어의 대상은 지멸止滅되어 있다.
마음의 대상이 지멸되어 있기 때문이다.
사물의 본성(제법실상諸法實相)은 실로 열반과 같아서
생겨나지도 않고 없어지지도 않는다.

모든 것은 진실이다.
또는 진실이 아니다.
진실이기도 하고 진실이 아니기도 하다.
진실인 것도 아니고 진실이 아닌 것도 아니다.
이것이 부처님의 가르치심이다.

타他에 연유緣由함이 없이
스스로 알고, 적정寂靜하며

희론戲論[7]으로써 희론됨이 없고,
사유분별을 떠나 있으며 다의多義롭지 않다.
이것이 실상의 특징이다. 《중론송》18.7-9

일체의 유소득有所得이 적멸하고
희론이 적멸하여 길상吉祥 안온安穩하다.
어디서나 누구에게나
부처님께서는 어떠한 법도 설하신 일이 없다. 《중론송》25.24

법의 성품은 원융圓融하여 두 모양이 본래 없고
모든 법이 동함이 없어 본래부터 고요하다.
이름도 없고 형상도 없고 온갖 것이 끊겼으니
참 지혜로 알 일일 뿐 다른 경계가 아니다.
참된 성품 심히 깊어 지극히 미묘하여
자기 성품 지키지 않고 인연 따라 이룬다.
하나 중에 일체가 있고 일체 중에 하나가 있어
하나가 곧 일체요 일체가 곧 하나이다.
한 티끌 그 가운데 시방세계 머금었고
일체의 티끌 속도 또한 다시 그러하다.
한이 없이 머나먼 무량겁無量劫이 곧 일념이요
일념이 한이 없는 머나먼 겁이다.

---

7) 희론戲論 : 언어에 집착하여 생긴 옳지 못한 소견으로 언어유희言語遊戲를 뜻한다.

구세九世 십세十世도 서로서로 즉했으니
그러므로 잡란雜亂 없이 따로따로 이룬다.
처음 발심發心할 때가 곧 정각正覺을 이룬 때요
생사와 열반이 항상 서로 함께 있다.
이理와 사事가 아득하여 분별할 길 없는 것이
열 부처님 보현보살普賢菩薩 큰사람의 경계이다.
해인삼매海印三昧[8] 그 속에 온갖 것을 갈무리하고
불가사의 무진無盡 법문 마음대로 드러낸다.
온갖 보배 비 내리어 일체 중생 이롭게 하니
중생들이 그릇 따라 온갖 이익을 얻는다.
이 까닭에 불자들은 본제本第에 돌아가서
망상을 쉬지 않고는 얻을 수 없도다.
인연 없는 방편을 지어 마음대로 잡아쓰니
본집에 돌아가서 분수따라 양식을 얻는다.
이 다라니陀羅尼 무진 법문 끝이 없는 보배로써
온 법계를 장엄하여 보배궁전 이루고서
영원토록 참된 법의 중도상中道相에 편히 앉아
억만 겁에 부동함을 곧 부처라 이른다.

의상대사義湘大師 《법성게法性偈》

---

8) 해인삼매海印三昧 : 석가모니가 《화엄경華嚴經》을 설할 때 들어간 선정禪定, 고요한 해면海面이 만상萬象을 비추듯, 번뇌를 없애고 우주의 모든 것을 깨닫는 경지이다.

제3장

세계, 존재, 인연

전생前生의 싯다르타가 과거불過去佛에게 서원誓願하는 모습
(서원화誓願畵, 중국 베제클리크 천불동벽화千佛洞壁畵)

불교는 우주를 비롯한 모든 사물의 궁극적인 시초를 상정하지 않는다. 붓다는 우주를 창조한 근원자로서의 신이라는 영원한 존재가 있다는 주장을 상견常見이라고 비판하였다.

불교에서 세계(lokadhātu)는 신이 만든 창조물도, 신의 육신 그 자체도 아니라고 본다. 세계나 우주는 어떤 원인이 있으므로 관계가 일어나는 과정 속에 있는 것이다. 이러한 불교의 연기론적緣起論的 우주관은 우주의 기원에 대한 설명에 있어서 유일신의 창조설과는 근본적으로 다를 수밖에 없다.

불교에서는 세계의 기원과 생성 원리가 신의 창조 의지에 있는 것이 아니라, 상의상관相依相關 관계에 의한 연기緣起의 법칙에 있다고 설명한다. 사물의 상의상관성을 말하는 '연기'라는 말은 사물이 반드시 원인에 의해 생기生起함을 의미한다. 이 인과관계는 모든 존재의 동시적인 상호작용의 동일성과 상대성 등의 관계도 나타낸다. 일체의 존재는 혼자의 힘으로 시작되고 생성되는 것은 없으며 영원히 존재하는 것도 없다.

《열반경涅槃經》에는 "모든 현상은 영원함이 없으니 이것이 나고 사라지는 원리이다."라고 설하고 있다. 인연에 따라 이루어진 존재들은 어느 시간 속의 한 시점에 존재하다가 사라진다. 이것을 불교에서는 '성주괴공成住壞空'이라는 현상으로 설명하고 있다. 지구와 같이 현재 생명체가 살고 있는 별들은 주겁住劫에 해당되는 과정에 있으며, 지구와 인간은 이러한 우주의 원리에 따라 탄생과 존재와 파괴와 소멸의 네 과정을 반복해 가고 있는 것이다.

그러나 불교의 우주관은 현대 과학의 원리와는 달리 물질적 우주와 정신적 우주의 통합에서 우주의 기원과 생성의 문제를 이해하려고 한다. 이 세계를 욕계欲界와 색계色界와 무색계無色界 등의 삼계三界로 나누는 것은 이 때문이다. 욕계는 탐욕이 치성한 세계이고, 색계는 욕계와 같은 탐욕은 없으나 미묘한 형체가 있는 세계이다. 무색계는 순 정신적인 존재의 세계이다. 이를 6도六道나 삼종세간三種世間 등으로 나누기도 한다. 6도는 중생이 윤회하는 천상天上·인간人間·수라修羅·아귀餓鬼·축생畜生·지옥地獄 등을 말한다. 삼종세간이란 무생물세계인 기세간器世間과 생명체의 세계인 유정세간有情世間 그리고 정각자正覺者들의 세계인 지정각세간智正覺世間을 말한다.

유식불교학唯識佛教學에서는 색공불이色空不二의 논리에서 공空은 식識이며 물질세계인 색계色界의 근원도 식이라고 보고, 물질과 정신의 불이론不二論을 전개한다. 물질과 정신은 둘이 아니면서도 둘로 나타난다. 욕계欲界, 색계色界, 무색계無色界는 중생의 업력業力으로 나타나는 물질세계이다. 우주 공간의 헤아릴 수 없이 많은 항성과 혹성, 세계의 일체 물질상은 중생의 업력과 관계가 있다. 마음속에 세계와 물질이 포함되어 있으며, 마음은 물질의 주체가 된다고 보는 것이다. 이 세계는 마음에서 만들어진 업력이 작용하여 대폭풍과 폭발이 있었고, 여기에서 구름과 바람, 빗물과 물질적 성질이 인연하여 지층을 만들었다고 한다. 이러한 바람과 물과 쇠의 요소가 결합되는 과정에서 세계는 탄생되었다는 것이다. 이와 같이 마음과 물질의 상호 인과관계와 업력의 인연 화합에 의해 이 세계와 생명체는 탄생되고 존재하고 소멸한다고 보는 데에 불교 세계관의 특징이 있다.

1. 세계의 생성 인연

불교는 세계의 시초와 창조의 개념을 부정한다. 붓다는 브라만교의 《리그베다》에 나오는 우주창조에 대한 사상을 비판하였다. 브라만교에서 하나가 변하여 많은 것이 되고 또 그 하나가 많은 것 속에 들어가 본질이 된다는 전변설轉變說은 범신론적 경향을 띠고 있었다.

그러나 불교에서는 일체는 조일체신造一切神이 집을 짓듯이 만들었다는 설이나, 생주신生主神(Prajāpati)이 우주를 출생시켰다는 설 등을 모두 부정하고 연기설에 의한 우주의 생성원리를 제시하였다. 범천梵天이 우주의 창조주이자 주재자이며 자존자自存者라는 주장은 잘못된 세계관이라고 비판하였다. 모든 존재는 그 스스로 원인임과 동시에 결과이다. 이러한 상의상관성相依相關性의 법칙에서 볼 때 절대적 자존자의 존재는 부정될 수밖에 없다.

모든 존재는 어디서나 언제나
결코 스스로로부터 생겨난 것으로도
타他로부터도

자타自他로부터로도

또한 원인이 없이 생겨난(무인생無因生) 것으로도 존재하지 않는다.

《중론송中論頌》1

부처님이 비구들에게 말씀하셨다.

"화재火災가 지난 뒤 이 세상의 천지가 도로 성립되려고 할 때, 다른 중생이 있어 복이 다하고 행이 다하고 목숨이 다해 광음천光音天에서 목숨을 마치고 공범처空梵處에 났다. 그는 거기서 염착심染着心[9]을 내고 그곳을 사랑하고 즐거워했다. '원컨대 다른 중생들과 함께 저곳에서 나자.' 그가 이렇게 생각하자마자 다시 다른 중생도 복과 행과 명이 다해 광음천에서 몸이 무너지고 목숨이 끝나 공범처에 났다.

범천梵天(신중도神衆圖, 조선, 국립중앙박물관 소장)

때에 범천에 먼저 난 사람이 곧 스스로 '나는

9) 염착심染着心 : 대상을 실제로 여기고 이에 집착하는 마음을 뜻한다.

범왕梵王이요 대범천왕大梵天王이다. 나를 만든 자는 없다. 나는 스스로 있어 이어받은 것이 없다. 일천一千 세계에 있어서 가장 자재함을 얻었고 모든 의취義趣를 잘 알고 부유하고 풍요하여 능히 만물을 조화한다. 나는 곧 일체 중생의 부모다.'라고 생각했다.

그 뒤에 온 모든 범梵도 또 스스로 '저 앞에 온 범천은 곧 범왕이요 대범천왕이다. 그는 자연히 있어 그를 만든 자는 없다. 일천 세계에 있어서 가장 높고 제일로서 이어받은 것이 없다. 모든 의취意趣를 잘 알고 부유하고 풍요하여 능히 만물을 조화한다. 그는 중생의 부모요 나는 그를 좇아 존재한다.'고 생각했다.

저 범천왕은 얼굴과 모양이 항상 동자童子와 같았다. 그래서 범왕의 이름을 동자라 한다. 이때에 있어서 이 세간世間은 다시 성립되었으며 세간의 중생은 광음천에 나는 자가 많았다. 자연히 화생化生하여 환희歡喜로 먹이를 삼았다. 몸의 광명은 스스로 비치고 신족神足으로써 공중을 날며 안락하여 걸림이 없고 수명은 장구하였다.

그 뒤에 이 세간은 변하여 큰 물이 되었고 두루하여 가득 찼다. 그때에는 이 천하가 큰 어둠이어서 일월성신과 주야가 없었고 또 세월의 사시도 없었다.

그 뒤 이 세간이 다시 변하려고 할 때에 다른 중생이 있었다. 복이 다하고 행이 다하고 명이 다해 광음천에서 목숨을 마치고 이 세간에 태어났다. 모두 다 화생化生하여 환희로 먹이를 삼았다. 몸의 광명은 스스로 비치고 신족으로써 허공을 날며 안락하고 걸림이 없어 오랫동안 이 세간에 살았다. 그때에는 남녀와 높고 낮음과 상하도 없었고 또 다른 이름도 없었다. 중생과 함께 세상에 나기 때문에 중생이라 이름했다.……"

그 후, 오랜 뒤에 큰 폭풍이 있어 대해의 물이 불어 깊이는 8만 4천 유순由旬[10]으로 밑에서 양쪽을 헤쳐버리고 해의 궁전을 가져다 수미산 중턱에 붙여 일도日道 중에 두어 동쪽에서 나와 서쪽으로 빠지면서 천하를 두루 돌았다. 제2의 일궁日宮은 동쪽에서 나와 서쪽으로 빠졌다. 그때에 중생은 말했다. "이것은 어제다."라고. 혹은 말했다. "어제가 아니다."라고. 제3 일궁도 수미산을 돌아 동쪽에서 나와 서쪽으로 빠졌다. 그때에 중생은 말했다. "이것은 바로 하루다."라고. 날〔日〕이란 뜻은 앞이 밝은 인因을 말한다. 그러므로 이름하여 날이라 한다. 날에는 두 가지 뜻이 있다. 하나는 상도常度에 머문다는 뜻이요, 둘은 궁전이란 뜻이다.……

무슨 인연으로 모든 강하江河는 있는가. 해로 인해 더움이 있고 더움으로 인해 구워지고, 구워짐으로 인해 땀이 있고 땀으로 인해 강하를 이룬다. 그러므로 세간에는 강하가 있다.

무슨 인연으로 세간에 5종자가 있는가. 큰 어지러운 바람이 있어 괴멸되지 않는 세계에서 종자를 불어와 이 나라에 나게 했다. 1은 뿌리 종자요, 2는 줄기 종자요, 3은 마디 종자요, 4는 속이 빈 종자요, 5는 종자의 종자다. 이것을 오자五子라 한다. 이 인연으로 세간에는 5종자가 있어 나왔다.

---

10) 유순由旬 : 범어 yojana의 음역으로 인도의 거리 단위이다.

이 염부제閻浮提가 한낮일 때 불우체佛宇體에서는 해가 지고, 구야니狗耶尼에서 해가 날 때 울단왈鬱單曰에서는 한밤중이다. 구야니가 한낮일 때 염부제에서는 해가 지고, 울단왈에서 해가 날 때 불우체는 한밤중이다. 울단왈이 한낮일 때 구야니에서는 해가 빠지고, 불우체에서 해가 날 때 염부제는 한밤중이다. 만일 불우체가 한낮일 때면 울단왈에서는 해가 빠지고, 염부제에서 해가 날 때면 구야니는 한밤중이다.

염부제가 동방東方이 되면 불우체는 서방西方이 된다. 구야니가 서방이 되면 울단왈은 동방이 되고 울단왈이 서방이 되면 불우체는 동방이 된다."

《장아함경長阿含經》〈세기경世記經 : 세본연품世本緣品〉

2. 무상無常과 생주이멸生住異滅

모든 존재는 인연 화합에 의해 생성된다. 사물의 변화에는 인因과 연緣의 두 가지 조건이 필요하다. 불교에서는 이를 최초의 원인인 인과 간접적 원인인 연의 화합이라고 부른다. 모든 사물이 생멸하고 변화한다. 그것은 인과 연의 조건에 의해 탄생과 머무름, 그리고 무너짐과 소멸을 반복하는 것이다.

물리적 존재를 구성하는 요소로 불교에서는 지地·수水·화火·풍風 등의 사대四大를 비롯하여 공空과 식識을 들기도 한다. 이러한 유위有爲의 존재들은 시간적 순환성을 갖는다. 유위법에는 생生·멸滅·주住의 삼상三相이 있다. 유위법에는 생기는 것, 사라지는 것, 그 중간에 머무는 것의 변화가 있다. 이러한 삼상은 후에 생주이멸生住異滅의 사상설四相說이 되었다.

어느 때 부처님께서는 슈라바스티국 제타 숲 외로운 이 돕는 동산(급고독원給孤獨園)에 계시면서 비구들에게 말씀하셨다.

"세 가지 함이 있는 법(유위법有爲法)의 함이 있는 모양(유위상有爲相)이 있다. 어떤 것이 세 가지인가. 생기는 것을 알고 변할 것을 알며 없어질 것을 아는 것이다. 어떻게 생기는 것을 아는가. 이른바 나서 자라고 다섯 가지 근간의 형체를 이루며 모든 감각기관을 가지게 되는 것이니, 이것이 생기는 것을 안다는 것이다.

어떤 것이 없어지는 것인가. 이른바 죽음이니 목숨은 흘러 머무르지 않고 덧없는 것이어서 모든 감각기관은 무너지고 친척들과 이별하며 목숨기관이 끊어지는 것이니, 이것이 이른바 없어진다는 것이다.

어떤 것이 변하는 것인가. 이는 빠지고 머리는 희어지며 기운은 다하고 나이 많아 몸이 무너지는 것이니, 이것이 이른바 변하고 바뀌는 법이니라. 비구들이여, 이 세 가지 함이 있는 모양을 잘 분별해 알라. 비구들이여, 이와 같이 공부하여야 하느니라."

그때에 비구들은 부처님 말씀을 듣고 기뻐하며 행하였다.

《증일아함경增一阿含經》〈일입도품一入道品〉

문득 사라지는 새벽별처럼
물 위에 떠다니는 거품처럼
여름날 먹구름 속에 번득이는 번개불처럼
명멸明滅하는 등불처럼, 유령처럼, 꿈처럼
이와 같이 세상의 유위법을 관하라.

《금강경金剛經》〈응화비진분應化非眞分〉

"모든 것은 덧없느니라. 어떻게 모든 것은 덧없는가. 이른바 눈은 덧없는 것이요, 혹은 색과 눈의 식별과 눈의 부딪침과 눈의 부딪침을 인연으로 생기는 느낌, 즉 괴롭다는 느낌, 즐겁다는 느낌, 괴롭지도 않고 즐겁지도 않다는 느낌도 덧없는 것이다. 이와 같이 귀·코·혀·몸·의지와 혹은 법과 의지의 식별과 의지의 부딪침과 의지의 부딪침을 인연으로 생기는 느낌, 즉 괴롭다는 느낌, 즐겁다는 느낌, 괴롭지도 않고 즐겁지도 않다는 느낌도 덧없는 것이니라.

그러므로 많이 아는 거룩한 제자로서 이와 같이 관찰하는 사람은 눈에서 해탈하고, 혹은 색과 눈의 식별과 눈의 부딪침과 눈의 부딪침을 인연으로 생기는 느낌, 즉 혹은 괴롭고 혹은 즐거우며 혹은 괴롭지도 않고 즐겁지도 않은 그것에서도 해탈할 것이다. 이와 같이 귀·코·혀·몸·의지와 법과 의지의 식별과 의지의 부딪침과, 의지의 부딪침을 인연으로 생기는 느낌, 즉 혹은 즐겁고 혹은 괴로우며 혹은 괴롭지도 않고 즐겁지도 않은 그것에서도 또한 해탈하나니, 그는 남·늙음·병·죽음과 근심·슬픔·번민·괴로움에

서 해탈하였다고 나는 말하느니라." 《무상경無常經》

이 세상 모든 것은 변하지 않는 것은 없네
모든 것이 나타났다가 사라지네
생과 멸이 다한 곳에
다만 온전한 적정寂靜의 기쁨이 있다. 《대반열반경大般涅槃經》 14

3. 존재의 법칙

일체 존재는 항상 변화하여 영원함이 없다. 이러한 제행무상諸行無常의 세계 속에는 일정한 법칙이 항상 머무르고 있다. 이것을 법주法住(dharma-sthiti)라고 한다. 불교의 연기緣起의 원리는 인과율과 인연화합의 법칙, 그리고 상의상관성相依相關性의 법칙을 체계화한 것이다.

모든 존재와 존재 사이에는 상의상관성이 있다. 인연화합에 의해 어떤 결과가 생기면 그 결과는 다시 그 이전의 모든 원인을 포함한 또 다른 원인이 되어 다른 존재에 영향을 미치게 된다. 즉 이것이 있으므로 저것이 있고, 이것이 생하므로 저것이 생한다.〔此有故彼有此生故彼生〕 일체의 존재(십이처十二處 · 사대四大 · 오온五蘊)는 연기의 원리에 의해 있는 것이다.

이와 같이 나는 들었다.

어느 때 부처님께서는 라자그리하성의 칼란다 대나무 동산에 계셨다. 그때에 세존께서는 모든 비구들에게 말씀하셨다.

"나는 이제 인연법因緣法과 연생법緣生法을 말하리라. 어떤 것을 인연법이라 하는가. 이른바 '이것이 있기 때문에 저것이 있다.'는 것이니, 이른바 무명을 연하여 결합이 있고, 결합을 연하여 식별이 있으며……내지 이리하여 이와 같이 아주 커다란 괴로움의 무더기가 집기集起하는 것이니라. 어떤 것을 연생법이라 하는가. 이른바 무명과 결합이니 혹은 부처님이 세상에 나오시거나 혹은 세상에 나오시지 않거나 이 법은 항상 머물러, 법의 머무름이요 법의 세계로서 저 여래가 스스로 깨닫고 알아 다 옳은 깨달음을 이루어, 사람들을 위해 연설하시고 열어 보이시고, 나타내어 드날리신 것이니라.

이른바 '무명無明을 연하여 결합이 있고……내지 남〔生〕을 연하여 늙음과 죽음이 있다.'는 것이다. 혹은 부처님이 세상에 나오시거나 혹은 세상에 나오지 않으시거나 이 법은 항상 머물러, 법의 머무름이요 법의 세계로서 저 여래는 스스로 깨닫고 알아 등정각等正覺을 이루어 사람들을 위해 연설하시어, 열어 보이고 나타내어 드날리는 것이니, 이른바 '남을 연하기 때문에 늙음·앓음·죽음과 근심·슬픔·번민·괴로움이 있다.'는 것이니라.

이러한 모든 법은 법의 머무름〔住〕, 법의 공空, 법의 여如, 법의 이爾이니라. 법은 '여'를 떠나지 않고 법은 '여'와 다르지 않으며 분명하고 진실하여 뒤바뀌지 않아서 연기를 그대로 따르나니 이것을 연생법이라 한다. 이른바 무명, 결합, 식별, 이름과 색, 여섯 가지 감각기관, 부딪침, 느낌, 갈애渴愛, 취함, 존재, 남과 늙음, 앓음, 죽음, 근심, 슬픔, 번민, 괴로움이니 이것을 연생법이라 하느니라.

《인연경因緣經》

어느 때 부처님께서는 쿠루수의 조우부락에 계셨다. 이때 어떤 비구는 부처님 계신 곳에 나아가 머리를 조아려 그 발에 예배하고 한쪽에 물러나 앉아서 부처님께 여쭈었다.

"세존이시여, 이른바 연기법은 세존께서 만든 것이옵니까. 다른 사람이 만든 것이옵니까."

부처님께서는 비구에게 말씀하셨다.

"연기법은 내가 만든 것도 아니요, 또한 다른 사람이 만든 것도 아니다. 그러므로 그것은 여래가 세상에 나오거나 세상에 나오지 않거나 법계에 항상 머물러 있다. 저 여래는 이 법을 스스로 깨달아 완전하고 바른 깨달음을 이룬 뒤에, 모든 중생들을 위하여 분별해 연설하고 드러내어 보이시나니 이른바 '이것이 있기 때문에 저것이 있고, 이것이 일어나기 때문에 저것이 일어난다.'는 것이다. 즉 무명을 연하여 결합이 있고……내지 아주 커다란 괴로움의 무더기가 집기集起하며, 무명이 멸하기 때문에 결합이 멸하고 내지 아주 커다란 괴로움의 무더기가 멸하느니라."

《잡아함경雜阿含經》〈연기법경緣起法經〉

제4장

인간과 종교적 체험

태자 싯다르타가 성城을 넘어 출가하다

(유성출가상踰城出家相, 송광사松廣寺 영산전靈山殿 팔상탱八相幀, 조선)

불교에서는 인간의 경험적 현실이 생리적인 고뇌와 함께 심리적인 고뇌로 가득 차 있다고 본다. 초기경전의 자료를 종합해보면 인생의 고苦(duhkha)가 발생하는 원인에는 다음 네 가지가 있다.

첫째는 욕망에 근거한 괴로움으로 탐욕, 애착, 아집, 애욕 등의 번뇌에 사로잡혀 일어난다. 둘째는 무지無知에 근거한 것으로 어리석음, 미망, 미혹 등에 의해 생기는 괴로움이다. 12연기설은 이러한 무명無明에서 시작하여 생로병사에 이르는 인간의 실존 상황을 체계적으로 설명한다. 셋째는 인간의 실존 자체에 기인한 괴로움이다. 여기에는 소위 생로병사의 4고苦와 미워하는 이를 다시 만나야 하는 괴로움(원증회고怨憎會苦), 사랑하는 이와 끝내는 헤어질 수밖에 없는 괴로움(애별리고愛別離苦), 아무리 구해도 다 얻을 수 없는 괴로움(구불득고求不得苦), 오온五蘊의 요소로 이루진 존재 자체의 괴로움(오온성고五蘊盛苦) 등 8고苦가 있다. 넷째는 제행이 무상無常하기 때문에 오는 괴로움이다. 태어난 모든 존재는 반드시 소멸해야 할 운명에 처해 있다. 그러므로 무상과 고苦의 관계는 필연적인 것이다.

불교의 인생관은 이러한 고에 대한 현실 인식과 그 원인에 대한 진단에서 시작된다. 그러므로 불교의 인간문제 이해와 그 해결 방법은 초월적 신과는 아무런 관련이 없다. 불교는 다만 윤회의 고통에서 벗어나는 해탈解脫의 길을 모색한다. 그 구체적인 방법이 3학學과 8정도正道의 수행이며, 그 결과 얻어지는 경지를 열반涅槃(nirvāna)이라고 한다.

불교적 종교경험을 초기 불교에서는 열반, 대승불교에서는 반야般若의 완성(바라밀波羅蜜), 중국의 선불교에서는 견성見性이라는 말로 표현하였다. 그러나 열반이나 지혜의 완성, 그리고 견성의 개념은 모두 깨달음이라는 불교 본래의 종교경험에 대한 다른 이름일 뿐이다. 불교는 깨달음에 의해 무명과 생사윤회로부터의 절대 자유를 추구하는 종교이다.

1. 인생의 괴로움

고苦(duhkha)라는 말에는 원래 '힘이 든다'는 의미가 있다. 인간의 고는 생로병사 등의 실존적 상황에서뿐만 아니라, 이기적 탐욕과 아집, 무지無知와 미혹 등에 의해서도 발생한다. 일체는 무상하고 무상한 것은 괴로움이다.

생의 괴로움을 고고苦苦, 행고行苦, 괴고壞苦로 나누기도 한다. '괴로움의 괴로움〔苦苦〕'이란 인간의 감각적인 괴로움이며, '행의 괴로움〔行苦〕'이란 개체를 지속하기 위해 노력하는 행온行蘊의 괴로움이다. '부서짐의 괴로움〔壞苦〕'이란 이러한 노력에도 불구하고 마침내 모든 것이 무너지는 괴로움이다. 인생은 한마디로 커다란 고의 쌓임이다. 이것은 인생의 명백한 사실을 있는 그대로 바로 지적하고 있는 고의 진리(고제苦諦)이다.

어느 때 부처님께서는 슈라바스티국 제타 숲 외로운 이 돕는 동산(기수급고독원祇樹給孤獨園)에 계시면서 여러 비구들에게 말씀하였다.

"네 가지 진리의 법을 닦아 행하라. 어떤 것이 네 가지인가. 첫째는 괴로움의 진리(고성제苦聖諦)이니, 그 이치는 끝이 없어서 생각으로도 다할 수 없고 말로도 다할 수 없다. 둘째는 괴로움을 집기集起하는 진리(고집성제苦集聖諦)이니, 그 이치는 끝이 없어서 생각으로도 다할 수 없고 말로도 다할 수 없다. 셋째는 괴로움을 멸하는 진리(고멸성제苦滅聖諦)이니, 그 이치는 끝이 없어서 생각으로도 다할 수 없고 말로도 다할 수 없다. 넷째는 괴로움을 멸하는데 이르는 길의 진리(고멸도성제苦滅道聖諦)이니, 그 이치는 끝이 없어서 생각으로도 다할 수 없고 말로도 다할 수 없느니라.

어떤 것이 괴로움의 진리인가. 이른바 괴로움의 진리란 나는 괴로움, 늙는 괴로움, 앓는 괴로움, 죽는 괴로움과 근심, 슬픔, 번민의 괴로움과 미워하는 이와 만나는 괴로움, 구하는 것을 얻지 못하는 괴로움이니, 통틀어 말하면 오온으로 이루어진 것은 괴로움(오취온고五取蘊苦)이다. 이것을 괴로움의 진리라 하느니라.

어떤 것이 괴로움을 집기集起하는 진리인가. 이른바 괴로움을 집기하는 진리란 애정이 탐욕과 어울려 마음이 항상 집착하는 것이니, 이것을 괴로움을 집기하는 진리라 하느니라.

어떤 것이 괴로움을 멸하는 진리인가. 이른바 괴로움을 멸하는 진리란 그 애욕이 아주 없어져 남음이 없고 다시는 새로 일어나지 않는 것이니, 이것을 괴로움을 멸하는 진리라 하느니라.

어떤 것이 괴로움을 멸하는 데 이르는 길의 진리인가. 괴로움을 멸하는 데 이르는 길의 진리란 곧 성현의 여덟 가지 길(팔정도八正道)이니, 이른바 바른 소견(정견正見), 바른 생각(정사유正思惟), 바른 말(정어正語), 바른 업(정업正業), 바른 생활(정명正命), 바른 노력(정진正進), 바른 기억(정념正念), 바른 집중(정정正定)을 말한다. 이것을 괴로움을 멸하는 데 이르는 길의 진리라 하느니라.

비구들이여, 이와 같이 이 네 가지 진리는 진실하여 허망하지 않고 세존의 말씀이기 때문에 진리라 한다. 모든 중생으로서 두 발 가진, 세 발 가진, 네 발 가진 유정有情이나, 애욕의 세계(욕계欲界), 색의 세계(색계色界), 색이 없는 세계(무색계無色界), 생각이 있기도 하고 없기도 한 세계의 여러 중생 중에서 여래가 최상이신데, 여래가 이 네 가지 진리를 성취하셨기 때문에 네 가지 진리라고 하느니라.

비구들이여, 이것을 네 가지 진리라 한다. 그러나 이것을 깨닫지 못하면 언제나 나고 죽는 속에 있어서 다섯 길을 바퀴처럼 계속 돌게 된다. 이제 나는 이 네 가지 진리를 얻었기 때문에 이 언덕에서 저 언덕으로 갔으며, 이 진리를 성취하였기 때문에 나고 죽는 근본을 끊어, 다시는 후생의 몸을 받지 않을 줄을 여실히 알았느니라."

그때에 세존께서는 곧 다음 게송으로 말씀하셨다.

이제 이 네 가지 진리의 법,
그것을 여실히 알지 못하면
나고 죽는 속에서 바퀴 돌면서
끝내는 거기서 해탈하지 못한다.

만일 이제 이 네 가지 진리를
밝게 깨달아 환히 알면 나고 죽는 근본을 끊음으로써
다시는 후생 몸 받지 않으리.

"만일 네 무리로서 이 진리를 깨달아 알지 못하면 곧 다섯 길에 떨어지게 될 것이다. 그러므로 비구들이여, 마땅히 방편方便을 써서 이 네 가지 진리를 성취하도록 하라. 비구들이여, 이와 같이 공부하여야 하느니라."

그때에 비구들은 부처님 말씀을 듣고 기뻐하며 받들어 행하였다.

《증일아함경》〈사제품四諦品〉

부처님 자신은 바라나시를 떠나 마가다로 향했다. 길을 가던 도중, 길가에서 깊이 들어간 숲 속 한 나무 아래서 좌선을 하고 계셨다. 이때 한 떼의 젊은이들이 숲 속에서 여기저기 무엇인가를 찾아다니고 있었다. 나무 아래 조용히 앉아 있는 부처님을 보고 그들이 물었다. "한 여자가 도망가는 것을 보지 못했습니까?"

사연인즉, 그들은 이 근처에 사는 지체 있는 집안의 자제들인

데, 30명이 저마다 자기 아내를 데리고 숲에 놀이를 왔다. 그 가운데 한 사람의 독신자만은 기생을 데리고 왔는데, 다들 노는 데만 정신이 팔려 있는 동안 기생은 여러 사람의 옷과 값진 물건을 가지고 달아나버렸다. 그래서 그 여인을 찾고 있는 중이라고 했다. 이와 같은 사정을 듣고 부처님은 그들에게 말씀하셨다.

"젊은이들, 달아난 여인을 찾는 것과 자기 자신을 찾는 것 중에 어느 것이 더 중요한가?" 놀이에만 팔려 자기 자신을 잊어버리고 여인을 찾아 헤매던 그들은 부처님의 말씀을 듣고 제정신으로 돌아왔다. "자기 자신을 찾는 일이 더 중요합니다." "그럼, 다들 거기 앉거라. 내가 이제 그대들을 위해 자기 자신을 찾는 법을 가르쳐 주겠다." 그들의 마음은 아직 세상에 물들지 않았으므로 이치에 맞는 부처님의 말씀을 듣고 곧 이해하였다. 삼십 명의 청년은 설법을 들은 뒤 그 자리에서 출가하였다. 《불전佛傳》

믿지 못할 죽음의 신은 일의 완성이나
미완성을 가려 기다리지 않으며,
내가 병상에 누웠거나 혹은 건강한 중에도
언제고 도망치듯 사라질 이 목숨은
예측할 길 없어라.

모든 것, 모든 이를 남기고 홀로 떠나야 하리.
내가 이를 낱낱이 깨닫지 못하였던 까닭에

벗을 위한다는 죄악은 얼마였으며
적을 위한다는 죄악은 또 얼마였던가.

결국 나의 적들이 허망하고
나의 벗들이 무상하며
나 또한 덧없으리니
일체 만유가 헛되고 무상하여라.

마치 꿈속의 일처럼
내 즐거웠던 모든 일들이
마침내 기억이라 불리우리니
흘러간 것은 다시 보이지 않으리.

이 짧은 한 토막 생에도
수많은 벗과 적들이 스쳐 지나간다.
그러나 이들에게 지은 나의 죄악은
나를 앞세워 몰아가리라.

내가 침상에 누워 있고
나의 벗들과 친척들이 둘러서 있지만
호된 생의 체험들은
마침내 홀로 삭여내야 하리.

죽음의 사자가 내 옷깃을 잡아끌 때,
내 형제 내 친척들이 무엇을 줄 수 있을까?
내 공덕만이 나를 막아 지키리,
그러나 나는 이를 믿지 못하였느니.

《보리행경菩提行經》〈보리심시공양품菩提心施供養品〉

괴로움의 진리(고성제苦聖諦)란 이렇다. 태어남이 고통이요, 늙음이 고통이요, 질병이 고통이요, 죽음이 고통이요, 슬픔과 괴로움과 절망이 또한 고통이라. 사랑하는 이와 이별하는 것이 고통이요, 원한 있는 이와 만나는 것이 고통이요, 바라는 바가 채워지지 않음이 고통이라. 필경 집착으로 가득한 오온五蘊은 본래 괴로움이다.

《전법륜경轉法輪經》

미혹에 사로잡힌 사람들이
더러운 마음으로 공덕을 쌓지만
그 길을 가지 않는다.
그들은 공덕을 쌓음이
곧 그 길을 가는 것인 줄
망령되이 생각한다.
걸식자에게 주는 음식과 바치는 공물이
헤아릴 수 없이 많다고 해도
그들은 죄악의 뿌리가

자기 마음속의 삼독三毒에 있음을
깨닫지 못한다. 《육조단경》〈참회품〉

보라, 이 어여쁜 육신을
한 무더기 상처투성이
온갖 질병과 길길이 날뛰는 사념邪念의 축적
견고하지도 영원하지도 못하다.

시들고 쇠잔한 이 육신은
썩어질 온갖 질병들의 둥우리
진실로 삶은 죽음으로 간다.
때에 이르러 죽음에 이르면
가을 들녘에 버려진 표주박처럼
흰 뼈다귀로 뒹굴 이 몸뚱이
무엇을 기뻐할 것인가?

크고 작은 뼈들로 세워진 이 집
피와 살로 벽을 바르고
그 안에 늙음과 죽음
오만과 위선이 도사리고 있다.

화려한 왕의 수레도 닳아 없어지고

이 몸도 그와 같이 늙어버리겠지만
선한 이의 가르침은 시들지 않는다.
이에 선한 이는 선한 이들 가운데
선한 법을 드러낸다. 《법구경法句經》 147-151

젊어서 재보財寶를 마련하지 못하고
수행을 하지 않은 이는
고기 없는 못가의 늙은 왜가리처럼
쓸쓸히 죽어가리라.

젊어서 재보를 마련하지 못하고
수행을 하지 않은 이는
부러진 활처럼 쓰러져 누워
지난날을 탄식하리라. 《법구경》 155-156

2. 무명無明과 윤회輪廻

인생의 괴로움은 근본적으로 외적인 데 있는 것이 아니라 인간과 우주의 실상을 밝게 보지 못하는 무명無明(avidyā)에 기인한다. 무명의 반대말 밝음(명明, vidyā)이라는 말은 '실재하는 것', '발견된 것'이라는 의미이다. 밝힘이 없는 인간의 존재 방식은 그 당연한

결과로서, 혹惑→업業→고苦의 순환을 면할 수 없다.

이러한 윤회의 법칙은 12인연법에서 발견할 수 있다. 무명을 연하여 행行이 있고, 행을 연하여 식識이 있고, 식을 연하여 명색名色이 있고, 명색을 연하여 육입六入이 있고, 육입을 연하여 촉觸이 있고, 촉을 연하여 수受가 있고, 수를 연하여 애愛가 있고, 애를 연하여 취取가 있고, 취를 연하여 유有가 있고, 유를 연하여 생生이 있고, 생을 연하여 노사老死와 우비고뇌憂悲苦惱가 있게 된다. 밝은 지혜가 없는 이는 한마디로 죽음의 괴로움을 벗어나지 못한다는 것이다.

태자 싯다르타가 동문에서 노인을 만나고
사람은 왜 늙어야 하는지를 사유하다
(사문유관四門遊觀, 송광사松廣寺 영산전靈山殿 팔상탱八相幀, 조선)

잠 못 드는 사람에게 밤은 길고
피곤한 나그네에게 길이 멀듯이
진리를 모르는 어리석은 사람에겐
생사의 밤길은 길고 멀다. 《법구경》60

무엇을 웃고 무엇을 기뻐하랴
세상은 쉼 없이 타고 있는데
그대들 어둠 속에 덮여 있구나
어찌하여 등불을 찾지 않는가. 《법구경》146

지난 행위의 결과인 업
인연의 소산들
이들은 모두 실유實有가 아닌 허망한 것이며
자아도 본질도 아니다. 《화엄경》〈십지품十地品〉

지어진 행업에 따라서
그 과보果報가 오리라.
그러나 행업을 짓는 자는 존재하지 않는다.
이것이 부처의 가르침이니라.
앞에 서는 것들에 따라서
각각의 형상과 차별상을 반영하는
맑은 거울과 같이

행업의 본질도 이와 같다.

《화엄경》〈보살운집묘승전상설게품菩薩雲集妙勝殿上說偈品〉

삼계三界를 윤회하는 중생의 고통은 불난 집보다도 더한데
그런 고통을 어찌 참아 그래도 머물러 받으려 하는가?
윤회를 벗어나려면 부처를 찾는 길밖엔 없다.
부처를 어디서 찾을 것인가? 부처는 곧 내 마음이다.
마음을 어찌 멀리서 찾으려 하는가?
이 몸을 떠나 따로 있지 않다. 《수심결修心訣》

몸으로 악한 행업을 짓고, 말로 악한 행업을 지으며, 의근意根으로 악한 행업을 지은 자는 악한 세계에 일어나리라. 그는 악한 세계에 떠올랐기에 악한 감각적 영향들이 그를 엄습하여 역겨운 느낌이 사정없이 그를 괴롭히나니, 나라야那羅夜 지옥에 떨어진 자도 그러하다. 이와 같이 그가 있었던 양태樣態로부터 존재의 일어남이 있다. 그가 행한 바에 따라 그가 일어나리니, 그가 일어났을 때 감각적 영향들이 그를 엄습하리라. 이에 내가 말하노니 일체 유정有情들은 행업의 소산이니라. 《중부경전中部經典》1. 389-390

세상에는 진실로 네 가지 받는 법〔受法〕이 있다. 어떤 것이 넷인가. 혹 어떤 받는 법은 현재에는 즐겁지마는 미래에는 괴로움의 과보를 받는다. 혹 어떤 받는 법은 현재에는 괴롭지마는 미래에는

즐거운 과보를 받는다. 혹 어떤 받는 법은 현재에도 괴롭고 미래에도 또한 괴로움의 과보를 받는다. 혹 어떤 받는 법은 현재에도 즐겁고 미래에도 또한 즐거운 과보를 받는다.

《중아함경中阿含經》〈수법경受法經〉

"세존이시여, 무슨 인연으로 어떤 중생은 몸이 무너지고 목숨이 끝나면 지옥에 나게 됩니까?" 부처님께서는 여러 바라문 장자들에게 말씀하셨다.

"법이 아닌 행行과 위험한 행을 행하면 그 인연으로 몸이 무너지고 목숨이 끝나면 지옥에 나느니라." "어떤 것이 법이 아닌 행이요 위험한 행으로서 몸이 무너지고 목숨이 끝나면 지옥에 납니까?" "살생 내지 삿된 소견의 열 가지 착하지 않은 법이다. 바라문이여, 이것이 법이 아닌 행이요 위험한 행으로서 몸이 무너지고 목숨이 끝나면 지옥에 나느니라." 그들은 여쭈었다.

"무슨 인연으로 어떤 중생들이 몸이 무너지고 목숨이 끝나면 천상에 나게 됩니까?" 부처님께서는 말씀하셨다.

"법다운 행과 바른 행을 행하면 그 인연으로 몸이 무너지고 목숨이 끝나면 천상에 나게 되느니라."

"세존이시여, 어떤 법다운 행과 바른 행을 행하면 몸이 무너지고 목숨이 끝나면 천상에 나게 됩니까?"

"이른바 살생을 버리고 내지 바른 소견의 열 가지 착한 업의 인연으로 몸이 무너지고 목숨이 끝나면 천상에 나게 되느니라.

바라문 장자들이여, 만일 이 법다운 행과 바른 행을 행하는 사람으로서 크샤트리야의 큰 가문이나 바라문의 큰 가문이나 거사의 큰 가문에 나기를 원하면 다 거기 가서 나게 되느니라. 왜냐하면, 법다운 행과 바른 행의 인연 때문이다.

다시 사왕천四王天이나 삼십삼천三十三天이나 내지 타화자재천他化自在天에 나기를 구하면 다 거기 가서 나게 된다. 왜냐하면, 법다운 행과 바른 행을 행함으로써 깨끗한 계율을 행한 사람은 그 마음이 원하는 것은 다 저절로 얻어지기 때문이다. 다시 이 법답고 바른 행을 행한 사람으로서 범천梵天에 나고자 하여도 또한 거기 가서 난다. 왜냐하면, 바른 행과 법다운 행을 함으로써 계율을 가지고 청정한 마음으로 애욕을 떠나면 원하는 것은 반드시 얻어지기 때문이다. 다시 광음천光音天·변정천遍淨天 내지 아가니타천에 나고자 해도 또한 그렇게 된다. 왜냐하면, 그는 계율을 가지고 청정한 마음으로 애욕을 떠났기 때문이니라.

다시 악하고 착하지 않은 법을 떠나 사색이 있고 사려가 있어 제사선第四禪[11]에 머무르고자 하여도 다 성취하게 된다. 왜냐하면, 그는 법답고 바른 행을 행함으로써, 계율을 가지고 청정한 마음으로 애욕을 떠나면 원하는 것은 반드시 얻어지기 때문이다. 다시 사랑하는 마음, 가엾이 여기는 마음, 기쁘게 하려는 마음, 평정하게 보는 마음과 허공 경계, 식별 경계, 어떤 것도 아닌 경계〔無所有入處〕, 상도 아니요 상이 아닌 것도 아닌 경계〔非想非非想入處〕를 구

11) 제사선第四禪 : 괴로움과 즐거움도 없는 평정과 관조의 순수한 선정의 경지이다.

하려고 하여도 다 얻어진다. 왜냐하면, 법답고 바른 행을 행함으로써 계율을 가지고 청정한 마음으로 애욕을 떠나면 원하는 것은 반드시 얻어지기 때문이니라.

다시 세 가지 결박을 끊고 수다원修陀洹·사다함斯陀含·아나함阿那含과 한량없는 신통, 즉 하늘귀 지혜(천이통天耳通), 남의 속 아는 지혜, 전생 일 아는 지혜, 나고 죽음 아는 지혜, 번뇌 다한 지혜를 구하려고 하여도 다 얻어진다. 왜냐하면, 법답고 바른 행을 행함으로써 계율을 가지고 애욕을 떠나면 원하는 것은 다 얻어지기 때문이니라."

《잡아함경》〈비라경毘羅經〉

이 세상은 깜깜한 어둠 속과 같아
명료하게 가려보고 아는 이가 드물다.
그물에서 벗어나는 새가 드물듯이
천상에 오르는 이가 심히 적다.

《법구경》174

어느 때 세존께서 사밧티 교외의 제타 숲 아나타핀디카 동산에 머무셨다. 그때 세존께서는 먹을 뿌리듯이 어두운 가운데 등불이 타오르는 곳에 앉아 계셨다. 온갖 부나비들이 타오르는 등불 속에 날아들어 몸을 태워 죽으며 다시없는 재난을 스스로 받아들이고 있었다. 이러한 광경을 지켜보시던 세존께서 그 속에 담긴 뜻을 헤아려 아시고 이러한 우다나優陀那를 노래하셨다.

사람들이 허둥대며 휙휙 지나가지만
그 본질에 이르지는 못하네.
점점 새로운 속박을 더할 뿐
등불에 날아드는 부나비처럼
보는 것과 듣는 것에 뛰어드는구나. 《우다나優陀那》72

우물 속의 두레박처럼,
무력하게 이리저리 떠다니며
자아를 그릇 알아 '나'라는 망상을 짓고
그런 연후에 '나의 것'이라는 미혹에 끌려
하잘것없는 사물에 탐착貪着하는 마음을 낸다.
《입중론入中論》3

감각적 쾌락의 꽃을 꺾는 일에
정신이 팔려 마음에 탐착을 지니고
채워지지 않는 욕망을 좇아가는 자는
마침내 악마가 그를 채어가리라. 《법구경》48

욕망에 사로잡혀 온갖 쾌락을 탐닉하며
그 속에 허물이 있음을 깨닫지 못하여
속박에서 헤어나지 못하는 자들은
넓고 물살이 센 강줄기를 건너지 못한다.

그물에 걸리듯 감각적 쾌락에 눈멀고
갈애渴愛의 덮개로 씌워져
죽음 그물의 아가리 속에 든 물고기처럼
스스로 삼가지 못한 이들
그들은 늙음과 죽음의 여정旅程에 몸을 맡긴다.
마치 젖먹이 송아지가 어미를 따라가듯. 《우다나》75-76

애욕에 걸려 있는 자는 욕망의 흐름을 따라간다.
거미가 자신이 만든 줄에 매달리듯이
그러나 지혜로운 사람은 탐욕과 애착을 끊고
온갖 고뇌도 떨쳐버리고 미련 없이 훨훨 떠나간다.

《법구경》338-347

밀린다왕은 나가세나(나선那先)에게 물었다.

"스님이 말씀하신 윤회는 무엇을 뜻합니까?"

"이 세상에 태어난 자는 이 세상에서 죽고, 이 세상에서 죽은 자는 저 세상에 태어나며, 저 세상에 태어난 자는 저 세상에서 죽고, 저 세상에서 죽은 자는 다시 딴 세상에 태어납니다. 윤회가 뜻하는 것은 이런 것입니다."

"비유를 들어주십시오."

"어떤 사람이 잘 익은 망고를 먹고 씨를 땅에 심었다고 합시다. 그 씨로부터 망고 나무가 자라 열매를 맺을 것입니다. 그 나무에 열린 망고를 따 먹고 씨를 땅에 심으면, 다시 나무로 자랄 것입니다. 망고 나무는 끝없이 이어갈 것입니다. 윤회도 이와 같습니다.”

《밀란다왕문경彌蘭陀王問經》

비구들이여, 모든 것이 불타고 있다. 불타고 있는 모든 것이란 무엇인가? 비구들이여, 눈이 불탄다. 보이는 형상들이 불탄다. 눈으로 짓는 인상人相이 불탄다. 즐겁거나 괴롭거나 즐겁지도 괴롭지도 않은 모든 감각들은 눈으로 짓는 인상으로 인하여 일어나느니, 그것 또한 불타고 있다. 무엇으로 불타는가? 욕망의 불로 타고 증오의 불로 타며 미혹의 불로 탄다. 내가 말하노니, 그것은 태어남으로 불타고 늙음으로 불타며 죽음으로 불타고 슬픔, 비탄, 고통, 고뇌, 낙심으로 불탄다.

귀가 불탄다. 소리가 불타며 듣는 의식이 불타며 귀가 짓는 인상이 불탄다. 즐겁거나 괴롭거나 즐겁지도 괴롭지도 않은 모든 감각들이 귀로 짓는 인상으로 인하여 일어나느니, 그것도 또한 불타고 있다. 무엇으로 불타는가? 욕망의 불로 타고 증오의 불로 타고 미혹의 불로 타고 있다. 내가 말하노니, 그것은 태어남으로 불타고 늙음으로 불타며 죽음으로 불타며 슬픔, 비탄, 고통, 고뇌, 낙심으로 불탄다.

코가 불탄다. 냄새가 불타고 냄새 맡는 의식이 불타며 코로 짓는 인상이 불타며……

혀가 불탄다. 맛이 불타고 맛보는 의식이 불타며 혀로 짓는 인상이 불타며……

몸뚱이가 불탄다. 접촉되는 대상들이 불타고 접촉하는 의식이 불타며 접촉하는 감각이 불타며……

의근意根이 불탄다. 상념들이 불타고 상념하는 의식이 불타며……

무엇으로 더불어 불타는가? 욕망의 불로써 타고 증오의 불로써 타며 미혹의 불로써 탄다. 내가 말하노니, 태어남으로 불타고 늙음으로 불타며 죽음으로 불타며 슬픔으로 불타며 비탄으로 불타며 고통으로 불타며 낙심으로 불타고 있느니라.

《상응부경전相應部經典》35. 28

강가의 모래알처럼 많은 사람들 가운데
피안彼岸에 이른 이는 드물다.
대개의 사람들은 차안此岸에서
이리저리 헤매고 있을 뿐이다.

그러나 올바른 가르침의 뗏목을 엮어
진리를 따라 행하는 이들은
가로지르기 어려운 욕망의 강을 건너
머지않아 피안에 이르리라. 《법구경》85-86

이 세상 모든 것 가운데

다만 마음이 그 주인이라.
분별지를 따라 형색을 보니
미혹된 마음에 헛된 망상이 일어난다.
이 세상 모든 지식은 다만 번뇌의 시작이니
이로써 사물의 참된 본질을 꿰뚫은 이는
이전에도 이후에도 없다.
능취能取·소취所取의 대립으로
일체 만유가 일어나고
머무르듯 스쳐 지나갈 뿐이니
다만 찰나간에 생멸生滅이 있다.

《화엄경》〈보살운집묘승전상설게품〉

3. 열반涅槃과 해탈解脫

열반(nirvāṇa)은 안팎이 모두 평안(santi)한 경지이며, 탐貪·진瞋·치癡 등 3독三毒의 불길이 완전히 소멸된 상태를 의미한다. 고苦의 소멸의 진리(멸체滅諦)는 고의 원인과 정반대의 차원에 있다. 12연기설에도 생사와 고뇌의 소멸은 무명의 멸진滅盡에서 온다고 설하고 있다.

불교의 종교체험은 이 열반의 경지를 증득하는 데 있다. 이를 해탈(vimokṣa)이라고도 한다. 일체의 번뇌가 영원히 멸진한 것이 열반이고, 생사의 구속을 벗어난 경지가 해탈이다.

해탈에는 지혜의 힘으로 오온五蘊이나 12연기의 원리를 아는 혜해탈慧解脫과 바른 선정禪定 수행을 통해 번뇌를 완전히 멸하는 심해탈心解脫이 있다. 열반은 이 두 가지 해탈을 다 구족具足할 때 완전히 성취된다.

일체의 망상과 번뇌를 끊어버리고
의식에 탐착하지 않는 그런 자의 열반은
마치 허공을 나는 새의 발자취처럼 텅 비어
아무 흔적도 없어 알아보기가 어렵다. 《법구경》93

와도 온 곳이 없고 가도 간 곳이 없다.
왜냐하면, 와도 오지 않는 상相으로 오고
가도 가지 않는 상으로 가며
보아도 보지 않는 상으로 보는 까닭이니라.

《유마경維摩經》〈문질품問疾品〉

열반이란 곧 번뇌의 불이 꺼져버린 것입니다. 또 열반은 우리들이 거처하는 방과 같아서 번뇌의 비바람을 막는 것입니다. 중생의 눈으로 보면 밝지 못하지만 여래의 눈으로 보면 환하게 밝습니다. 아는 데에는 두 길이 있습니다. 눈으로 보는 것과 귀로 들어 아는 것입니다. 여래가 눈으로 불성佛性을 보는 것은 마치 손바닥에 과 일을 쥐고 보는 것과 같은데, 중생은 들어서 알기 때문에 밝게 볼 수 없습니다. 그러나 지극한 믿음을 내면 볼 수 있을 것입니다.

《대승열반경》 〈사자후보살품〉

위없는 대열반이여,
둥글고 밝아 항상 비치거늘
범부凡夫는 죽는다 말하고
외도外道는 단멸이라 집착하며
이승을 찾는 모든 사람들은
하는 것 없음을 내세운다.
이 모두 다 생각으로 헤아리는 것이니
62견의 근본이다.
망령되게 세운 헛된 이름에
어찌 참된 뜻이 있을 것인가?
헤아림을 초월한 사람이라야
얻고 버림 없음을 통달하여
오온五蘊으로 얽히고 모인 법에서 나와
밖으로 드러낸 모든 모습과
모든 소리와 말과 현상이
다 꿈이요 환상인 줄 안다.
범부의 소견이나
열반이라는 생각도 또한 없으며

두 가지 치우친 생각과
삼세가 모두 끊어져
근기根機에 따라 항상 사용하지만
쓴다는 생각도 나지 않는다. 《육조단경》〈기연품機緣品〉

모든 길 가운데에서 팔정도八正道가 제일이고
진리 가운데는 사성제四聖諦가 제일이다.
모든 자유 가운데서 해탈이 제일이고
모든 사람 가운데는 깨달음의 안목을 갖춘 자가 제일이다.
《법구경》273

대자유를 얻은 저 바라문
그의 삶이 즐거워라.
오욕락五慾樂이 그를 더럽히지 않으니
속박을 벗어나 타는 번뇌를 잠재우며
가슴속의 고뇌를 제어하여
일체의 장애를 뛰어넘었으니
마음에 고요함을 얻은 자의 삶은
행복하여라. 《증지부경전增支部經典》1. 137

마음은 바른 지혜를 따르고

집착과 소유욕을 벗어나 항상 편안하고 즐거우며
번뇌가 사라져 빛나는 사람은
이 세상에서 열반의 경지에 이른 것이다. 《법구경法句經》89

음욕보다 더한 불길은 없고
성냄보다 더한 독은 없으며
내 몸보다 더한 고통은 없고
열반의 고요보다 더한 즐거움은 없다. 《법구경》202

"세존이시여, 열반이란 무엇을 말하는 것입니까?" 부처께서 대답하셨다. "나와 모든 부처들은 그릇된 망상이 일어나는 아뢰야식阿賴耶識[12]과 의근意根과 제육식第六識[13]을 포함하며, 자성과 모든 감각적 사량분별思量分別의 모든 것들이 소멸할 때, 열반이 있다고 말한다. 열반의 본바탕은 본래 공空이며 실유實有 그 자체이다."

《능가경楞伽經》38

이것은 평화로다.
이것은 비길 데 없음이며
소위 모든 충동의 사라짐이며

---

12) 아뢰야식阿賴耶識 : ālaya의 음사, 제8식으로 무의식의 영역으로 모든 법식이 저장된 근본식이다.

13) 의근意根과 제육식第六識 : 의근意根은 육근六根의 하나이다. 육근이란 심신에 작용하는 여섯 가지 감각기관인 안眼·이耳·비鼻·설舌·신身·의意를 뜻한다. 제육식第六識은 육식六識 중 의식意識으로 인식의 주관을 말한다.

갈애渴愛의 사멸이며
평정심이며, 적정이며, 열반이로다. 《증지부경전》 5. 322

비구는 자기 안에서 평화를 구하며, 자기 이외의 다른 것에서 이를 구하지 않는다. 안으로 고요하게 된 자에게는 고집할 자기가 없는 까닭이다. 하물며 어디에 비아非我가 있을 수 있겠는가?

바다 속 깊은 곳에는 파도가 일지 않고 잔잔하듯이, 비구는 다만 고요히 머물러 움직이지 않는다. 그에게는 한 올의 욕망도 없으며, 교만이나 탐착이 일어날 아무런 찌꺼기도 남아 있지 않다.

《숫타니파타》 919-920

윤회는 열반과 아무런 구별도 없다.
또한 열반은 윤회와 아무런 구별도 없다.
열반의 〈시간적〉 한계는 그대로 윤회의 한계다.
둘 사이에는 어떤 미세한 구별도 없다. 《중론송》 25. 9-20

번뇌를 멸진滅盡하고 생을 살며, 해야 할 것을 행하며, 무거운 짐을 벗고 뜻한 바를 얻었으며, 상의적相依的 존재의 사슬을 끊고 마침내 신묘한 지혜를 얻어 자유롭게 된 아라한阿羅漢은 아홉 계율에 어긋남이 있을 수 없다. 번뇌를 멸진한 그는 고의로 산목숨을 죽이지 못하며, 남의 것을 훔치거나 주지 않은 것을 취할 수 없으며, 여색을 탐닉할 수 없으며, 고의로 거짓을 말할 수 없으며, 지난날 세간의 기억들로 즐거워할 수 없느니라. 번뇌를 멸진한 그는 갈애渴愛로 길을 잃고 헤맬 수 없으며, 혐오로 길을 잃고 헤맬 수 없으며, 미혹으로 길을 잃고 헤맬 수 없으며, 두려움으로 길을 잃고 헤맬 수 없느니라. 《증지부경전》5. 370

만일 일체의 모든 괴로움과
모든 괴로움의 원인과
일체 괴로운 법이 고요히 멸해
남음 없는 것도 알지 못하거나
일체의 괴로움을 멸하는 길도
능히 알지 못하면

마음이 괴로움에서 해탈함과
슬기의 해탈도 또한 그와 같아서
능히 온갖 괴로움을 뛰어넘지 못하여
괴로움을 완전히 벗어나지 못하리라.

만일 바로 괴로움을 알면
온갖 괴로움의 원인과
일체의 괴로움이 멸하여
길이 남음이 없을 것 또한 알리라.
또 만일 다시 괴로움을 쉬게 하는

길의 자취를 바로 알면

마음의 해탈을 갖추어 만족하고
슬기의 해탈도 또한 그와 같아서
그 많은 괴로움을 능히 뛰어넘어서
완전히 해탈을 얻게 되리라. 《잡아함경》〈여실지경如實知經〉

"배울 것 없는(무학無學) 이의 세 가지 밝힘이 있다. 어떤 것이 셋인가. 이른바 전생 일을 아는 지혜의 밝힘, 나고 죽음을 아는 지혜의 밝힘, 번뇌가 다한 지혜의 밝힘이니라."

그때에 세존께서는 곧 게송으로 말씀하셨다.

일체의 법은 덧없는 것이어라.
계 지킴(지계持戒)과 고요한 선정禪定으로
과거의 오랜 세월 지내오면서
하늘이나 나쁜 것에 태어난 줄 알고
그 생生을 끊고 번뇌를 다했나니
이것은 곧 모니牟尼의 신통이니라.

모든 탐욕과 성냄과 어리석음
거기서 마음이 벗어난 줄 알거니
나는 말하노라 이것이 삼명三明이요

그것은 말로써 말할 것이 아니니라. 《잡아함경》 〈삼명경三明經〉

굶주림은 가장 큰 병이고
이 몸은 가장 큰 괴로움이다.
이 이치를 있는 그대로 안다면
거기 최상 안락의 열반이 있다.

모든 이익 가운데 건강이 가장 큰 이익이고
모든 재물 가운데 만족이 가장 큰 재물이다.
모든 친구 가운데 믿고 의지함이 가장 귀한 친구이며
열반이 최상의 안락이다.

고독의 맛과 고요한 마음을
몸소 체험한 사람은
법열法悅의 맛을 즐기면서
두려움 없이 악에서 떠난다. 《법구경》 203-205

업과 번뇌가 말끔히 없어짐으로써 해탈이 있게 된다.
업과 번뇌는 사유·분별로부터 생겨난다.
그것들은 희론戲論으로부터 생겨난다.
그런데 희론은 공空을 이해함으로써 없어진다. 《중론송》 18.5

4. 지혜의 완성

대승경전의 모체인 《반야경》은 반야바라밀다般若波羅蜜多(prajñā-pāramitā)를 그 종교적 체험의 목표로 하고 있다. 반야(prajñā)란 모든 법의 실체가 공함을 알고, 제법諸法의 실상을 있는 그대로 직관하는 불이不二의 지혜이다. 바라밀다(pāramitā)는 피안彼岸에 도달한 상태를 의미하는 말로, '궁극적인 것'이나 '완성된 상태'를 이르는 말이다. 그러므로 반야바라밀다는 '지혜의 완성'이라고 번역된다.

그러나 반야바라밀다는 초기 불교의 열반의 개념과 같이 번뇌와 반대되는 의미로 보아서는 안 된다. 오히려 반야의 지혜는 생사와 열반을 구분치 않는 불이의 무분별지無分別智이다.

"수보리야, 어떻게 생각하느냐? 완전히 지혜를 이룬 자가 생각하기를 '나는 완전한 지혜를 이루었노라.' 할 수 있겠느냐?" 수보리가 말하였다. "아닙니다. 세존이시여, 완전한 지혜를 이룬 자에게는 완전한 지혜에 도달했다는 생각이 일어나지 않습니다. 만일 그에게 나는 완전한 지혜를 얻었다는 생각이 일어난다면, 그에게는 아상我相, 인상人相, 중생상衆生相, 수자상壽者相이 남아 있는 것입니다."

《금강경》〈일상무상분一相無相分〉

완전한 지혜가 그를 길들여 제도濟度하는 까닭에, 그는 성내거나 자만심을 일으키지 않는다. 적의나 악의도 그에게 들러붙지 못하여 그러한 의향도 일지 않는다. 그는 사려 깊고 우호적이다. 이러한 지혜의 완성이 보살의 수행으로 세워진 것은 실로 놀라운 일이다.

《팔천송반야경》 3. 51–54

그때, 세존께서 조용히 삼매에서 일어나 사리불舍利佛에게 말씀하셨다. "모든 부처의 지혜는 매우 깊고 한량없느니라. 그 지혜의 문은 이해하기 어렵고 들어가기 어려워, 성문聲聞(아라한阿羅漢)이나 벽지불辟支佛(독각불獨覺佛, 연각緣覺)이 능히 알 수 있는 바가 아니다."

《법화경》 〈방편품〉

"내 생각으로는, 모든 것에 대해서 말도 없고 말할 것도 없으며, 가리킬 것도 식별할 것도 없으며, 일체의 질문과 대답을 떠난 것, 이것이 절대 평등의 경지에 드는 것이라 하겠습니다."

그리고 유마힐에게 물었다.

"우리들은 각기 생각한 바를 말했습니다. 이제는 거사님의 차례입니다. 어떻게 하여 보살은 절대 평등의 경지에 들어갑니까?"

이때 유마힐은 침묵한 채 아무 말이 없었다. 이것을 본 문수보살은 감탄하여 말했다.

"훌륭합니다! 참으로 훌륭합니다! 문자나 말 한마디 없는 이것이야말로 참으로 절대 평등의 경지에 드는 것입니다."

《유마경》 〈불이법문품不二法門品〉

여래의 법은 모든 분별과 쓸데없는 논란을 떠나서 있습니다. 진실한 지혜만이 이것을 증득證得합니다. 중생들을 편안하게 하기 위해 법을 설하고 차별을 떠난 지혜를 여래라고 합니다. 여래는 진실한 지혜와 하나이기 때문에 분별의 지혜로는 헤아릴 수 없습니다. 왜냐하면 중생의 마음은 그 대상에 따라 빛깔과 형상을 인식하지만, 여래는 분별을 떠났기 때문에 헤아릴 수가 없는 것입니다.

《능가경》〈나파라권청품羅婆那勸請品〉

이미 세속의 여로를 마치고
근심과 걱정을 떠나
모든 속박을 끊고 자유를 얻은 사람
그에게는 털끝만 한 고뇌도 없다.

재산을 모아두지 않고
검소하게 먹는 그런 사람의 해탈의 경지는
텅 비어 아무 흔적도 없기 때문에
허공을 나는 새의 자취처럼 알아보기가 어렵다.

잘 길들여진 말처럼
모든 감관感官이 잔잔하고
교만과 번뇌를 끊어버린 사람은
신들까지도 부러워한다.

대지와 같이 너그럽고
문지방처럼 의무를 다하고
흙탕이 없는 호수처럼 맑은
그 같은 사람에게 윤회는 없다.

바른 지혜로 해탈하고
평안을 얻은 사람은
마음이 잔잔하게 가라앉고
말과 행동도 조용하다.

사특한 믿음 없이 진리를 깨달아
윤회의 줄을 끊고
온갖 유혹을 물리치고 욕망을 버린 사람
그는 참으로 뛰어난 사람이다. 《법구경》90–97

깨달음을 얻어 바르게 생각하고
명상에 전념하는 지혜로운 이는
세속을 떠나 고요를 즐기니
신들도 그를 부러워한다. 《법구경》181

일체법은 본래 적멸의 모양이니
불자가 이 도리를 깨달아 행한다면

내세에는 반드시 부처를 이룰 것이다. 《법화경》〈방편품〉

푸른 하늘이나 해와 달의 밝은 빛이 지나가는 구름에 가려질 때 그들의 광명이 마치 흐릿해 보이는 것처럼, 그러나 구름이 걷히면 본래 있던 광명이 다시 드러난 만유萬有를 고루 비추는 것처럼, 마음의 본바탕 속에서 일체 만유는 본래 무구청정無垢清淨하다. 선지식善知識이여, 우리의 업습業習은 마치 밝은 빛을 가리는 구름과 같으며 총명과 지혜는 마치 해와 달과도 같아, 우리가 스스로 외부 대상들에 탐착하여 꺼둘릴 때 마음의 본바탕이 구름에 가리워져 총명과 지혜도 그 빛을 잃는다. 《육조단경》〈참회품〉

제5장

수행

설산에서 고행 중인 싯다르타
(설산수도상雪山修道相, 송광사松廣寺 영산전靈山殿 팔상탱八相幀, 조선)

불교 신행에 있어서 수행修行은 핵심적 요소이다. 수행에 의해서만 불교의 궁극적 목표인 정각正覺을 성취할 수 있기 때문이다. 그러므로 불교의 모든 교설은 곧바로 수행의 문제와 직결된다. 불교의 수행론은 각 종파에 따라 다양하지만 계戒·정定·혜慧 등 삼학三學의 수행을 그 근본으로 삼는다.

계행이 청정해야 마음의 집중과 통일을 얻을 수 있고, 선정禪定의 수행을 통해서 궁극적 지혜를 얻을 수 있다. 이 세 가지 수행의 체계는 그중 어느 하나만을 닦아야 하는 것이 아니고 그 순서에 유기적인 연관이 있다.

계학戒學은 심신을 조정하는 공부이다. 계행을 닦아야 욕계欲界를 벗어날 수 있고, 선정을 닦아야 색계色界를 초월하며 혜학慧學을 닦아야 마침내 무색계無色界를 벗어나 3계三界를 초월할 수 있다고 한다. 그러나 선정(dhyāna)이나 삼매(samādhi) 수행도 그 자체가 목적이 아니고 그것에 의해 지혜를 얻으려는 데 있다. 그렇기 때문에 불교에서는 특히 지혜의 수행을 강조하는 것이다.

초기 불교의 수행론에는 팔정도八正道를 비롯하여 여러 방법이 있다. 사념처四念處는 신身·수受·심心·법法의 네 가지를 늘 성찰하여 잊지 않는 것을 말한다. 신身(육체)은 부정한 것, 수受는 괴로운 것, 심心은 무상한 것, 법法은 무아無我인 것을 생각하는 것으로 팔정도 가운데 정념에 해당된다. 사정근四正勤은 아직 일어나지 않은 선을 생기게 하고, 이미 일어난 선을 증장增長시키며, 아직 일어나지 않은 악을 생기지 않게 하고, 이미 일어난 악을 소멸시키기 위해 정진하는 것이다. 사여의족四如意足은 올바른 이상에의 욕구(욕欲)와 노력(정진精進), 그리고 선정禪定과 지혜가 자유롭게 작용하는 것(심心)과 생각함이 주인되는 것(사유思惟)이다. 오근五根과 오력五力은 신信, 정진精進, 염念, 선정禪定, 혜慧 등이 자유롭게 작용하는 능력과 그것이 더 나아가 힘을 발휘하게 하는 것이다. 칠각지七覺支는 염念, 택법擇法(진리인 법을 판별 사유하여 연구하는 지혜), 희喜(높은 선정을 얻기 전의 정신인 만족과 희열), 경안輕安(선정을 얻기 전 심신이 경쾌하고 명랑한 것), 정定(정신 집중), 사捨(애증이나 취사의 생각을 버려 어떤 일에도 마음의 평정이 흔들리지 않음), 정진精進(바른 가르침을 사유하면서 수행함) 등이다. 대승불교에서는 보시布施 · 지계持戒 · 인욕忍辱 · 정진精進 · 선정禪定 · 지혜智慧 등의 6바라밀을 보살의 기본 수행법으로 가르치고 있다.

1. 발보리심과 자기를 다스리는 수행

세속적 인간이 종교인이 되는 최초의 종교경험을 회심回心이라고 하는데, 불교에서는 이를 초발심初發心 또는 발보리심發菩提心이라고 한다. 발보리심은 불도를 성취하기 위한 첫 출발점이 된다. 발보리심을 통하여 탐진치貪瞋癡의 삶을 계행과 선정과 지혜를 닦는 구도자의 삶으로 변화시켜 나가는 것이다.

불교는 자기 책임성과 주체적 삶을 강조하는 자력주의 종교이다. 스스로 깨달음을 구하는 마음을 용맹스럽게 일으켜야 한다. 자기만이 자신의 구원자이므로 다른 데 의지하지 말고 스스로 해탈을 위해 정진할 것을 붓다는 누누이 강조하였다.

자기 자신을 이기는 자는 최고의 승리자이며 자신을 잘 다루는 사람은 최고의 지배자이다. 자신과 법을 의지할 뿐 다른 어떤 존재에도 의지해서는 안 된다. 심지어는 스승인 붓다도 자기의 마지막 의지처가 되지 못한다. 그러므로 불교는 법에 의지하고 사람에게 의지하지 말라고 강조한다. 스스로의 깨달음에서만이 궁극적 구원이 있기 때문이다.

나는 왕사성王舍城의 나라那羅라는 작은 마을 중간쯤에 있는 다자탑多子塔에서 세존을 뵈옵게 되었습니다. 그분은 몸을 바로잡고 단정히 앉아 계셨는데 상호相好[14]가 원만하고 모든 감관感官과 호흡이 지극히 고요하며 마치 금으로 만든 산과 같았습니다. '이분이 바로 내 스승이시고 이분이 곧 세존이시며 이분이 바로 아라한阿羅漢이시고 이분이 바로 등정각等正覺이시다.'라고 생각하고 나는 일심으로 합장하고 공경을 다하여 예를 올린 다음, "당신은 곧 저의 스승이시고, 저는 당신의 제자입니다."라고 부처님께 아뢰었습니다. 부처님께서는 말씀하셨습니다. "그렇다, 카샤파여, 나는 그대의 스승이요, 그대는 나의 제자이다. 그대는 지금 진실하고 깨끗한 마음을 성취하였다." 《잡아함경》

---

14) 상호相好 : 부처의 육신에 갖추어진 훌륭한 용모와 형상을 가리킨다.

끝없는 윤회의 고통을 없애고
중생이 불행에서 벗어나기를 바라며
갖가지 행복을 누리고자 한다면
언제나 보리심을 버리지 말아야 한다.

모든 것을 금으로 변하게 하는 최고의 연금액처럼
부정한 이 몸을 부처의 몸으로 만들어주고
헤아릴 수 없이 값진 보배로 바꾸려면
보리심을 견고하게 지녀야 한다.

세상의 다른 선업은
파초와 같이 열매를 맺고 시들지만
보리심의 나무는 항상 푸르러
언제나 풍성한 열매를 맺고 또 맺는다.

《보리행경》〈찬보리심품讚菩提心品〉

선남자善男子여, 보리심菩提心은 종자와 같으니, 일체 모든 불법을 내는 까닭이다.

보리심은 좋은 밭과 같으니, 능히 중생들의 깨끗한 법을 자라게 하는 까닭이다.

보리심은 땅과 같으니, 능히 모든 세간을 유지하는 까닭이다.

보리심은 깨끗한 물과 같으니, 모든 번뇌의 때를 씻는 까닭이다.

보리심은 큰 바람과 같으니, 널리 세간에 걸림이 없는 까닭이다.

보리심은 치성한 불과 같으니, 능히 모든 소견의 섶을 태우는 까닭이다.

보리심은 밝은 해와 같으니, 모든 세간을 두루 비추는 까닭이다.

보리심은 보름달과 같으니, 여러 가지 깨끗한 법이 다 원만한 까닭이다.

보리심은 밝은 등불과 같으니, 갖가지 법의 광명을 내는 까닭이다.

보리심은 맑은 눈과 같으니, 여러 가지 편안하고 위태한 곳을 널리 보는 까닭이니라. 《화엄경》〈입법계품〉

그대는 힘써 노력해야 한다.
여래는 다만 길을 가리키는 설법자에 지나지 않는다.
그 길에 들어서고 명상을 실천하는 자는
죽음의 사슬에서 해방되리라. 《법구경》276

고오타마의 제자는
언제나 깨어 있다.
그들의 마음은 밤낮으로
부처님의 법을 떠나지 않는다. 《법구경》279

"부처님, 그러면 그 계행과 선정과 지혜의 성취란 어떤 것입니까?"

"계행의 성취란 이런 것이오. 여래가 이 세상에 출현하여 스스로 깨닫고 남을 가르칠 때에 사람들이 그 가르침을 듣고 신심信心을 내어 출가합니다. 그래서 계율에 따라 행동을 삼가고 바른 행동으로 즐거움을 삼으며, 조그마한 허물도 두려워하고 감관感官을 다스려 바른 지혜를 갖춥니다. 산목숨을 죽이지 않고, 주지 않는 것을 갖지 않으며, 여자를 범하지 않고, 거짓을 말하거나 거친 말을 쓰지 않으며 바른 생활을 해나가는 것이오. 또 선정의 성취란, 눈으로 사물을 볼 때라도 감관을 잘 지켜 그 모양에 팔리지 않고, 가나 오나 앉으나 누울 때에도 항상 마음의 눈을 밝히어 바른 마음과 바른 생각에 머뭅니다. 새가 날개 외에는 아무것도 갖지 않듯이 몸을 가리는 옷과 배를 채우는 밥으로 만족하고, 나무 밑이나 동굴 속, 숲이나 묘지 등 한적한 곳을 찾아 고요히 앉소. 그래서 탐욕과 성냄과 게으름과 의심을 버리고, 건강하고 자유롭고 안전한 사람이 되어 선정禪定에 들어가는 것이오. 그리고 지혜의 성취란, 선정에 의해 고요하고 맑고 밝아 아무것에도 걸림이 없는 마음으로써 이 세상의 덧없음과 '나'라고 내세울 것 없음을 알며 다섯 가지 신통(오신통五神通)을 얻고 네 가지 진리를 알아 번뇌를 없애고 깨달음을 얻어 해탈했다는 분명한 자각을 가지는 것입니다."

《장부경전長部經典》8

자기만이 자기의 주인이다.
누가 따로 주인이 될 수 있으랴
자기만 잘 다스리면

얻기 힘든 주인을 얻으리라. 《법구경》160

스스로 자신을 책망하라.
스스로 자신을 돌아보라.
자신을 지키고 삼가면
오, 비구여! 그대는 행복하게 살리라.

자신이야말로 자기의 수호자요
자신이야말로 스스로 의지할 곳이니
장사꾼이 좋은 말을 다루듯
자기 자신을 잘 다루라. 《법구경》379-380

자신을 등불로 하고 자신을 의지처로 삼을 것이며
남의 도움에 의지하지 말라.
또 진리를 등불로 하고 진리를 의지처로 할 것이며
너희 자신 이외의 어떤 것에 귀의처를 구하려 하지 말라.

아난다야, 비구가 자신을 등불로 하고 자신에게 귀의歸依하여 지내는 것이란 무엇을 말함인가? 비구가 몸에 대하여 그것을 잘 관찰하고 바르게 느끼고 바르게 지각하며 바르게 사념함으로써, 세간의 탐욕과 근심을 초월하여 살며, 늘 애써 정진하며, 자기를 제어하며, 전일된 마음을 보전하는 것을 일러 말함이니라. 비구들 가운데 누구라도 이와 같이 행한다면, 지금이나 내가 죽은 다음에도 만일 그가 배움을 닦는 일에 게을리하지 않는다면, 머지않아 궁극의 깨달음을 얻게 될 것이다. 《대반열반경》

어떤 이가 싸움터에서
백만 적군을 이긴다 해도
자기 자신을 이기는 자가
가장 뛰어난 승리자이다. 《법구경》 103

자기 자신을 사랑하는 이라면
자신을 잘 지키라.
지혜로운 이라면
세 때를 늘 깨어 있어라. 《법구경》 157

더러운 것을 깨끗하게 보고
감관感官의 욕구를 억제하지 않으며,
먹고 마시는 일에 절제가 없고
게을러서 정진하지 않는 사람은,
악마가 그를 쉽게 정복한다.

더러운 것을 더럽게 보고
감관의 욕구를 잘 억제하며,

먹고 마시는 일에 절제가 있고
굳은 신념으로 정진하는 사람은
악마도 그를 정복할 수 없다.
바람이 바위산을 어찌할 수 없듯이. 《법구경》7-8

괴로움의 소멸에 이르는 길의 거룩한 진리가 이 팔정도八正道이니, 그것은 바른 소견(정견正見), 바른 생각(정사유正思惟), 바른말(정어正語), 바른 업(정업正業), 바른 생활(정명正命), 바른 노력(정정진正精進), 바른 기억(정념正念), 바른 집중(정정正定)을 일러 말함이다.

바른 소견이란 무엇인가? 괴로움, 괴로움이 일어난 원인, 괴로움을 없애는 것, 괴로움을 없애기 위해 이르는 길을 올바르게 보는 것을 일러 바른 견해라 말한다.

바른 생각이란 무엇인가? 욕심을 떠날 것을 생각하고, 선법善法을 생각하며, 해롭지 않음을 생각하는 것을 일러 바른 생각이라 한다.

바른말이란 무엇인가? 참이 아닌 말을 삼가고, 교활한 말을 삼가며, 가혹한 말을 삼가며, 쓸데없는 우스갯소리를 삼가는 것을 일러 바른말이라 한다.

바른 업이란 무엇인가? 일체 중생에 대한 살생을 금하고, 주지 않은 것을 취하지 않으며, 감각적 쾌락을 탐하지 않는 것을 일러 바른 행위라 한다.

바른 생활이란 무엇인가? 존귀한 이들의 제자가 그릇된 방법으로 생계를 꾸려나가는 것을 버리고 정당한 방법으로 자신의 가계를 유지하는 것을 일러 바른 직업이라 한다.

바른 노력이란 무엇인가? 비구가 애써 의욕을 내어 노력하고, 힘을 솟구치게 하며, 자신의 마음을 채찍질하여, 아직 일어나지 않은 사악하고 닦여지지 못한 것들은 노력하며 생기지 않도록 분투하며, 이미 잘 닦여진 상태는 잘 유지하도록 노력하는 것을 일러 바른 노력이라 한다.

바른 기억이란 무엇인가? 비구가 몸속의 몸을 관觀함에 순일純一하며, 마음속의 마음을 관함에 순일하며, 심상의 심상을 관함에 순일하며, 그들을 밝게 보아 마음을 전일專一함으로써 탐욕과 낙담을 바로잡는 것을 일러 바른 상념이라 한다.

바른 집중이란 무엇인가? 비구가 감각적인 쾌락을 초탈하고 조야粗野한 마음을 떠나서, 처음의 산만한 생각을 떠나 환희가 일어나는 첫 단계의 선정禪定에 든다. 차츰 처음의 산만한 생각을 가라앉혀 마음을 한 점에 전일함으로써 처음의 산만한 생각이 사라지고 집중의 소산이며 환희가 있는 두 번째 단계의 선정에 든다. 그런 다음 환희마저도 사라지게 함으로써 세 번째 단계의 선정에 들어 머물며, 마침내 네 번째 단계의 선정에 든다. 이것을 일러 바른 선정이라 한다. 《중부경전》93. 251-252

활 만드는 사람은 화살을 다루고
물 대는 사람은 물을 끌어들이며

목수는 언제나 나무를 깎아 다듬네
이처럼 지혜로운 이는 자기를 다룬다. 《법구경》80

불교를 공부한다는 것은 자신을 공부하는 것이다.
자신을 공부한다는 것은 자신을 잊는 것이다.
자신을 잊는 것은 만물과 하나됨에 의해 깨닫게 되는 것이다.
만물에 의해 깨닫게 된다는 것은
나와 너의 심신이 모두 탈락됨이다. 《정법안장正法眼藏》

가는 곳마다 주인이 되면
서 있는 곳마다 진실하리라. 《임제록臨濟錄》

너는 말이 떨어지면 곧 스스로
회광반조回光返照할 것이며,
다시 다른 데서 구하지 말 것이니,
이러한 심신身心은 불조佛祖와
한 치도 다르지 않음을 알아야 한다. 《임제록》

비길 데 없고 다함없는 덕성을 지닌 부처님들은
정법正法의 소산이니
그들은 법 안에 거하며
법으로 더불어 살며

법을 자기의 스승으로 삼고
법을 자기의 빛으로 삼으며
법을 자기의 행위 기준으로 삼으며, 법을 자기의 귀의처로 삼는다.

법은 한결같아 만유萬有에 두루 평등하며
천하거나 존귀하거나 그 중간이거나 치우쳐 사랑하는 일이 없다.
이와 같이 나도 나의 생각을 그 법과 같이 해야 하리라.
법은 유쾌한 일만을 좇아가는 일이 없으니
이와 같이 나도 나의 생각을 그 법과 같이 해야 하리라.
법은 피난처를 구하는 일이 없으며
만 세상의 피난처가 법이니
이와 같이 나도 나의 생각을 그 법과 같이 해야 하리.
법은 그 누구도 맞설 자가 없으며
그르칠 수 없는 것이 법이니
이와 같이 나도 나의 생각을 그 법과 같이 해야 하리.
법은 편애하는 일이 없으며
편애하지 않는 것이 법이니
이와 같이 나도 나의 생각을 그 법과 같이 해야 하리.
법은 생사윤회生死輪廻의 두려움을 지니지도
해탈에 유혹되지도 않으며
근심 걱정 없음이 법이니

이와 같이 나도 나의 생각을 그 법과 같이 해야 하리.

《법집경法集經》

너희들은 청정한 계율을 지니고 선정禪定을 닦으며 지혜를 구하여라. 청정한 계율을 지니는 사람은 탐욕과 성냄과 어리석음을 따르지 아니하고, 선정을 닦는 사람은 마음이 산란하지 않게 되며, 지혜를 구하는 이는 애욕에 매이지 않으므로 하는 일에 걸림이 없다. 계戒·정定·혜慧가 있으면 덕이 크고 명예가 널리 퍼지리라. 또 세 가지 허물을 떠나면 마침내 아라한阿羅漢이 될 것이다. 지금의 이 몸으로 삼매三昧를 얻고자 하면 부지런히 깨닫기를 구해 이 생이 다하도록 청정한 도에 들어가라. 마땅히 실행할 것을 행하면 죽은 뒤에 다시 윤회輪廻하는 세상에 태어나지 않을 것이다.

《장아함경》〈반니원경般泥洹經〉76

영원한 것을 허망한 것이라 여기고
허망한 것을 영원한 것이라 여기는 사람은
그릇된 망상 때문에
끝내 영원한 진리에 이르지 못한다.

영원한 것을 영원한 것으로 알고
허망한 것을 허망한 것으로 아는 사람은
그 바른 생각 때문에

마침내 영원한 진리에 이를 수 있다. 《법구경》 11-12

아무리 사랑스럽고 빛이 고울지라도
향기 없는 꽃이 있는 것처럼
실천이 따르지 않는 사람의 말은
번지르르 할지라도 그 알맹이가 없다.

사랑스럽고 빛이 아름다우면서
은은한 향기를 내뿜는 꽃이 있듯이
실천이 따르는 사람의 말은
그 메아리가 크게 울린다. 《법구경》 51-52

경전을 아무리 많이 욀지라도
이를 행하지 않는 방종한 사람은
다만 남의 소를 세고 있는 목자와 같이
참된 수행의 열매를 얻지 못한다.

욀 수 있는 경전이 비록 적을지라도 가르침을 따라 행하고
탐욕과 증오와 무지에서 벗어나
바른 지혜와 걸림이 없는 마음으로
이 세상이나 저 세상의 일에도 탐착貪着하지 않는 이는
마침내 수행의 참된 과실을 얻는다. 《법구경》 19-20

"비구는 방편으로 기억의 깨달음 갈래를 닦고 잘 기억하여, '나는 마음이 잘 해탈하였고 잠을 잘 물리쳤으며, 들뜸을 잘 항복 받았다.'라고 안다. 이와 같이 기억의 깨달음 갈래의 곳과 법을 사유한 뒤에 방편에 게으르지 않으면, 몸이 편히 쉬어 분주하지 않고, 마음을 잡아매어 머무르게 하여 어지러운 생각을 일으키지 않고, 한 마음으로 고요하게 된다. 이와 같이 법 가림·정진精進·기쁨·쉼·선정禪定·평정平靜의 깨달음 갈래에 있어서도 또한 그러하다. 이것을 비구가 방편으로 일곱 가지 깨달음 갈래를 닦을 때에 즐거움에 머무르는 것을 아는 것이라 한다." 《아나율경阿那律經》

2. 선정禪定

선정(dhyāna)은 산란한 마음을 가라앉히고 고요히 사유하는 것이다. 선정수행을 통해 무명과 번뇌를 타파하고 존재의 참모습을 밝힐 수 있다. 초기 불교에서는 사선四禪의 행법行法이 있었고 대승불교에서는 육바라밀 수행의 하나로 중요시되었다. 중국 선불교에서의 선정은 단순히 산란한 마음을 안정시키고 집중하여 마음을 제어하는 소극적인 차원을 벗어나, 마음속에도 두지 않고 밖으로도 향하지 않게 하는 돈오법頓悟法을 강조하게 되었다. 일상의 행주좌와行住坐臥가 모두 선이라는 것이다. 선종에서는 좌선으로써의 선을 벗어나 자성이 바로 깨닫는 견성見性의 체험을 선의 목표로 하였다.

부처님은 끝없는 정진으로
선정에 안주하는 것을 기뻐하시고
마음이 산란한 사람이
번뇌의 싹 사이에 머무름을 불쌍히 여기신다.

나는 지금 몸과 마음을 알아
산란심散亂心을 내지 않는다.
이러한 까닭에 세간을 멀리 여의고
의혹 또한 멀리 여윈다.

사마타(지止)[15]와
비파사나(관觀)[16] 등에 의지하여
이와 같은 행을 일으키며
번뇌를 파괴한다.

먼저 사마타를 구하고
세간의 행을 빌지 않는다.

---

15) 사마타(지止) : 불도를 닦기 위하여 잡념을 버리고 정신을 하나의 대상에 집중하는 일을 뜻한다.
16) 비파사나(관觀) : 불교 수행법의 하나로 진리의 대상을 자세히 관찰하는 방법이다.

무상으로 항유恒有해야지
애착으로는 어떤 것도 얻지 못한다.

무한한 윤회로 천생千生을 거듭한다 해도
다시 애착을 일으켜서는 안 된다.
비파사나를 즐기지 않으면
또한 등지等持에 머무르지 못한다.

이와 같은 욕심에서 멀리 떠나
고독 속에서 기쁨을 얻어라.
애락愛樂의 다툼과 근심이 없는
고요한 숲에서
이러한 까닭에 번뇌를 깨뜨리며
나는 선정禪定에 머문다.
사도邪道는 마음을 끌어당기지 못하니
스스로 최상의 머무름이라 이름한다.

《보리행경》〈보리심정려바라밀다품菩提心靜慮波羅蜜多品〉

만일 어떤 비구가 욕심을 떠나고, 악하고 착하지 않은 법을 떠나, 사색이 있고 사려가 있어, 욕계의 악을 떠나는 데서 생기는 기쁨과 즐거움이 있어서, 초선初禪을 얻어 성취하여 노닐면, 그는 이 정定을 즐겨하고 거기서 머무르고자 한다.

그가 이 정을 즐겨하고 머무르고자 하며 거기서 머무른 뒤에는 반드시 이런 이치가 있나니, 그는 거기서 머무르고 거기서 즐기다가 목숨을 마치고는 범신천梵身天에 난다. 모든 범신천은 거기서 나서 거기서 머무르면서 욕계의 악을 떠나는 데서 생기는 기쁨과 즐거움을 받는다. 그리고 비구도 거기서 머무르면서 초선에 들어가 욕계의 악을 떠나는 데서 생기는 기쁨과 즐거움을 받나니, 이 두 가지 욕계의 악을 떠나는 데서 생기는 기쁨과 즐거움은 차별이 없어 똑같은 것이다. 무슨 까닭인가. 그들 범신천도 먼저 이 정定에 결합한 뒤에 거기서 났기 때문이다. 그리고 그들(비구)은 이렇게 닦고 이렇게 익히고 널리 펴 범신천에 나니, 이와 같이 의도적인 결합에 의해 나느니라.

비구들이여, 사색과 사려가 이미 쉬고, 안이 고요하고 한 마음이 되어 사색이 없고 사려도 없으면서, 정定에서 생기는 기쁨과 즐거움이 있어서 제이선第二禪을 얻어 성취하여 노닌다. 그는 이 정을 즐겨하고 거기서 머무르고자 한다. 그가 이 정을 즐겨하고 거기서 머무른 뒤에는 반드시 이런 이치가 있나니, 거기서 머무르고 거기서 즐기다가 목숨을 마치고는 황욱천晃昱天에 난다. 모든 황욱천은 거기서 나서 거기서 머무르면서 정에서 생기는 기쁨과 즐거움을 받는다. 그리고 비구도 거기서 머무르면서 제이선第二禪에 들어가 정에서 생기는 기쁨과 즐거움을 받나니, 이 두 가지 정에서 생기는 기쁨과 즐거움은 차별이 없어 똑같은 것이다. 무슨 까닭인가. 그들(황욱천晃昱天)도 먼저 이 정에 결합한 뒤에 거기서 났기 때문이다. 그리고 그들(비구)은 이 정을 이렇게 닦고 이렇게 익히며 이렇게 널리 펴 황욱천에 나니, 이렇게 의도적인 결합에 의해 나느니라.

비구들이여, 기쁨을 떠나 모든 것을 버리고 구함이 없어 노닐면서, 바른 기억(염念)과 바른 지혜이면서도 몸은 즐거움을 느끼나니, 이른바 성인의 말씀하신바 거룩한 것을 담담히 바라보는 자가 기억을 갖춘 채 즐거이 지내, 제삼선第三禪을 얻어 성취하여 노닌다. 그는 이 정을 즐겨하고 거기서 머무르고자 한다. 그가 이 정을 즐겨하고 거기서 머무른 뒤에는 반드시 이런 이치가 있나니, 거기서 머무르고 거기서 즐기다가 목숨을 마치고는 변정천遍淨天에 난다. 모든 변정천은 거기서 나서 거기서 머무르면 기쁨도 없고 즐거움도 없게 된다. 그리고 비구도 거기서 머무르면서 제삼선에 들어가 기쁨도 없고 즐거움도 없게 되나니, 이 두 가지의 기쁨도 없고 즐거움도 없는 것은 차별이 없어 똑같은 것이다. 무슨 까닭인가. 그들(변정천)도 먼저 이 정에 결합한 뒤에 거기서 났기 때문이다. 그리고 그들(비구)은 이 정을 이렇게 닦고 이렇게 익히며 이렇게 널리 펴 변정천에 나니, 이와 같이 의도적인 결합에 의해 나느니라.

비구들이여, 즐거움도 멸하고 괴로움도 멸하며, 기쁨과 근심의 근본을 이미 멸하고, 괴롭지도 않고 즐겁지도 않아서 담담히 바라보는 자가 기억을 갖춘 채 완전히 깨끗하여 제사선第四禪을 얻어 성취하여 노닌다. 그는 이 정을 즐겨하고 거기서 머무르고자 한다. 그가 이 정을 즐겨하고 거기서 머무른 뒤에는 반드시 이런 이치가 있나니, 거기서 머무르고 거기서 즐기다가 목숨을 마치고는 과실천果實天에 난다. 모든 과실천은 거기서 나서 거기 머무르면서 담담히 바라보는 자가 기억을 갖춘 채 완전히 깨끗해 즐거움을 받는다. 그리고 비구는 여기서 머무르면서 제사선에 들어가 담담히 바라보는 자가 기억을 갖춘 채 완전히 깨끗해 즐거움을 받나니, 이 두 가지의 담담히 바라보는 자가 기억을 갖춘 채 받는 완전히 깨끗한 즐거움은 차별이 없어 똑같은 것이다. 무슨 까닭인가. 그들(과실천)도 먼저 이 정에 결합한 뒤에 거기서 났기 때문이다. 그들(비구)은 이 정定을 이렇게 닦고 이렇게 익히며 이렇게 널리 펴 과실천에 나니, 이와 같이 의도적인 결합에 의해 나느니라.

비구들이여, 일체의 색에 대한 생각을 지나서, 대상對相이 있다는 생각을 멸하고, 몇 가지의 생각도 생각하지 않으며 한량이 없는 공空, 이 한량이 없는 공처를 성취하며, 거기서 머무르고자 한다. 그가 이 정을 즐겨하고 거기서 머무른 뒤에는 반드시 이런 이치가 있나니, 거기서 머무르고 거기서 즐겨하다가 목숨을 마치고는 한량이 없는 공처천空處天에 난다. 한량이 없는 공처천은 거기서 나서 거기 머무르면서 한량이 없는 공처空處의 생각(상想)을 느낀다. 그리고 비구도 여기서 머무르면서 한량이 없는 공처의 생각을 느끼나니, 이 두 가지 한량이 없는 공처의 생각은 차별이 없어 똑같은 것이다. 무슨 까닭인가. 그들 공처천도 먼저 이 정에 결합한 뒤에 거기서 났기 때문이다. 그들(비구)은 이 정을 이렇게 닦고 이렇게 익히며 이렇게 널리 펴서 한량이 없는 공처천에 나니, 이와 같이 의도적인 결합에 의해 나느니라.

비구들이여, 한량이 없는 공처를 지나서, 한량이 없는 식별(식識), 이 한량이 없는 식별처識別處(식識의 곳)를 성취하여 노닌다. 그는 이 정을 즐겨하고 거기서 머무르고자 한다. 그가 이 정을 즐겨하고 욕심내며 거기서 머무른 뒤에는 반드시 이런 이치가 있나니, 거기서 머무르고 거기서 즐기다가 목숨을 마치고는 한량이 없는 식별처천識別處天에 난다. 모든 한량이 없는 식별처천은 거기서 나서 거기 머무르면서 한량이 없는 식별처의 생각을 느낀다. 그리고 비구도 여기서 머무르면서 한량이 없는 식별처의 생각을 느끼나니, 이 두 가지 한량이 없는 식별처의 생각은 차별이 없어 똑같은 것이다. 무슨 까닭인가. 그들 식별처천도 먼저 이 정에 결합한 뒤에 거기서 났기 때문이다. 그리고 그들(비구)은 이 정을 이렇게 닦고 이렇게 익히며 이렇게 펴서 한량이 없는 식별처천에 나니, 이와 같이 의도적인 결합에 의해 나느니라.

비구들이여, 한량이 없는 식별처를 지나서 무소유無所有(어떤 것도 아닌 것)인, 이 무소유처無所有處를 성취하여 노닌다. 그는 이 정을 즐겨하고 거기서 머무르고자 한다. 그가 이 정을 즐겨하고 거기서 머무른 뒤에는 반드시 이런 이치가 있나니, 거기서 나서 거기서 즐기다가 목숨을 마치고는 무소유처천에 난다. 모든 무소유처천은 거기서 나서 거기 머무르면서 무소유처의 생각을 느낀다.

그리고 비구도 여기서 머무르면서 무소유처의 생각을 느끼나니, 이 두 가지 무소유처의 생각은 차별이 없어 똑같은 것이다. 무슨 까닭인가. 그들(무소유처천無所有處天)도 먼저 이 정에 결합한 뒤에 거기서 났기 때문이다. 그들(비구)은 이 정을 이렇게 닦고 이렇게 익히며 이렇게 널리 펴 무소유처천에 나니, 이와 같이 의도적인 결합에 의해 나느니라.

비구들이여, 일체 무소유처의 생각을 지나고 비유상비무상非有想非無想(생각도 아니고 생각 아님도 아닌 것)인, 이 비유상비무상처를 성취하여 노닌다. 그는 이 정을 즐겨하고 거기서 머무르고자 한다. 그가 이 정을 즐겨하고 거기서 머무른 뒤에는 반드시 이런 이치가 있나니, 거기서 머무르고 거기서 즐기다가 목숨을 마치고는 비유상비무상처천에 난다. 모든 비유상비무상처천은 거기서 나서 거기서 머무르면서 비유상비무상처의 생각을 느낀다. 그리고 비구도 여기서 머무르면서 비유상비무상의 생각을 느끼나니, 이 두 가지 생각은 차별이 없어 똑같은 것이다. 무슨 까닭인가. 그들(비유상비무상처천非有想非無想處天)도 먼저 이 정定에 결합한 뒤에 거기서 났기 때문이다. 그들(비구)은 이렇게 닦고 이렇게 익히며 이렇게 널리 펴 비유상비무상처천에 나니, 이와 같이 의도적인 결합에 의해 나느니라.

비구들이여, 일체 비유상비무상처의 생각을 지나고 몸에 부딪침의 멸함을 알고 노닌다. 슬기로써 보고 모든 번뇌가 다하고 알음알이를 끊는다. 그는 모든 선정禪定 가운데서 이 선정이 가장 제일이요 가장 크며 가장 위(상上)가 되고 가장 훌륭하며 가장 묘하다고 말한다. 마치 소로 인해 젖이 있고 젖으로 인해 타락駝酪이 있으며, 타락으로 인해 날타락죽이 있고, 날타락죽으로 인해 익은 타락죽이 있으며, 익은 타락죽으로 인해 타락의 정精이 있는데, 타락의 정은 가장 제일이요, 가장 크며, 가장 위가 되고 가장 훌륭하며, 가장 묘하다고 말하는 것과 같다. 이와 같이 그는 모든 정 가운데서 이 정이 가장 제일이요, 가장 크며 가장 위가 되고 가장 훌륭하며, 가장 묘하다고 말한다. 이 정을 얻어 이 정에 의지하고 이 정에 머무른 뒤에는 다시는 남·늙음·앓음·죽음의 괴로움(생로병사生老病死)을 받지 않나니, 이것을 괴로움의 끝이라 하느니라."

부처님께서 이렇게 말씀하시자, 모든 비구들은 부처님 말씀을 듣고 기뻐하며 받들어 행하였다. 《중아함경》〈의행경意行經〉

중생의 마음을 깨끗이 하고 걱정과 두려움에서 건지며 고뇌와 슬픔을 없애고 바른 법을 얻게 하는 유일한 길이 있으니 곧 사념처법四念處法이다. 과거 모든 여래도 이 법에 의해 최상의 열반을 얻었고, 현재와 미래의 여래도 이 법으로 열반을 얻을 것이다. 비구는 그 몸(신身)과 느낌(수受)과 마음(심心)과 법法, 이 네 가지에 대해 똑바로 관찰하고 끊임없이 정진하여 바른 생각과 지혜로써 세상의 허욕과 번뇌를 끊어버려야 한다.

어떤 것이 몸을 바로 관찰하는 법인가. 비구가 숲 속이나 나무 밑 혹은 고요한 곳에서 몸을 바로 하고 앉아 오로지 한 생각으로 호흡을 조절하되, 길게 들이쉬고 내쉴 때에는 그 길다는 것을 알고, 짧게 들이쉬고 내쉴 때에는 그 짧다는 것을 알아라. 온몸으로 들이쉬고 내쉬는 것을 알아 마음을 다른 데로 달아나지 못하게 하라. 이 몸을 관찰하되 몸이 어디 갈 때에는 가는 줄 알고 머물 때에는 머무는 줄 알며, 앉고 누울 때에는 앉고 누웠다는 상태를 바로 보아 생각이 그 몸의 동작밖에 흩어지지 않게 하여라. 어떤 사물에도 집착하지 말고 다만 이 몸 관찰하는 데에 머물게 하여라. 이와 같이 이 몸의 굴신屈身과 동작의 상태를 사실대로 관찰하여 한 생각도 흩어지지 않게 되면, 몸에 대한 형상이 눈앞에 드러나 바른 지혜가 나타나며, 이 세상 어떤 환경에도 집착하지 않게 될 것이다.

또한 이 몸이 애초에 무엇으로써 이루어졌는지 사실대로 관찰해야 한다. 이 몸은 지·수·화·풍地水火風 네 가지 요소가 한데 어울려 된 것임을 밝게 보아야 한다. 솜씨 있는 백정이 소를 잡아 사지를 떼어 펼쳐놓듯이 비구도 이 몸을 네 요소로 갈라 눈 앞에 드러내놓아야 한다.

숲 속에 버려진 시체가 하루 이틀 지나면 부어터지고 썩어 문드러지는 것을 보는 것과 같이 이 몸도 그렇게 되고 말리라는 것을 알아야 한다. 그 형상이 눈앞에 역력하면 모든 허망한 경계에 집착하지 않게 될 것이다. 또 숲 속에 버려진 시체의 백골, 한두 해 지나 무더기로 쌓인 백골, 다 삭아 가루가 된 해골을 보는 것과 같이 비구들도 그 몸을 주시하되, 이 몸도 저 꼴을 면치 못하리라고 관찰하면 세상의 모든 집착을 버리게 될 것이다. 비구는 몸에 대해 이와 같이 관찰하는 것이다.

다음으로, 우리의 몸과 마음이 때와 장소를 따라 그 느끼는 작용에 대해 어떻게 관찰할 것인가. 느낌에는 세 가지가 있다. 괴로움을 느끼는 작용, 즐거움을 느끼는 작용, 괴롭지도 즐겁지도 않음을 느끼는 작용이다. 즐거움을 누릴 때는 즐거운 줄 알고, 괴로움을 당할 때는 괴로운 줄 알며, 괴롭지도 즐겁지도 않을 때는 또한 그런 줄을 알아야 한다. 이와 같이 자기 몸과 마음에서 일어나는 느낌을 사실대로 관찰하고 타인의 느낌도 객관적으로 관찰하면 그 느낌이 눈앞에 나타난다. 느낌이 수시로 변해 고정된 괴로움이나 즐거움, 고정된 불고不苦 불락不樂이 없음을 알아 어떤 것에도 집착하지 않는다. 이것이 비구가 느낌에 대해 관찰하는 법이다.

또 어떤 것이 마음을 관찰하는 법인가. 마음에 탐심貪心이 일어나면 '이것이 탐심이구나.'라고 알고, 탐심을 버리면 버린 줄 알아야 한다. 이와 같이 성내는 마음, 어리석은 마음, 뒤바뀐 마음, 넓은 마음, 좁은 마음, 고요한 마음, 산란한 마음, 해탈한 마음, 해탈하지 못한 마음을 스스로 낱낱이 안팎으로 살피고, 그 마음이 일어나는 것과 사라지는 것을 관觀하여 눈앞에 대하듯 하면 세상의 어떤 집착이라도 놓아버리게 된다. 이것이 마음을 바로 관찰하는 법이다.

끝으로 어떤 것이 관찰하는 것인가. 안으로 탐욕이 있으면 있는 줄 알고 없으면 없는 줄 알며, 또 탐욕이 일지 않았더라도 일어난 것으로 관觀하고, 일어났을 때에는 없어진 것으로 관하며, 이미 없어진 것은 앞으로도 일어나지 않을 것으로 관하는 것이다. 이와 같이 성내는 마음, 졸음, 산란한 마음, 의혹 등도 안팎으로 관하고 일어나고 사라지는 것을 관하여, 그것이 뚜렷하게 눈앞에 드러날 때에는 세상의 모든 집착을 버리게 될 것이다. 비구들, 누구든지 이 사념처관四念處觀을 단 한 달 만이라도 법대로 닦으면 탐욕과 불선법不善法을 떠나 성인의 길에 들게 될 것이다. 이 사념처관은 중생의 마음을 깨끗이 하고 걱정과 두려움에서 건져내며, 고뇌와 슬픔을 없애고 바른 법을 얻게 하는 유일한 길이다. 《중아함경》〈염처경念處經〉

과거의 모든 부처님들도 오직 마음을 밝힌 분들이며,
현재의 모든 성현들도 또한 마음을 닦은 분들이다.
그러므로 미래에 수행할 사람도
마땅히 이러한 진리에 의지해야 할 것이다.
바라건대 모든 수행하는 사람들은
절대로 밖에서 구하지 말라.
마음의 성품은 깨끗하여 본래부터 스스로 원만한 것이니
다만 망령된 생각만 여의면 곧 그대로의 부처이다.

《수심결修心訣》

"돈오頓悟와 점수漸修 두 문이 모든 성인의 길이라 말씀하셨는데, 깨달음이 이미 단박 깨달음이었다면 왜 점수를 빌리며, 닦음이 점차 닦는 것이라면 어째서 돈오라 합니까? 돈과 점의 두 가지 뜻을 거듭 말씀하여 의심을 풀어주십시오."

"범부가 미迷했을 때는 사대四大로 몸을 삼고 망상으로 마음을 삼아, 자성自性이 참 법신法身인 줄 모르고, 자기의 영지靈知가 참 부처인 줄 모른다. 그래서 마음 밖에서 부처를 찾아 이리저리 헤매다가 문득 선지식善知識의 가르침을 만나, 한 생각에 마음의 빛을 돌이켜 자기 본성을 보게 된다. 이 성품의 바탕에는 본래는 번뇌가 없는 지혜 성품(무루지성無漏智性)이 저절로 갖추어져 있어 모든 부처님과 조금도 다르지 않다. 이것을 돈오라 한다." 《수심결》

"불도를 얻고자 하면 어떤 법을 수행하는 것이 가장 요긴하겠습니까?"

달마達磨 스님이 대답했다.

"오직 마음을 관觀하는 한 법이 모든 행을 다 거두어들이는 것이니 이 법이 가장 간결하고 요긴하다." 《관심론觀心論》〈달마達磨〉

달마상達磨像(중국 명明나라)

달마도達磨圖(김명국金明國 작作, 국립중앙박물관 소장)

참선할 때는 죽기를 두려워 말고 살기도 바라지 말라. 살기만 하고 죽지 못할까 걱정해야 한다. 진실로 의정疑情과 더불어 한곳에 매여 있기만 하면 거친 환경은 쫓지 않아도 저절로 물러갈 것이요, 망령된 마음은 맑히기를 힘쓰지 않아도 스스로 맑아질 것이다. 육근六根의 문턱이 자연히 텅 비고 넓어져 손만 들면 곧 잡히고 부르면 즉시 대답하는데 어찌 살지 못할 것을 걱정할 것인가.

화두話頭를 들 때는 반드시 화두가 뚜렷하고 분명해야 한다. 마치 고양이가 쥐를 잡을 때와 같이 해야 한다. 그렇지 않으면 귀신굴에 주저앉아 혼혼침침昏昏沈沈하여 일생을 허송하게 될 것이니 무슨 이익이 있겠는가. 고양이가 쥐를 잡을 때는 두 눈을 부릅뜨고 네 다리를 딱 버티고, 어떻게 하면 쥐를 잡아먹을까만을 생각한다. 비록 곁에 닭이나 개가 있더라도 눈 한 번 팔지 않는다. 참선하는 사람도 이와 같이 분연히 이 도리를 밝히고야 말겠다 하고, 어떠한 역경이 닥쳐오더라도 한 생각도 움직이지 말아야 한다. 만약 조금이라도 딴생각을 일으키면 쥐만 놓칠 뿐 아니라 고양이 새끼마저 놓치게 될 것이다. 《선경어禪警語》

일행삼매一行三昧란 가고 멈추고 앉고 눕고 간에 항상 곧은 마음을 쓰는 일이다. 그러므로 《유마경維摩經》에 말씀하기를 '곧은 마음이 도량이며, 곧은 마음이 정토淨土다.'라고 한 것이다. 마음으로는 아첨하고 굽은 짓을 하면서 입으로는 곧은 체하거나, 입으로는 일행삼매를 말하면서 마음은 곧지 않게 하지 말라. 곧은 마음으로 행하여 모든 것에 걸리지 말라. 어리석은 사람은 법상法相에 집착하여 일행삼매를 가리켜 말하기를 가만히 앉아 마음을 일으키지 않는 것이라고 한다.

이는 무정無情과 같아서 오히려 도道를 막는 인연이 된다.

도는 반드시 통하여 흐르게 해야 하는데 어찌 도리어 막히게 할 것인가. 마음이 무엇에고 걸리지 않으면 도가 곧 통해 흐를 것이다. 그러나 마음이 무엇에 걸린다면 이것은 스스로 얽히는 일이다. 앉아서 움직이지 않는 것을 옳다고 한다면, 저 사리풋타가 숲 속에 가만히 앉아 있다가 유마힐에게 꾸중을 들은 일과 같을 것이다.

《육조단경》〈정혜품定慧品〉

좌선坐禪은 원래 마음에 집착함도 아니고 청정에 집착함도 아니며 또한 움직이지 않음도 아니다. 만약 마음에 집착하는 것이라면 마음이 본래 망령된 것이므로 알고 보면 환幻과 같아 잡을 데가 없다. 청정에 집착하는 것이라면 사람의 성품이 본래 청정한 것인데 망념妄念 때문에 진여眞如가 파묻힌 것이니, 망념만 없으면 성품이 저절로 청정한 것이다. 그러므로 마음을 일으켜 청정하게 한다 함은 도리어 청정하다는 망념을 내는 것이 된다. 망념이란 처소가 없으니 집착하는 것이 곧 망념이며, 청정은 형상이 없으니 조촐한 티를 내어 공부한다 함은 도리어 조촐한 데 얽매어 제 본성을 막는 일이 된다.

만약 움직이지 않음을 닦고자 한다면, 모든 사람들을 대할 때 남의 시비와 선악과 허물을 보지 말 것이니, 이것이 곧 자성의 움직이지 않음이다. 어리석은 사람들은, 몸은 비록 움직이지 않으나 입을 열면 곧 남의 시비 장단과 좋고 나쁨을 말하게 되니 이것은 도를 등지는 짓이다. 마음을 고집하거나 청정을 고집하면 곧 도에 막히게 될 것이다. 《육조단경》〈좌선품坐禪品〉

선지식이여, 어떤 것을 좌선이라고 하는가. 이 법문 가운데 막힘이 없고 걸림이 없어서 밖으로 일체 선악의 경계에 생각이 일어나지 않는 것을 좌坐라 하며, 안으로 자성이 움직이지 않음을 보는 것을 선禪이라 하느니라. 선지식이여, 무엇을 선정禪定이라 하는가. 밖으로 모습을 떠나는 것이 선禪이요, 안으로 어지럽지 않음이 정定이다. 만약 밖의 모습에 집착하면 두 마음이 어지럽고 밖으로 모습을 버리면 마음이 곧 어지럽지 않으리라. 본 성품이 스스로 깨끗하고 스스로 고요한 것인데 다만 경계를 보고 생각하기 때문에 어지러워진 것이다. 만약 모든 경계를 보더라도 마음이 어지럽지 않다면 이것이 진정한 정이니라. 선지식이여 밖으로 모습을 떠난 것이 곧 선이요, 안으로 어지럽지 않음이 곧 정이니, 밖의 선과 안의 정이 선정이 되는 것이니라. 《육조단경》〈좌선품〉

마음의 여여如如한 본바탕이 참된 부처요,
삿된 견해와 탐貪, 진瞋, 치癡 삼독三毒이 마라魔羅[17]이다.

---

17) 마라魔羅 : 악마, 불도를 닦는 일을 방해하는 것을 뜻한다.

바른 견해로 깨달음을 얻으면
내 속에 부처가 머물며,
내 본성이 삼독에 짓눌려 압도되면
악마에 사로잡힌 자라 일컬어지리라.
그러나 내 마음의 바른 견해가 빛을 발하여
삼독을 몰아내면
악마가 곧 참된 부처로 변하리. 《육조단경》〈부촉품付囑品〉

어떤 비구가 물었다. "개에게도 불성이 있습니까?" 조주趙州 스님이 대답하였다. "무無." 무문無門이 풀어 말하였다. "이 신묘한 깨달음을 얻으려면 일체의 사유작용을 단멸해야 하느니라."

《무문관無門關》1

진실로 명상에서 지혜가 일어나며
명상이 없으면 지혜도 사라진다.
향상과 쇠퇴의 두 길을 안다면
지혜가 느는 방향으로 처신해야 한다. 《법구경》282

바른 지혜로 완전한 깨달음을 얻고
평정심을 얻어 평안에 든 사람의 마음은
잔잔하여 물결이 일지 않고
말과 행동도 고요하다. 《법구경》96

3. 보살도菩薩道의 실천

대승불교는 보살도를 실천하는 것을 그 중심 이념으로 한다. 보살菩薩(Bodhisattva)은 깨달음을 구하는 사람, 또는 깨달음 속에 있는 중생이다. 보살의 수행은 아라한과 같이 열반에 안주하려는 데 목표가 있는 것이 아니라 중생을 구제하려는 서원誓願으로 회향廻向하는 것이다. 보살은 위로는 깨달음을 구하고 아래로는 중생을 교화하는 사람이다. 보살행에 있어서 깨달음을 구하는 일과 중생을 구제하는 일은 동시에 일어난다.

보살은 모든 법을 똑바로 알면서도 일부러 보시바라밀布施波羅蜜을 행하니, 그것은 일체 중생에게 두려움이 없는 평안한 즐거움을 얻도록 하기 위해서입니다. 그러므로 그것을 보시바라밀이라 합니다. 보살은 모든 법을 관찰하여 분별하는 마음을 내지 않으면서도 맑고 시원한 법을 따릅니다. 그러므로 그것을 지계바라밀持戒波羅蜜이라 합니다. 보살은 또 분별하는 마음을 내지 않고 고행을 참으면서 그 경계가 진실이 아님을 분명히 압니다. 그러므로 그것을 인욕바라밀忍辱波羅蜜이라 합니다.

보살을 어떻게 정진의 행을 닦는가 하면, 초저녁과 밤중과 새벽을 가리지 않고 항상 부지런히 수행하되 진여眞如의 법을 그대로 따라 온갖 분별을 끊습니다. 그러므로 그것을 정진바라밀精進波羅蜜

이라 합니다. 보살은 분별하는 마음을 떠나 저 이교도들의 '취할 수 있다' '취할 만하다'는 경계의 모양을 따르지 않습니다. 그러므로 그것을 선정바라밀禪定波羅蜜이라 합니다. 어떤 것이 보살의 지혜바라밀인가 하면, 보살은 제 마음의 분별하는 모양을 분명히 관찰하여 분별하는 마음으로 보지 않으므로 두 가지 치우친 견해에 떨어지지 않습니다. 진실한 수행에 의해 한 번도 나거나 사라지는 것을 보지 않고 제 마음으로 증득한 거룩한 행을 닦습니다. 그러므로 그것을 지혜바라밀이라 합니다. 바라밀의 이치를 이와 같이 완전히 성취하면 그는 최상의 깨달음을 얻을 수 있습니다. 이것이 출세간 최상의 바라밀입니다. 《능가경》〈찰라품刹那品〉

보살은 또 무엇에 집착하여 보시布施해서는 안 된다. 즉 형상에 집착함이 없이 보시해야 하며, 소리나 냄새나 맛이나 감촉이나 생각의 대상에 집착함이 없이 보시해야 한다. 보살은 이와 같이 보시하되 아무런 생각의 자취도 없이 해야 한다. 왜냐하면, 보살이 어디에도 집착함이 없이 보시하면 그 공덕은 생각으로 헤아릴 수 없는 것이기 때문이다. 《금강경》〈묘행무주분妙行無住分〉

이 두 가지를 멀리하는 것이 보살의 수행입니다. 생사의 세계에 머물러 있으면서도 물들지 않고 열반의 세계에 있으면서도 생사의 바다에 그대로 머물러 있는 것이 보살의 행입니다. 때 묻은 행이 아니며 깨끗한 행도 아닌 것이 보살의 행입니다. 이미 마군魔軍

의 장애를 초월하였지만, 계속해서 장애를 극복하는 것을 보이는 것이 보살의 행입니다. 모든 것을 아는 지혜를 구하지만, 수행이 모자랄 때는 그것을 바라지 않는 것이 보살의 수행입니다.

또 이 세상 모든 것이 어디서 새로 생겨나는 것이 아님을 알면서도 중생을 제도하기 위해 깨달음의 경지에 들지 않는 것이 보살의 행입니다. 모든 중생을 사랑하면서도 그 애정에 집착하지 않는 것이 보살의 행입니다. 심신心身의 업이 다한 경지를 바라면서도 그 경지를 즐기지 않는 것이 보살의 행입니다. 불도를 이루고 법륜法輪을 굴려 열반에 들어도 결코 보살의 길을 버리지 않는 것이 보살의 행입니다. 《유마경》〈문질품問疾品〉

모든 보살들은 청정한 마음을 내야 하니, 마땅히 형상에 머물러서 마음을 내지 않고, 소리와 냄새와 맛과 닿음과 법法에 머물러서 마음을 내지 말아야 한다. 마땅히 어떠한 것에 머무름이 없이 그 마음을 낼 것이니라. 《금강경》〈장엄정토분莊嚴淨土分〉

사리풋타여, 모든 것은 얻을 수 없는 것이다. 이렇다고도 저렇다고도 할 수 없는 것임을 알아 반야바라밀般若波羅蜜을 행하라. 밝은 지혜를 얻어 번뇌를 없애 버리고 불퇴전不退轉의 자리에 오르려거든 반야바라밀을 수행해야 한다. 이 반야바라밀을 수행하면 그릇된 소견에 빠지지 않고 생각의 번거로움을 돌려 불佛·법法·승僧 삼보三寶를 믿고 평안하게 될 것이다. 이것은 모든 사람을 부모와 형제처럼 화목하게 만든다.

이 반야바라밀을 수행할 때에는 반야바라밀을 보지도 말고 그 이름도 생각하지 말며, 행하고 행하지 않는 차별도 두지 말라. 색色은 그 본성이 공하기 때문에 공은 곧 색이 되는 것이다. 원래 색의 자성自性은 공이다. 자성이 공에 의하지 않고 가설로 그것을 색이라 이름한 것이다. 이런 경우 공은 색과는 다르다. 그러나 색은 공을 떠나 존재하지 않고 공은 색을 떠나 따로 존재하는 것이 아니다. 그러므로 색이 즉 공이고 공이 즉 색일 수 있는 것이다.

사리풋타여, 이 반야바라밀을 수행하여 모든 번뇌를 떠나고 바른 깨달음을 열어 한량없는 중생들을 깨우쳐주리라고 원을 세우지 않으면 안 된다. 공空·무상無相·무원無願의 법을 따라 모든 것에서 뛰어나고 다시는 물러나지 않는 자리를 얻어 모든 중생을 위한 참다운 복전福田이 되어야 한다. 온갖 착한 일은 이 사람으로 말미암아 세상에 나타나고, 그 착한 일로 말미암아 세상은 평화롭고 도에는 깨달음이 있는 것이다.

《대품반야경大品般若經》〈습응품習應品〉

"세존이시여, 무엇이 저 언덕이 아니며, 무엇이 저 언덕이옵니까."

부처님께서는 바라문에게 말씀하셨다.

"삿된 소견은 저 언덕(피안彼岸)이 아니요, 바른 소견은 저 언덕이다. 삿된 생각, 삿된 말, 삿된 업, 삿된 생활, 삿된 노력, 삿된 기억, 삿된 집중은 곧 저 언덕이 아니요, 바른 소견, 바른 생각,

바른말, 바른 업, 바른 생활, 바른 노력, 바른 기억, 바른 집중은 곧 저 언덕이니라."

그때에 세존께서는 곧 게송으로 말씀하셨다.

모든 사람으로서
저 언덕에 건넌 이 드물게 있고
세상 사람으로서
대개는 이 언덕에 어정거리고 있네.

우리의 이 바른 법을
능히 잘 따라 행하는 사람
그는 저 나고 죽음의 건너기 어려운 강을 건너느니라.

이때 생문 바라문은 부처님 말씀을 듣고, 따라 기뻐하면서 자리에서 일어나 떠나갔다. 《피안경彼岸經》

보살이 깨달으려는 마음을 낸 다음에는 이와 같이 그 마음을 가져야 할 것이다. 이 세상에 있는 모든 중생들, 즉 알에서 난 것, 태에서 난 것, 습기에서 난 것, 저절로 난 것(화생化生), 형체 있는 것, 형체 없는 것, 생각 있는 것, 생각 없는 것, 생각이 있지도 않고 없지도 않는 것, 이와 같은 온갖 중생들을 모두 열반에 들도록 제도濟度하지 않으면 안 된다. 그러나 이렇듯 한량없는 중생을 제도했다 할지라도 사실은 한 중생도 제도를 얻은 이가 없는 것이 된다. 왜냐하면, 보살에게 나라든가 남이라든가 중생이라든가 목숨이라는 생각이 있으면 그는 벌써 보살이 아니기 때문이다.

《금강경》〈대승정종분大乘正宗分〉

4. 인욕忍辱과 정진精進

인욕과 정진은 육바라밀에 나오는 수행법이다. 인욕(Ksānti)은 괴로움과 욕됨을 받아들여 잘 참는 것이다. 보살이 어떤 경우에도 마음의 동요가 없이 참고 견디는 것은 모든 상을 떠나, 모든 법이 본래 불생不生임을 보기 때문이다. 정진은 부지런히 노력하여 방일하지 않는 것이다. 정진은 생사윤회를 단멸하는 필수불가결의 요소이다. 그러므로 붓다는 열반 직전에 "모든 것은 다 변해간다. 부지런히 노력하라. 불방일不放逸로써 나는 정각正覺이 이르렀으며 무량한 선복을 낳는 것도 불방일이다."라고 유훈하였다.

부지런함은 영원한 삶의 집이요
게으름은 죽음의 길이다.
게으름을 모르는 사람은 죽음도 모를 것이고
게으른 사람은 이미 죽음에 이른 것이나 마찬가지이다.

《법구경》21

게으른 무리 가운데 부지런하고
잠자는 무리 가운데 깨어 있는 현자는
경주하는 말이 다른 말을 앞질러 달려나가듯이
앞으로 나아간다. 《법구경》29

인욕을 수행하려면
남의 죄를 꾸짖고 성내면 안 된다.
갖가지 체體가 공空한 것을 관觀하여
일심一心으로 참아야 한다.

탐착貪着과 쾌락을 얻지 않고
뜻을 지켜 평등하게 하라.
마음에 노여운 번뇌의 병이 있다면
편히 잠들지 못하고 항상 만족하지 못한다.

이와 같이 평등심으로 참아내고
원한 맺힌 것에 대하여
노여움을 다 능히 없앤다면
세세世世토록 안락을 얻을 것이다.

지혜로운 자는 마음이 청정하여
항상 성냄의 번뇌가 침범하는 것을 두려워한다.

번뇌가 서로 지속하니
참는 마음을 항상 용맹스럽게 하라.

여래는 대비자大悲者이다.
고통을 불쌍히 여겨 윤회를 설하시고
죄의 근본을 알게 하여
인욕에 머물러 업을 짓지 않게 하신다.

만약 원한 맺힘을 좋아하고
그 환희를 구하고자 한다면
다시 여러 찬탄하는 말을 구하더라도
이것은 얻을 바가 없다.

원만하고 이롭게 하고자 하더라도
도리어 고통스럽고 즐거움이 없다.
보리심으로 참지 않는다면
이익을 성취하지 못한다.

《보리행경》〈보리심인욕바라밀다품菩提心忍辱波羅蜜多品〉

몸에 병 없기를 바라지 마라. 몸에 병이 없으면 탐욕이 생기기 쉽다.

세상살이에 곤란 없기를 바라지 마라. 세상살이에 곤란이 없으면 업신여기는 마음과 사치한 마음이 생긴다.

공부하는 데 마음에 장애 없기를 바라지 마라. 마음에 장애가 없으면 배우는 것이 넘치게 된다.

수행하는 데 마魔 없기를 바라지 마라. 수행하는 데 마가 없으면 서원誓願이 굳건해지지 못한다.

일을 꾀하되 쉽게 되기를 바라지 마라. 일이 쉽게 되면 뜻을 경솔한 데 두게 된다.

친구를 사귀되 내가 이롭기를 바라지 마라. 내가 이롭고자 하면 의리를 상하게 된다.

남이 내 뜻대로 순종해주기를 바라지 마라. 남이 내 뜻대로 순종해주면 마음이 교만해진다.

덕을 베풀면서 과보果報를 바라지 마라. 과보를 바라면 도모하는 뜻을 가지게 된다.

이익을 분에 넘치게 바라지 마라. 이익이 분에 넘치면 어리석은 마음이 생긴다.

억울함을 당해서 밝히려고 하지 마라. 억울함을 밝히면 원망하는 마음을 돕게 된다.

이와 같이 막히는 데서 도리어 통하는 것이요, 통함을 구하는 것이 도리어 막히는 것이니, 이래서 부처님께서는 저 장애 가운데서 보리도를 얻으셨느니라. 《보왕삼매론寶王三昧論》

지혜로운 자는 인욕을 행하고

보리는 정진에서 나오는 것이다.
게으름(해태懈怠)이 복을 멀리 여의게 함은
바람이 없이는 움직임이 없는 것과 같다.

정진력이란 어떻게 설명할 것인가?
그것은 분별하여 설說함을 요한다.
게으름은 정진의 반대이니
모름지기 독毒과 같이 보아야 한다.

즐거움에의 미망迷妄에서 수면이 있고
쾌락이 좋다고 집착한다.
윤회의 고통을 싫어하지 않음에서
게으름이 생生한다.

번뇌의 집은
게으름의 힘으로 짓는다.
이미 무상無常의 문에 도달하였으니
어찌 이를 알려고 하지 않는가?

부지런히 수행하지 않으며
안연安然하여 정진하지 못하였는데
홀연히 무상이 찾아오니

생각하여도 고통스럽다.

그 죽음의 신의 문을 보라.
고통의 번뇌는 다시 급한 마음이 된다.
찰나에 눈물을 흘려도
어느 권속眷屬도 능히 구할 수 없다.

수면과 방일에 집착하는 것은
독사가 품에 있는 것과 같이 생각하라.
무릎에 독사가 기어오르면 급히 일어서듯
마땅히 이에 성급히 대항해야 한다.

《보리행경》〈보리심정진바라밀다품菩提心精進波羅蜜多品〉

일어나라. 앉아라.
잠을 자서 너희들에게 무슨 이익이 있겠는가.
화살에 맞아 고통 받는 이에게 잠이 웬 말인가.

일어나라. 앉아라.
평안을 얻기 위해 일념으로 배우라.
그대들이 게을러서 그 힘에 굴복한 것을
'죽음의 왕'이 알고
그대들을 해치지 못하도록 하라.

신과 인간은 애착에 얽매어 무엇인가를 갖고자 한다.
이 집착에서 벗어나라.
짧은 세월을 헛되이 보내지 마라.
짧은 세월을 헛되이 보낸 자는 지옥에 떨어져 한탄한다.

게으름은 때와 같은 것
때는 게으름 때문에 생긴다.
애써 닦음으로써, 또한 밝은 지혜로써
자기에게 박힌 화살을 뽑으라. 《숫타니파타》 331-334

내게는 믿음이 있고 노력이 있고 지혜가 있다.
이처럼 전심하는 나에게
너는 어찌하여 생명의 보전을 묻는가?

힘써 정진하는 데서 일어나는
이 바람은 강물도 마르게 할 것이다.
오로지 수도에만 정진하는
내 몸의 피가 어찌 마르지 않겠는가.

몸의 피가 마르면 쓸개도 가래침도 마를 것이다.
살이 빠지면 마음은 더욱더 밝아지리라.
내 생각과 지혜와 순일한 마음은

더욱더 편안하게 될 것이다.
나는 이토록 편안히 살고 가장 큰 고통을 받고 있으므로
내 마음은 모든 욕망을 돌아볼 수가 없다.
보라. 이 마음과 몸의 깨끗함을!

너의 첫째 군대는 욕망
둘째 군대는 혐오
셋째 군대는 기갈
넷째 군대는 애착이다.
다섯째 군대는 권태와 수면
여섯째 군대는 공포
일곱째 군대는 의혹
여덟째 군대는 겉치레와 고집이다. 《숫타니파타》 432-437

제6장

의례

보현보살普賢菩薩

(송광사松廣寺 응진당應眞堂 석가모니후불탱釋迦牟尼後佛幀, 조선)

초기 불교에서는 의례儀禮를 중요시하지 않았다. 붓다는 오히려 브라만교의 제식祭式과 의례를 비판하였다. 그러나 대승불교에 와서는 많은 종교의례가 발달하였다. 《석문의범釋門儀範》에는 수많은 의례문이 수록되어 있다. 불교에 입문하는 의식으로 삼보三寶에 귀의하는 의식과 오계五戒를 지키겠다는 맹세가 있다. 이는 석가모니 부처님 당시부터 행해지던 의식이었다. 불교 의례에는 예불의 의례를 비롯하여 예경禮敬·공양供養·기도·발원·회향迴向·참회懺悔·포살布薩·천도·염불·수계 등의 의식이 있다.

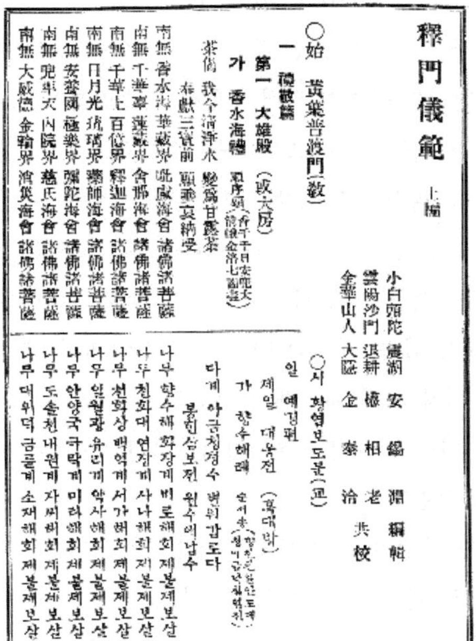
釋門儀範 上編

小白頭陀 震湖 安錫淵 編輯
雲陽沙門 退耕 權相老
金華山人 大隱 金泰洽 共校

○始 黃葉普渡門(敎)
一 禮敬篇
第一 大雄殿 (或大房)
가 香水海禮
茶偈 我今淸淨水 變爲甘露茶
奉獻三寶前 願垂哀納受
南無 香水海 華藏界 毗盧海會 諸佛諸菩薩
南無 千華臺 蓮藏界 舍那海會 諸佛諸菩薩
南無 千華上 百億界 釋迦海會 諸佛諸菩薩
南無 日月光 琉璃界 藥師海會 諸佛諸菩薩
南無 安養國 極樂界 彌陀海會 諸佛諸菩薩
南無 兜率天 內院界 慈氏海會 諸佛諸菩薩
南無 大威德 金輪界 消災海會 諸佛諸菩薩

○시 황엽보도문(교)
일 예경편
제일 대웅전 (혹대방)
가 향수해례
다게 아금청정수 변위감로다
봉헌삼보전 원수애납수
나무 향수해 화장계 비로해회 제불제보살
나무 천화대 연장계 사나해회 제불제보살
나무 천화상 백억계 서가해회 제불제보살
나무 일월광 유리계 약사해회 제불제보살
나무 안양국 극락계 미타해회 제불제보살
나무 도솔천 내원계 자씨해회 제불제보살
나무 대위덕 금륜계 소재해회 제불제보살

《석문의범釋門儀範》(국립중앙도서관 소장)

공양이란 불법에 감사하는 마음으로 삼보에 올리는 모든 청정한 행위를 이른다. 공양에는 법공양法供養과 재공양財供養, 그리고 찬탄과 예배를 하는 공경공양 등이 있다. 초기경전에는, "정직하고 순수한 공양은 마음의 평안을 얻게 할 것이며 슬픔을 이기고 행복을 얻게 한다. 그러나 아깝다는 생각, 바르지 못한 대가를 바라는 마음으로 공양하면 자신과 타인에게 공덕이 없다. 기쁜 마음으로 하는 공양은 공양하는 자와 받는 자 모두를 행복하게 한다."고 설하고 있다.

참회는 스스로 지은 죄를 뉘우치고 용서를 비는 일이다. 지난날 지은 죄는 근본적으로 탐貪·진瞋·치癡의 삼독三毒에서 비롯된 것임을 알고 참회를 통하여 과거의 업장을 소멸하여 정각에 이르는 과정 중의 장애를 제거하고자 하는 것이다.

불교의 참회의식으로 포살布薩이 있다. 포살은 매월 보름과 그믐날에 모여 행하는 의식으로 《율장대품律藏大品》에는 계본을 낭독하고 죄 있는 것을 기억하는 비구는 그 죄를 드러내어 참회하는 의식이 설해져 있다. 계본의 낭독은 각 항목마다 세 번씩 되풀이된다. 또한 자자自恣란 자진해서 자신의 허물을 지적해줄 것을 동료에게 간청하는 의식이다. 이 의식은 상좌上座부터 시작하며, 역시 세 번 반복한다.

발원發願은 중생의 본래 모습인 상常·낙樂·아我·정淨으로 돌아가려는 바람과 이 세상에 불국토를 만들려는 마음의 맹세이다. 보살은 발원을 세워 이를 성취하려고 한다. 염불은 진리 자체인 불보살의 명호名號를 마음으로 생각하고 입으로 부름으로써 진리 자체인 자신의 불성으로 돌아가려는 의식이며 수행이다.

불교는 본래 자력 수행을 근본으로 하는 종교이므로 모든 불교 의례의 정신도 자력 수행적 의례를 그 기본으로 한다. 기도나 발원 의식도 부처님의 가피력加被力을 청하지만 이를 자력과 타력으로 구분하려는 것은 연기법緣起法에 입각한 수행사상을 잘못 이해하는 것이다. 불교의 모든 의례는 탐·진·치를 계戒·정定·혜慧로 바꾸려는 불교 수행의 한 방법이라고 봐야 한다. 불교 의례는 모든 공덕을 일체 중생에게 회향回向하여, 그들의 고통을 없애주고 청정한 법을 깨닫게 하려는 기원이다.

1. 귀의歸依와 예경禮敬

불교의 신행信行은 불佛·법法·승僧 삼보三寶에 귀의하는 마음에서 시작된다. 삼보는 불교도의 귀의와 예배와 공양의 대상이다. 현전現前 삼보란 석가모니 부처님과 그의 가르침과 그의 제자인 비구와 비구니를 가리킨다. 주지住持 삼보란 불멸 후 조성하여 모신 불상과 경전과 출가스님을 말한다. 동체同體 삼보란 불·법·승이 각각 따로 분리된 것이 아니라 하나의 존재임을 뜻한다. 진여법신에 본래부터 갖추어진 자성을 불보佛寶, 진여법신에 본래 갖추어져 있는 법성을 법보法寶, 진여법성에 본래 갖추어져 있는 화합상을 승보僧寶라고 한다. 불교도는 이 세 종류의 삼보에 귀의하며 조석으로 예경의 의례를 올린다.

지혜와 복덕을 다 갖추신 부처님께 귀의합니다.
청정한 진리의 가르침에 귀의합니다.
모든 무리 가운데 가장 존귀한 승단僧團에 귀의합니다.

〈예불문禮佛文〉

목숨을 들어 돌아가나이다.
어디에서나 어느 때에나
가장 훌륭한 일을 하시며
두루 모르는 바 없이 다 아시며
그 인간성이 자유자재하시고
세상을 구하고자
큰 자비를 베푸는 자이시여
목숨을 들어 돌아가나이다.
그 지혜롭고 자비로운 자의 몸이여
그 몸의 모습이여
참되고 영원함이
저 바다와 같은 진리여.

목숨을 들어 돌아가나이다.

헤아릴 수 없이 많은 공덕이 쌓여
있는 그대로, 그리고 모든 것 속에서
생활하는 그 숱한 구도자들이여.

《대승기신론》

부처님께서 사위성舍衛城 기원정사祇園精舍에 계실 때, 제자들에게 말씀하셨다.

부처님을 받들어 섬기며 정성으로 예배하면 다섯 가지 공덕이 있다.

얼굴이 단정해지고, 음성이 맑고 청아하며, 부귀하게 되고, 좋은 집안에 태어나며, 목숨을 마치면 천상에 태어나느니라.

부처님 모습을 뵙고 환희하는 마음을 가지니 얼굴이 단정해질 것이고, 부처님께 귀의하고 찬탄하기 때문에 목소리가 곱고 청아하게 되며, 부처님을 뵐 때 꽃과 향, 등불로 공양을 올렸기에 부귀하게 된다. 또한 부처님전에 겸허한 마음으로 고개 숙여 예배하고 마음에 집착을 버렸으니 좋은 집안에 태어나게 된다.

《증일아함경》〈선취품善聚品〉

계향戒香 정향定香 혜향慧香
해탈향解脫香 해탈지견향解脫知見香
온 누리 광명 구름 시방세계 두루하여
한없는 삼보전에 공양합니다.
헌향진언獻香眞言 옴 바아라 도비야 훔

지극한 마음으로
삼계三界의 스승이며
사생四生의 자비로운 어버이신
석가모니 부처님께
돌아가 의지하나이다.
지극한 마음으로
시방삼세에 항상 계시는
모든 부처님께
돌아가 의지하나이다.
지극한 마음으로
시방삼세에 항상 계시는
부처님 가르침에
돌아가 의지하나이다.
지극한 마음으로
대지문수보살大智文殊菩薩과
대행보현보살大行普賢菩薩과
대비관세음보살大悲觀世音菩薩과
대원본존지장보살大願本尊地藏菩薩님께
돌아가 의지하나이다.
지극한 마음으로
석가모니 부처님으로부터
불법을 부촉咐囑받으신

십대제자十大弟子와 십육성十六聖과
오백성五百聖과 독수성獨修聖과
천이백 아라한阿羅漢[18] 등
헤아릴 수 없이 자비스러운
성인들께 돌아가 의지하나이다.
지극한 마음으로
서쪽으로부터 동쪽에 이르러
우리나라에 이르기까지
법을 이으신 모든 조사祖師와
헤아릴 수 없는 모든 선지식善知識께
돌아가 의지하나이다.
지극한 마음으로
시방삼세에 항상 계시는
덕 높으신 모든 스님들께
돌아가 의지하나이다.
오직 원하옵나니 다함없는
삼보께서는 큰 자비로써
저희 예배를 받으사
가피력加被力을 내리시고
법계의 모든 중생이

---

18) 십대제자十大弟子와……아라한阿羅漢 : 석가모니불의 여러 제자들을 분류한 이름이다. 독수성은 홀로 깨침을 얻은 성인, 천이백 아라한은 항시 붓다를 따라다니던 비구중이다.

다 함께 불도를
이루게 하실지어다. 〈오분향례〉

정구업 진언淨口業眞言
수리수리 마하수리 수수리 사바하

오방내외안위제신 진언五方內外安慰諸神眞言
나무 사만다 못다남 옴 도로도로 지미 사바하

개경게開經偈
위없이 깊고 깊은 미묘한 법
백천만 겁인들 어찌 만나리
내 이제 보고 듣고 받아 지니니
부처님의 진실한 뜻 알게 하소서. 《천수경千手經》

선지식이여, 자기 성품의 삼보로써 항상 스스로 증명하고 자기 성품의 삼보께 귀의하기를 권하노라. 부처는 깨달음이요, 진리는 올바른 것이요. 승가는 깨끗함이다. 제 마음이 깨달음에 귀의하여 삿되고 어리석은 것이 생기지 않고 욕심이 적어 만족할 줄 알아서 능히 재물과 여색을 멀리함을 양족존兩足尊이라 한다. 자기 마음이 바른 곳에 의지하여 생각생각 삿된 소견이 없으므로 '나'와 '남'이라는 고집과 내가 잘났다는 생각도 없고 탐욕과 애욕의 집착도 없음을 이욕존離欲尊이라 하느니라. 자기 마음이 거룩한 것에 귀의하여 모든 번뇌 애욕의 경계에 자기 성품이 물들지 않는 것을 중중존衆中尊이라 한다.

만약 이런 행을 닦으면 이것이 스스로 귀의함인데 범부들이 알지 못하고 해가 지고 밤이 다하도록 삼귀계三歸戒를 받는다 하니 만약 부처에게 귀의한다면 부처가 어디에 있는가. 만약 부처를 보지 못할진대 무엇을 빙자하여 돌아간단 말인가. 도리어 망령된 말을 이루는 것이 되느니라.

선지식이여, 각각 스스로 관찰하여 마음을 그릇되게 써서는 안 된다. 경문에 분명히 "스스로 부처님께 귀의한다." 하셨고 "다른 부처님께 귀의한다."고는 말씀하지 않으셨으니 자기 부처에게 돌아가지 않으면 의지할 곳이 없으리라. 이제 이미 스스로 깨달았으면 각각 자기 마음의 삼보께 귀의하여 마음의 성품을 고르게 하고 밖으로 다른 사람을 공경하는 것이 스스로 귀의함이니라.

선지식이여, 이미 자기의 삼보께 귀의하였으니 각각 지극한 마음을 가지라. 내가 이제 하나이면서 세 가지 몸인 자성불自性佛을 말하여 너희들로 하여금 삼신이 뚜렷함을 보고 자성을 스스로 깨닫게 하리니 나를 따라 이렇게 외우라.

'자기 몸의 청정법신불淸淨法身佛(진리의 본체)께 귀의하며 자기 몸의 백천억 화신불百千億化身佛(여러 모습으로 나타난 부처)께 귀의하며 자기 몸의 원만보신불圓滿報身佛(공덕으로 이룬 부처의 몸)께 귀의합니다.'

선지식이여, 몸은 집과 같으므로 그곳으로 향하여 돌아간다고 할 수 없는 것이나 삼신불三身佛은 이미 자성 가운데 있는 것이다. 세상 사람이 다 있지만 자기의 마음이 어리석어서 안의 자성을 보지 못하고 밖으로 삼신 여래를 찾을 뿐 자기 몸 가운데 삼신불이 있음을 보지 못하느니라. 너희들은 잘 들으라. 너희들로 하여금 자신 가운데 자성의 삼신불이 있음을 보게 하리니 이 삼신불은 자성으로부터 나오는 것이요, 밖으로부터는 얻지 못하는 것이다.

《육조단경》〈참회품〉

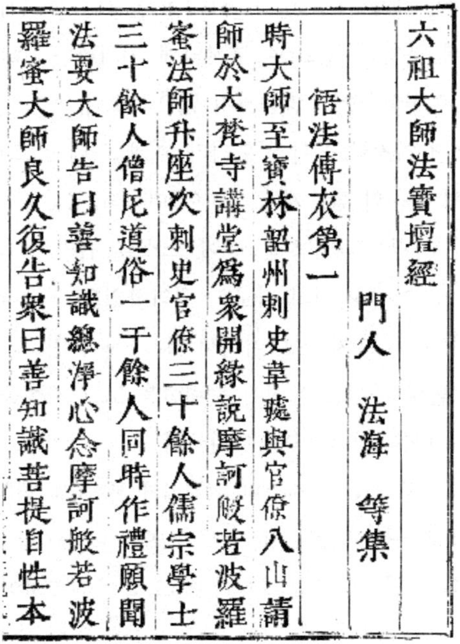

六祖大師法寶壇經

門人 法海 等集

悟法傳衣第一

時大師至寶林韶州刺史韋璩與官僚入山請師於大梵寺講堂爲衆開緣說摩訶般若波羅蜜法師升座次刺史官僚三十餘人儒宗學士三十餘人僧尼道俗一千餘人同時作禮願聞法要大師告曰善知識總淨心念摩訶般若波羅蜜大師良久復告衆曰善知識菩提自性本

《육조단경六祖壇經》(국립중앙도서관 소장)

선남자善男子여, 모든 부처님께 예배하고 공경한다는 것은 진법계 허공계 시방삼세 일체불찰一切不察 극미진수極微塵數 모든 부처님을 내가 보현행원普賢行願의 원력으로 눈앞에 대하듯 깊은 믿음을 내어서 청정한 몸과 말과 뜻을 다하여 항상 예배하고 공경하되 낱낱 부처님 계신 곳마다 불가설불가설 불찰 극미진수 몸을 나투고 낱낱 몸으로 불가설불가설 불찰 극미진수 부처님께 두루 예배하고 공경하는 것이니 허공계가 다하면 나의 예배하고 공경함도 다하려니와 허공계가 다할 수 없으므로 나의 예배하고 공경함도 다함이 없느니라.

이와 같이 하여 중생계가 다하고 중생의 업이 다하고 중생의 번뇌가 다하면 나의 예배하고 공경함도 다하려니와 중생계 내지 중생의 번뇌가 다함이 없으므로 나의 예배하고 공경함도 다함이 없어 생각생각 상속相續하여 끊임이 없되 몸과 말과 뜻으로 짓는 일에 지치거나 싫어하는 생각이 없느니라.

선남자여, 또한 부처님을 찬탄한다는 것은 진법계 허공계 시방삼세 일체 세계에 있는 극미진의 그 낱낱 미진 속마다 일체 세계 극미진수 부처님이 계시고, 그 낱낱 부처님 계신 곳마다 한량없는 보살들이 둘러 계심에, 내 마땅히 깊고 깊은 수승한 이해와 분명한 지견으로 각각 변재천녀辯才天女의 혀보다 나은 미묘한 혀를 내며, 낱낱 혀마다 한량없는 음성을 내며, 낱낱 음성마다 한량없는 온갖 말을 내어서 일체 부처님의 한량없는 공덕을 찬탄하여 미래세가 다하도록 계속하고 끊이지 아니하여 끝없는 법계에 두루하는 것이니라.

이와 같이 하여 허공계가 다하고, 중생계가 다하고, 중생의 업이 다하고, 중생의 번뇌가 다하면, 나의 찬탄도 다하려니와, 허공계 내지 중생의 번뇌가 다함이 없으므로 나의 이 찬탄도 다함이 없어 생각생각 상속하여 끊임이 없되, 몸과 말과 뜻으로 짓는 일에 지치거나 싫어하는 생각이 없느니라.

《화엄경》〈보현행원품普賢行願品〉

부처님의 무한하고 묘한 법法의 근원에
불자佛子는 바른 마음으로 귀명歸命합니다.
부처님은 감로계甘露戒를 드리워 보호하시니
나는 지금 설법을 찬탄하며 정법正法에 귀의합니다.

《보리행경》〈찬보리심품讚菩提心品〉

이 마니주摩尼珠는 공경심을 내게 하니
여래와 이 청정하고 묘한 법의 보배를 공양하여 받든다.
부처님의 공덕은 바다처럼 끝이 없도다.
세간이 소유하고 있는 많은 묘한 꽃과 내지 묘한 과일과 탕약
보배가 소유한 맑고 깨끗한 물
이 모든 것들로 받들어 공양합니다.

산중의 보배와 여러 보물은 숲의 적정처에서 빛나고

나무를 장엄한 덩굴꽃은 광명이며
밑으로 열매를 맺은 가지를 드리워
인간과 천상의 향, 겁의 나무 및 보배 나무.

연못의 물은 청정하여 장엄하고
기러기와 거위는 소리가 좋아 더없이 뜻에 들어맞는다.
곡식은 심어지는 것이 아니라 자연히 생하는 것이며
이 모든 자연으로 장엄하여 공양합니다.

이들은 허공계와 동등하며 광대하니
나는 지금 이들로 최상의 석가모니 부처님께 공양드립니다.
나를 위하여 큰 자비를 버리지 않고 그 최상의 공양을 받으시니
나는 복 없는 큰 가난함으로 다시 공양합니다.

《보리행경》〈보리심시공양품菩提心施供養品〉

2. 참회懺悔

참회懺悔(Ksamayatām)는 자신의 죄를 고백하고 용서를 빌며 앞으로 다시 잘못하는 일이 없도록 하는 마음을 말한다. 참회에는 이참理懺과 사참事懺이 있다. 이참이란 생멸이 없는 진리를 관찰함으로써 죄란 본래부터 존재하는 것이 아님을 깨닫는 참회이다. 사

참이란 포살布薩[19] 등의 참회 의식을 통해 잘못을 뉘우치는 수행이다.

살생한 죄 오늘 이제 참회하고 비옵니다.
도적질한 죄 오늘 이제 참회하고 비옵니다.
사음邪淫한 죄 오늘 이제 참회하고 비옵니다.
거짓말한 죄 오늘 참회하고 비옵니다.
발린 말한 죄 오늘 참회하고 비옵니다.
이간질한 죄 오늘 참회하고 비옵니다.
나쁜 말 한 죄 오늘 참회하고 비옵니다.
탐애한 죄 오늘 이제 참회하고 비옵니다.
성낸 죄 오늘 이제 참회하고 비옵니다.
우치愚癡한 죄 오늘 이제 참회하고 비옵니다.
백겁 천겁 쌓인 죄업
한 생각에 없어져서
마른풀을 불태우듯
남김 없이 사라지네.
죄는 본래 따로 없고 마음 따라 일어난 것
그 마음 없어지면 죄 또한 사라지리.
지은 죄와 죄진 마음 모두 함께 녹아내려
녹아내린 그 자리가 이름하여 진眞참회라 한다.

---

19) 포살布薩 : 같은 지역의 승려들이 보름마다 모여서 자신의 일을 반성하고 참회하는 의식이다.

지난 동안 지은 모든 악업은
무시이래無始以來 탐貪·진瞋·치癡로 말미암아서
몸과 말과 뜻으로 지었사오니
제가 이제 그 모두를 참회합니다.

참회 진언
옴 살바 못자 모지 사다야 사바하 《천수경》

업장業障을 참회한다는 것은 어떤 것입니까. 보살은 이렇게 생각합니다. '내가 지나간 세상 끝없는 세월에 탐하고 성내고 어리석은 탓으로 몸과 말과 생각으로 지은 악업이 한량없고 끝이 없을 것이다. 만약 그 나쁜 업에 어떤 형체가 있다면 가없는 허공으로도 그것을 다 용납할 수 없을 것이다. 내가 이제 몸과 말과 생각의 청정한 업으로 법계에 두루한 많은 부처님과 보살들 앞에 지성으로 참회하고, 다시는 나쁜 업을 짓지 않으며 항상 청정한 계율의 모든 공덕에 머물겠다.'

이와 같이 하여, 허공계가 다하고 중생계가 다하고 중생의 업이 다하고 중생의 번뇌가 다해야만 나의 참회가 다할 것입니다. 그러나 허공계와 중생의 업과 번뇌가 다할 수가 없으므로 나의 참회도 끝나지 않습니다. 순간순간 계속하여 끊임없어도 몸과 말과 생각에는 조금도 지치거나 싫어함이 없습니다.

《화엄경》 <보현행원품>

저희 제자들이 앞생각과 현재 생각과 뒷생각으로부터 생각생각 어리석고 어지러운 데 물들지 않고 전부터 있었던 악업의 어리석고 어지러운 죄를 다 참회하오니, 원컨대 일시에 소멸하여 영원히 다시 일어나지 않도록 하소서. 저희 제자들은 앞생각과 현재 생각과 뒷생각으로부터 생각생각에 교만하고 허망한 데 물들지 않고 전부터 있던 악업인 교만하고 허황한 죄를 다 참회하오니, 원컨대 일시에 소멸하여 영원히 다시 일어나지 않게 하소서. 저희 제자들은 앞생각과 현재 생각과 뒷생각으로부터 생각생각 질투에 물들지 말고, 있는바 악업인 질투 등의 죄를 다 참회하오니 원컨대 일시에 소멸하여 영원히 다시 일어나지 않게 하여 주시옵소서.

선지식이여, 이것이 무상참회無相懺悔니 무엇이 참懺이고, 무엇이 회悔인가. 참은 전의 허물을 뉘우치는 것이니 전부터 있던 악업인 어리석음과 어지러움과 교만하고 허황됨과 질투 등의 죄를 모두 뉘우쳐서 길이 다시 일어나지 않게 하는 것을 참이라 한다. 회는 나중의 허물을 뉘우치는 것이니, 이제부터 있을 이후의 악업인 어리석음과 어지러움과 교만하고 허황되고 질투하는 등의 죄를 이제 이미 깨닫고 길이 다 끊어서 다시는 짓지 않도록 하는 것이 회니 그래서 참회라 이름하느니라. 《육조단경》〈참회품〉

이제 너희에게 무상참회를 주어 삼생三生의 죄과를 없애고 몸과 말과 생각의 세 가지 업을 청정하게 할 것이니 나를 따라 이와 같이 부르라.

'제가 순간순간마다 미련하고 어리석은 데에 빠지지 않게 하소서. 이전부터 지어온 나쁜 짓과 미련한 죄를 모두 참회하오니, 단번에 소멸하여 다시는 일어나지 않게 하소서. 제가 순간순간마다 교만하고 진실치 못한 데에 물들지 않게 하소서. 이전부터 지어온 나쁜 짓과 교만하고 진실치 못한 죄를 모두 참회하오니 단번에 소멸하여 다시는 일어나지 않게 하소서. 제가 순간순간마다 질투에 물들지 않게 하소서. 이전부터 지어온 나쁜 짓과 질투한 죄를 모두 참회하오니 단번에 소멸하여 다시는 일어나지 않게 하소서.'

이것이 무상참회다. 참회란 무엇인가. 참懺이란 지나간 허물을 뉘우침이다. 전에 지은 악업인 어리석고 교만하고 허황되고 시기 질투한 죄를 다 뉘우쳐 다시는 더 일어나지 않도록 하는 것이다. 회悔란 이 다음에 오기 쉬운 허물을 조심하여 그 죄를 미리 깨닫고 아주 끊어 다시는 짓지 않겠다는 결심이다.

범부들은 어리석어 지나간 허물을 뉘우칠 줄 알면서도 앞으로 있을 허물은 조심할 줄 모른다. 그러하기 때문에 지나간 죄도 없어지지 않고 새로운 허물이 잇달아 생기게 되니, 이것을 어찌 참회라 할 것인가. 《육조단경》〈참회품〉

이전에 나태했더라도
지금 나태하지 않다면
그는 이 세상을 밝게 비추리라.

마치 구름을 벗어난 달처럼.

혹 그릇된 짓을 범했더라도
착한 행동으로 덮어버린다면
그는 이 세상을 밝게 비추리라.
마치 구름을 벗어난 달처럼. 《법구경》172-173

3. 발원發願과 회향廻向

발원發願은 원하고 구하는 마음을 내어 기원하는 것이다. 수행을 게으르지 않게 하여 반드시 정각을 이루려는 목적으로 하는 총원總願과, 구체적으로 불국정토를 건설하여 불국토를 만들려는 별원別願이 있다. 일반적으로 보살은 네 가지 큰 서원(사홍서원四弘誓願)을 세워 보살도를 성취하려고 한다. 발원은 자력에 의한 불교의 독특한 기도법의 일종이라고 볼 수 있다.

회향廻向이란 자기의 모든 선근善根 공덕을 다른 이를 위해 되돌리는 것이다. 자신이 지은 공덕을 다른 중생에게 되돌리는 중생회향, 보리菩提의 과덕果德을 얻으려 하는 보리회향, 열반을 구하려는 실제實際회향, 정토淨土에 함께 왕생往生하려는 왕생회향, 대비심으로 정토에서 다시 이 세상에 돌아오려는 환상還相회향 등이 있다.

괴로운 삼악도三惡途 영원히 떠나리다.
어리석은 탐貪·진瞋·치癡 하루 속히 끊으리다.
보배로운 불佛·법法·승僧 한결같이 모시리다.
진리의 계戒·정定·혜慧 부지런히 닦으리다.
부처님의 모든 말씀 하루같이 따르리다.
굳건한 보리심菩提心 물러서지 않으리다.
서방의 극락정토 결정코 가오리다.
아미타 부처님을 하루 빨리 뵈오리다.
괴로운 곳곳마다 자비 손길 뻗치리다.
어리석은 모든 중생 남김없이 건지리다. 《천수경》

조석으로 향과 등불 불전에 올리옵고
삼보전三寶殿에 귀의하여 부처님께 예배하오니
나라 안이 평안하여 난리가 없게 하시고
천하가 태평한 가운데 진리가 넘치게 하소서
원컨대 저희로 하여금 세세생생世世生生(윤회輪廻) 나는 곳마다
언제나 반야 큰 지혜에서 물러나지 않게 하사
석가모니 부처님의 용맹한 지혜 얻게 하오며
노사나불盧舍那佛의 큰 깨달음 얻게 할지어다.
문수보살과 같은 크나큰 지혜
보현보살과 같은 광대한 행원
지장보살과 같은 원력이 끝없는 몸

관세음보살과 같은 서른둘 응화신應化身을
시방세계 어디든지 마음대로 나타내어
널리 중생들을 무위도無爲道에 들어가게 하사
나의 이름 듣는 이는 삼악도三惡道의 괴로움 여의고
나의 형상 보는 이는 해탈을 얻게 하소서.
이와 같은 교화방편 무량겁토록 실천하여
부처도 중생도 없는 세계가 이루어지리다.
산문山門은 고요하여 슬픔 근심 끊어지고
도량 안의 모든 재앙 영원히 소멸되며
토지신土地神과 천룡天龍은 삼보三寶를 돌보시고
산신山神과 국사局司[20]는 정상禎祥을 도우소서.
꿈틀거리는 미물까지도 피안에 오르게 하시고
세세생생에 항상 보살도를 실천하여
구경究竟에는 일체종지一切種智[21] 완전히 이루고
반야바라밀 큰 지혜 완성할지어다.

나무 석가모니불
나무 석가모니불
나무 시아본사 석가모니불 〈행선축원문行禪祝願文〉

---

20) 국사局司 : 한 절의 경내를 맡아보는 귀신을 뜻한다.
21) 일체종지一切種智 : 현상계 모든 존재의 각기 다른 모습 속에 감추어져 있는 참모습을 알아내는 부처의 지혜를 뜻한다.

부처님의 공덕은 시방세계 부처님들이 무량겁을 두고 계속해서 말씀할지라도 다할 수 없습니다. 그러한 공덕을 이루려면 열 가지 큰 행원行願을 닦아야 합니다. 첫째는 부처님께 예배 공경함이요, 둘째는 부처님을 찬탄함이며, 셋째는 여러 가지로 공양供養함이요, 넷째는 업장業障을 참회함이며, 다섯째는 남의 공덕을 같이 기뻐함이며, 여섯째는 설법해주기를 청함이며, 일곱째는 부처님이 세상에 오래 계시기를 청함이요, 여덟째는 부처님을 본받아 배움이며, 아홉째는 중생의 뜻에 수순隨順함이요, 열째는 모두 다 회향함입니다. 《화엄경》〈보현행원품〉

모두 다 회향한다는 것은 어떤 것입니까. 처음 예배 공경함으로부터 중생의 뜻에 수순하기까지, 그 공덕을 온 법계 허공계에 있는 일체 중생에게 돌려보내, 중생들로 하여금 항상 편안하고 즐겁고 병고病苦가 없게 합니다. 나쁜 짓은 하나도 이루어지지 않고 착한 일은 모두 이루어지며, 온갖 나쁜 길의 문은 닫아버리고 열반에 이르는 바른길은 활짝 열어 보입니다. 중생들이 쌓아온 나쁜 업으로 말미암아 받게 되는 무거운 고통의 여러 가지 과보를 내가 대신 받으며, 그 중생들이 모두 다 해탈을 얻고 마침내는 더없이 훌륭한 보리菩提를 성취하도록 힘씁니다.

보살은 이같이 회향합니다. 허공계가 다하고 중생계가 다하고 중생의 업이 다하고 중생의 번뇌가 다할지라도 나의 이 회향은 다하지 않을 것입니다. 순간순간 계속하여 끊임없어도 몸과 말과 생각에는

조금도 지치거나 싫어함이 없습니다. 《화엄경》〈보현행원품〉

일체의 모든 곳에 몸과 마음에 괴로움이 있는 이들은
이 묘복妙福을 얻고, 쾌락의 바다에서 환희한다.
만일 자재自在하지 못하여 윤회에 머물러 있다면
세간의 즐거움을 얻게 하며 보리의 즐거움을 얻게 할 것이다.
만일 괴로움의 세계나 지옥이 있다면
모두 최상의 쾌락을 받도록 하리라.
추운 고통(한고寒苦)에서 온난을 얻고, 더운 고통(열고熱苦)에서 청량을 얻게 하며
보살의 대운大雲을 뒤집고, 또 법수法水의 바다에서 목욕하게 하리라.
나는 선력善力 때문에 천天의 궁전을 얻게 되며
그 빛은 천일千日과 같게 될 것이다.

손에서 감로의 우유를 나오게 하여
굶주린 아귀를 건지고 식食과 더불어 세욕洗浴하게 하며
청량淸凉을 포만하게 하여 고를 여의고 쾌락을 얻게 한다.
북주北洲의 사람과 같이 색력色力 및 수명이 있어
귀가 먹은〔聾〕 자는 소리의 들음을 얻고, 눈이 멀은〔盲〕 자는 색色의 봄을 얻으며
임신 및 산생産生에서는 출산의 고통이 없음과 같으리라.

두려운 자는 두려움을 받지 않고, 즐겁지 못하면 즐거움을 얻으며
번뇌는 무뇌無惱를 얻어, 견자見者는 모두 환희하리라.
병자病者는 안락을 얻어 일체의 얽매임에서 해탈하고
무력無力에 의해 힘을 얻으며, 애심愛心은 서로에게 베풀어
시방을 안락히 하여, 행도일체行道一切에 도달한다.
악한 일은 모두 멸진滅盡하여
당연히 좋은 일을 성취하게 하여 안락으로 피안彼岸에 도달할 것이다.

이제 나는 일체의 복으로
모든 유정有情 등을 이롭게 하며, 마땅히 일체의 죄를 떠나
항상 선리善利의 일을 만들 것이다.
보리심의 소행所行인 보리행은 물러나지 않으며
멀리 아만我慢의 업을 떠나서
당연히 부처의 수기受記를 받게 될 것이다.
모든 유정 등은
무량의 수명을 얻고, 수명이 영원토록 길어짐(항장恒長)을 얻으며
무상無常의 소리를 파괴하여 겁수원劫樹苑이 편안하고 기쁘게 되리라.
《보리행경》〈보리심회향품菩提心廻向品〉

무상계無常戒는 열반을 얻는 문이며
고통 바다 건너는 든든한 배이다.

부처님도 이 계로써 열반에 드셨고
중생들도 고통 바다 건너느니라.
그대 이제 몸과 마음 놓아버리고
신령한 심식心識이 말끔히 밝아
위없는 청정계를 이제 받으니
이런 다행 또다시 어디 있으랴
금일 영가靈駕는 지성으로 살필지어다.

겁의 불길 활활활 불타오르고
대천 세계 모두가 무너진다면
수미산須彌山도 쓰러지고 바다도 말라
자취조차 없거늘 어찌 하물며
그대 몸이 나고 늙고 죽는 일이며
근심하고 슬퍼하고 아파하거나
그대 뜻에 맞거나 어기는 일들
이 같은 온갖 것이 어찌 있으랴.

영가여 다시 깊이 살필지어다.
뼈와 살과 빛깔은 흙으로 가고
피와 침과 물기는 물로 다 가고
따뜻한 몸 기운은 불로 다 가며
움직이는 힘이란 바람으로 가

사대四大가 제각기 흩어졌으니
영가 몸이 어디에 있다 할 것인가.
사대로 이루어진 그대의 몸은
실로는 거짓이요 허망함이니
애석하게 여길 바 못 되느니라.
그대는 옛적부터 오늘날까지
무명無明으로 인하여 행行이 있었고
행을 인연하여 식識이 있었고
식을 인연하여 명색名色이 있고
명색을 인연하여 육입六入(육근六根)이 있으며
육입을 인연하여 촉觸이 있었고
촉을 인연하여 수受가 있으며
수를 인연하여 애愛가 있었고
애를 인연하여 취取가 있으며
취를 인연하여 유有가 있었고
유를 인연하여 생生이 있으며
생을 인연하여 늙고 병들고
근심 슬픔 죽음이 있게 되니라.
그렇다면 이 도리를 돌이켜볼 때
무명이 멸한즉 행이 멸하고
행이 멸한즉 식이 멸하며
식이 멸한즉 명색이 멸하고

명색이 멸한즉 육입이 멸하며
육입이 멸한즉 촉이 멸하고
촉이 멸한즉 수가 멸하고
수가 멸한즉 애가 멸하고
애가 멸한즉 취가 멸하며
취가 멸한즉 유가 멸하고
유가 멸한즉 생이 멸하며
생이 멸한즉 근심 슬픔과
늙음이나 죽음이 없게 되니라.

모든 법은 본래로 좇아오면서
어느 때나 스스로 적멸상이니
불자가 진실한 길 모두 행하면
오는 세상 기어이 성불하리라.

이 세상 모든 것은 무상하나니
그 모두는 생멸하는 현상이로다.
생하고 멸함이 다해 마치면
적멸의 즐거움이 드러나느니라.

위없는 부처님께 귀의하며
위없는 가르침에 귀의하며

거룩한 스님들께 귀의하리.

나무 과거 보승여래寶勝如來 응공應供 정변지正遍知 명행족明行足 선서善逝

세간해世間解 무상사無上士 조어장부調御丈夫 천인사天人師 불세존佛世尊.

영가여, 오온五蘊의 빈 주머니 시원히 벗고
신령한 심식이 홀로 드러나
위없는 청정계를 받아 지니니
이 어찌 유쾌하지 아니하리오.
천당이나 불국토를 뜻대로 가니
이 어찌 쾌활하고 기쁘지 않으리.
달마 조사 전하신 법 분명도 해라.
이 마음 밝혀보니 성품 빛나라
묘체妙體가 맑고 맑아 처소 없으니
산과 물과 온 천지에 진리 나타나리라. 《무상계無常戒》

내 마음의 중생 가없지만 맹세코 건지오리다.
내 마음의 번뇌 다함없지만 맹세코 끊으오리다.
내 마음의 법문 다함없지만 맹세코 배우오리다.
내 마음의 불도 위없지만 맹세코 이루오리다.

《천수경》〈발사홍서원發四弘誓願〉

4. 염불念佛

염불은 불교의 타력他力 신앙에 의한 수행법이다. 부처님이나 보살의 상호相好와 공덕을 마음으로 생각하면서, 일념으로 명호를 부르는 의식이다. 염불을 지극하게 하면 번뇌가 소멸되고 극락에 태어나거나 열반을 얻을 수 있다. 《아미타경阿彌陀經》에는 깨달음을 이루지 못한 사람도 임종할 때 일념으로 아미타불을 열 번만 부르면 서방정토에 왕생한다고 설한다. 염불은 업장을 소멸시킴은 물론 삼매三昧 중에 부처님을 친견할 수도 있다. 일심으로 부처님의 상호가 거룩함을 관觀하고, 그 관법이 성숙하여 법계에 두루한 법신불의 실상을 관하게 되는 것을 염불삼매念佛三昧라고 한다.

한량없는 백천만억 중생들이 여러 가지 괴로움을 당할 때 관세음보살의 이름을 듣고 한마음으로 그 이름을 부르면 관세음보살은 곧 그 음성을 듣고 그들을 다 해탈케 하는 것이오. 관세음보살의 이름을 지니는 이는 설사 큰 불속에 들어가도 이 보살의 위신력威神力으로 인해 불이 그를 태우지 못합니다. 큰 물에 떠내려가더라도 그 이름을 부르면 곧 얕은 곳에 이르게 됩니다. 진귀한 보배를 얻으려고 큰 바다에 들어갔다가 폭풍으로 나찰羅刹의 나라에 표착했을 때, 그 가운데 한 사람이라도 관세음보살의 이름을 부르는 이가 있으면 여러 사람들이 모두 나찰의 난을 벗어날 수 있을 것이오.

이와 같이 관세음보살을 공경하고 예배하면 복이 있을 것이니 중생들은 모두 관세음보살의 이름을 받들어야 합니다.

《법화경》〈관세음보살보문품觀世音菩薩普門品〉

색을 탐하는 마음이나 노여움 또는 증오의 마음이 일거든 다만 관세음보살을 일심으로 염하라. 마침내 삼독三毒을 여의게 되리라.

《법화경》〈관세음보살보문품〉

만일 죄지은 자 있거든 일심으로 아미타불의 명호를 염하라. 끊임없는 목소리로 이와 같이 염불하되 신실하게 하도록 하라. 나무아미타불을 다만 끊임없이 십염불十念佛하라. 십염불의 공덕으로 이를 염불할 때마다 팔천만 겁 동안의 생사의 윤회 속에서 지은 죄악을 씻으리라.

《관무량수경觀無量壽經》3

제7장

개인윤리와 이상적 삶

문수보살文殊菩薩

(송광사松廣寺 응진당應眞堂 석가모니후불탱釋迦牟尼後佛幀, 조선)

불교의 윤리 사상은 업業(Karma) 사상에 그 바탕을 두고 있다. 《숫타니파타》에는 "사람은 출생에 의해 그의 인격이나 신분이 결정되는 것이 아니고 그의 행위인 업業에 따라서 천한 사람도 되고 성스러운 자가 된다."고 가르치고 있다. 업이야말로 인간의 가치를 궁극적으로 결정하는 원리이기 때문이다. 이것은 불교 이전의 바라문교에서 출생에 의해 신분을 결정해온 업의 결정론에 대한 부정이자 새로운 윤리 사상의 제창이었다.

업이란 말은 행위라는 의미이지만 불교에서는 단순한 몸의 행위(신업身業)만을 뜻하지 않고 말의 행위인 구업口業과 마음의 행위인 의업意業까지도 포함한다. 이 삼업 가운데 마음의 행위는 모든 행위의 근본이 되는 행위라는 점에서 가장 중요하게 여기게 된다. 그러므로 불교에서는 행위의 결과에 대한 외적인 면보다도 내적인 결과에 더 관심을 기울인다. 나쁜 행위가 미치는 외적 영향도 크지만 그것이 행위자 자신의 인격 형성에 미치는 악영향은 더 심각한 것이다. 불교에서 숙업宿業 개념이 생긴 것은 바로 이 때문이다.

이른바 칠불통계七佛通誡라 불리우는 게송에는 "모든 악을 짓지 말고 선을 받들어 행하라. 스스로 그 마음을 깨끗이 하는 것이야말로 바로 부처님의 가르침이다."라고 설한다. 마음을 청정히 하는 데서 모든 선행이 자연히 나온다고 보는 것이다. 불교에서 말하는 백팔번뇌도 마음속에 있는 삼독三毒, 즉 탐貪(탐욕)·진瞋(성냄)·치癡(어리석음)에 기인한 것이다. 중생은 미혹에 의해 업을 짓고, 그 업으로 고통을 받는다. 이러한 혹惑 → 업業 → 고苦의 인과관계에 따라 생사윤회는 계속되는 것이다. 어리석음은 무명無明에 의해 일어나고 탐욕과 성냄은 욕망이 외적 대상에 투영되어 나타난다. 좋아하는 대상에 대해서는 탐욕이 일어나고 싫어하는 대상에는 미움과 성냄이 일어나는 것이다.

불교에서의 참다운 선행이란 탐욕과 성냄과 어리석음을 소멸한 마음에서 행해지는 행위를 말한다. 아무리 그 행위가 선하다고 해도 그 마음에 삼독의 불길이 꺼지지 않은 채 이루어진 행위는 근본적으로 선이 아니라고 보는 것이다. 불교윤리는 이와 같이 동기론적 성격이 강하다. '스스로 그 마음을 깨끗이 한다.〔自淨其意〕'는 것을 '스스로 자신의 마음을 조복調伏한다.'라고도 번역하는 바와 같이 불교윤리의 중심은 인간의 마음 상태를 조복하는 데 있음을 알 수 있다. 불교의 개인 윤리는 삼독을 끊고 사물을 있는 그대로 보는 지혜를 완성할 때 성취된다. 삼독을 벗어나 계戒·정定·혜慧의 삼학三學을 성취한 삶을 불교의 이상적 삶이라고 한다.

1. 업보業報

업業(karma)의 의미를 《대비바사론大毘婆沙論》에는 '작용', '법식', 그리고 '과果를 분별한다'고 말해지는 경우의 업 등의 3종으로 구분한다. 선악의 행위는 뒤에 '보이지 않는 힘'을 남긴다. 그 힘을 업이라고 하는 것이다. 행위는 곧 소멸하지만 인과의 법칙에 따라 그에 상응한 과보를 가져오는 것이다. 붓다는 적극적으로 업설을 인정하는 동시에 노력 정진에 의해 자유의지로 인생을 개척할 것을 강조하였다. 그러므로 업설은 우연론이나 숙명론과는 다르다. 여기에는 의지의 자유와 함께 자기 행위에 대한 책임론이 따르게 된다.

세상은 행위로 말미암아 존재하며
사람들도 행위로 인해서 존재한다.
살아 있는 모든 것은 행위에 매여 있다.
마치 돌아가는 수레바퀴가 축의 쐐기에 매여 있듯이.

《숫타니파타》 654

꽃향기는 바람을 거스르지 못한다.
산달백단나무 향도, 타가라 향도, 재스민도 또한 그러하다.
그러나 덕이 있는 자의 향기는
바람을 거슬러 온 사방에 두루 퍼진다. 《법구경》 193

어떤 사문이 부처님께 여쭈었다.
"선善이란 무엇이며, 또한 무엇을 일러 위대하다 합니까?"
부처께서 대답하셨다.
"법을 따르며 참을 굳게 지니는 것, 그것이 선이요, 자신의 뜻이 법에 어긋남이 없을 때 이를 일러 위대하다 하느니라."

《사십이장경四十二章經》 15

어리석은 자는 악한 짓을 하고도
스스로 그 과보를 깨닫지 못한다.
자기가 지은 업의 불길에
제 몸을 태우며 괴로워한다. 《법구경》 136

보리심은 스스로 머물고, 또한 다른 것으로 하여금 얻게 해야 한다.
불자佛子는 계戒를 배워 머물고, 일심一心으로 이와 같아지니라.
부처님의 계체戒體는 청정하여 터럭도 보이지 않는다.
항상 이와 같은 행을 한다면 그 복은 헤아릴 수 없을 것이다.

《보리행경》 〈호계품護戒品〉

악한 짓을 일삼는 자는 이 세상에서나 저 세상에서나 근심한다.
스스로 지은 더러운 행업을 보고 그는 슬퍼하고 괴로워한다.
선한 일을 즐거워하는 자는 이 세상에서나 저 세상에서나 기뻐한다.
스스로 행한 청정행清淨行을 보고 그는 기뻐하고 또 기뻐한다.

못된 짓을 즐거워하는 자는 이 세상에서나 저 세상에서나 고통당한다.

'내가 못된 짓을 저질렀구나.' 하고 뉘우치며 괴로워하고
지옥에 떨어져 거듭 괴로워한다.

선한 일을 즐거워하는 자는
이 세상에서나 저 세상에서나 행복하다.
'선한 일을 했구나.'라고 여기며 기뻐하고
좋은 세상에 태어나 거듭 행복하다. 《법구경》 15-18

한 번 지옥에 떨어진 자가 다시 사람으로 태어나기를 바라는 바보가 되기보다는, 만일 눈먼 거북이가 되어 일백 년에 단 한 번씩 물 위로 떠올라 한 구멍으로 된 올가미를 통하여 고개를 물 밖으로 내밀 수 있는 기회가 주어진다면, 나는 차라리 그 기회를 도모하리라. 《상응부경전》 5. 455

선한 일은 서둘러 행하고
악한 일에서는 마음을 삼가라.
선한 일 행함에 나태하면
그는 이미 악을 즐기고 있는 것이다.

누가 혹 악을 범하거든
두 번 다시 되풀이하지 말라.

그 일을 즐거워하지 말라.
괴로움은 악을 쌓음에 있다.

누가 혹 선을 행하거든
그것을 행하고 또 행하라.
그 일을 항상 즐거워하라.
행복은 선행을 쌓음에 있다. 《법구경》 116-118

많은 재물을 지닌 장사꾼이
동행을 적게 하여 위험한 길을 피하듯
살고자 하는 자가 독을 피하듯
이와 같이 모든 악행을 피하라. 《법구경》 123

행위를 자제하는 것은 선한 일이고
말을 자제하는 것도 선한 일이다.
마음을 자제하는 것은 선한 일이고
모든 것을 자제하는 것도 또한 선한 일이다.
모든 방면에서 자제하는 비구는 슬픔과 괴로움에서 벗어나리라.
《법구경》 361

내게 업보가 돌아오지 않으리라고 말하며
악을 가볍게 여기지 말라.

물방울이 비록 작아도
점차 큰 물병을 채우나니,
어리석은 이도 이와 같아
작은 악이 쌓여 그를 죄로 채운다.

내게는 과보가 돌아오지 않으리라고 말하며
선을 가볍게 여기지 말라.
물방울이 비록 작아도
점차 큰 물병을 채우나니
지혜로운 이도 이와 같아
작은 선이 쌓여 그를 복으로 채운다. 《법구경》 121-122

극악무도한 죄를 지은 자는 죽을 때까지 그 악행에 대한 생각을 떨쳐버릴 수 없으리라. 그것을 면해 벗어나지도, 없앨 수도 없으며, 죽어서도 그를 따르리라. 《갈천송반야경》 17.3

악행은 꿀같이 달콤하여 어리석은 자는
그 과보가 나타나기 전에는 꿀같이 생각한다.
그러나 악의 과보가 눈앞에 다다르면
그때에야 비로소 뉘우치며 괴로워한다. 《법구경》 69

못된 짓을 할지라도 새로 짜낸 우유처럼

그 업이 그 자리에서 곧 굳어지지 않는다.
그러나 그 업은 재에 덮인 불씨처럼
두고두고 타면서 그의 뒤를 따른다. 《법구경》71

허공 중에서도 큰 바다 가운데서도
혹은 산속의 동굴에 들어갈지라도
악업의 갚음에서 벗어날
그런 세계는 어디에도 없다. 《법구경》127

2. 삼독三毒

탐貪·진瞋·치癡 등의 세 가지 번뇌를 삼독 또는 삼화三火라고 한다. 중생을 해롭게 하는 악의 근원이기 때문에 세 가지 불선근不善根이라고도 한다. 탐욕이란 어떤 대상이나 일에 욕심내어 그것에 집착하는 것이다. 진에瞋恚(krodha)는 자기 의사에 어그러짐에 대하여 성내는 일이다. 우치愚癡는 어리석음이 심성을 가리는 것이다. 삼독의 번뇌는 고苦의 근본 원인이 된다.

탐욕이란 어디를 가도 만족할 줄 모르는 것이다. 탐욕은 고통으로 가득 차 있어 우리들을 절망의 구렁으로 떨어뜨리고 무서운 재앙을 불러들인다. 바른 지혜로써 그것이 그른 줄 알더라도 평안의 경지에 이르지 못하면 탐욕에 쫓기고 마는 것이다. 그것이 그른 것인 줄 바르게 알고 탐욕을 떠나 평안의 경지에 이르러야만 탐욕의 속박에서 벗어날 수 있는 것이다.

《중아함경》〈소고온경小苦蘊經〉

탐욕에 집착하여
꽃을 따는 일에 정신이 팔린 자는
죽음이 그를 채어 가리.
잠에 빠진 마을을 홍수가 휩쓸어 가듯이. 《법구경》47

원한을 품은 자들 가운데 있으면서도
원한을 버리고 즐겁게 살자.
원한을 가진 자들 속에서라도 원한을 떠나 살자.

고뇌하는 자들 가운데 있으면서도
고뇌에서 벗어나 즐겁게 살자.
고뇌하는 자들 속에서라도 고뇌를 떠나 살자.

욕정에 사로잡힌 자들 가운데 있으면서도
욕정에서 벗어나 즐겁게 살자.
욕정에 사로잡힌 자들 속에서도 욕정을 떠나 살자.

아무런 걸림도 없는 우리
즐겁게 살자. 광음천光音天의 신들처럼
환희를 먹으며 살자. 《법구경》 197-200

적과 적이 서로 치고 받으며 싸우고
원수끼리 물고 뜯으며 싸운다 해도
사악한 마음이 저지르는
해악보다는 그래도 덜하다. 《법구경》 42

증오나 갈애渴愛와 같은 적들은
팔도 없고 다리도 없으며
용기도 없고 또한 지혜도 없건만
어찌 나는 그들의 노예로 부려지고 있는가?

그들이 내 마음속에 앉아
나를 해치며 즐거워하건만
내가 화내지도 않고 견디는 까닭이라.
그러나 이는 실로 부끄럽고 못난 일이라.

모든 천신들과 마귀들이 나의 적으로
일거에 일어난다고 해도
그들이 나를 무간지옥無間地獄으로 데려가거나

타는 불길 속에 잡아넣지 못하리라.

그러나 저 강대한 적, 미혹된 망상들은
수미산을 일순에 태워 재도 남기지 않을
저 불길 속에
나를 슬쩍 집어 던질 수 있으리.

다른 모든 적들은
나의 저 미혹된 망상들 만큼
그와 같이 오랜 동안은 남아나지 못하겠지만
저 구원久遠의 적은 시작도 끝도 없어라……

만일 내가 나를 해치는 모든 것들의 원인인
저 구원의 적을 가슴에 기꺼이 키운다면
윤회의 사슬을 끊을 수 없으리니
어찌 내가 즐겁거나 안심할 수 있겠는가?

또한 만일 내 마음에 있는 탐착의 그물에
지옥에서 나를 가두고 고문할 망상의 결과인
윤회하는 존재를 감시하는 간수가 산다면
어찌 내가 영원히 행복할 수 있겠는가?

《보리행경》〈보리심인욕바라밀다품〉

교만에 일곱 가지가 있으니,
못난 자보다 못나거나
중간치와 맞먹거나
못난 자보다 조금 낫거나
혹은 못난 자와 맞먹는 것을 으쓱대는 것,
이것을 자기 본위의 교만이라 한다.

몇 가지 점에서
다소 탁월한 자와 맞먹는 것을
으쓱대는 것은 탁월하다 여기는 교만이다.

지극히 높은 자보다 더 높다고 여기며
스스로 탁월하다는 망상에 사로잡혀
으쓱대는 것은 교만 중의 교만이다.
마치 화농한 종기처럼 더럽고 고약함이
극에 이른다.

본래 내 것이라 할 수 없는
저 허망한 다섯 요소의 덩어리를
무지 때문에 '나'라고 여기는 것은
'나'라는 생각을 짓는 교만이라 한다.

아직 얻지 못한 것을 얻었노라 여김은
자부심에 찬 교만이다.

자신의 잘못된 행위를
잘한 것이라 찬양하는 것은
그릇된 교만이라고 현자들은 말한다.

'나는 무식한 자'라고 여기며
스스로 비웃는 것은
자기 비하의 교만이라 이른다.
이것을 일곱 가지 교만이라고 부른다. 《보배의 화환》 406-412

3. 무소유無所有와 무집착無執着

마음을 비우고 어디에도 머무르지 않는 것이 바로 반야공의 수행이다. 집착하지 않는 마음에서 소유에 대한 욕망이 사라지는 것이다. 《금강경》에는 무주심無住心이야말로 보살이 증득해야 할 마음이라고 강조하고 있다. '나'라는 것이 실재한다고 집착할 때 아집과 아애我愛가 생긴다. 무소유의 정신은 무아연기無我緣起와 공의 진리를 체득할 때 자연히 얻어지는 경지이다. 아무것에도 집착하지 않음으로써 완전한 자유를 얻은 충만한 인생을 살 수 있는 것이다.

라훌라(라후라羅睺羅)여, 만일 비구로서 모든 땅의 계층에 대하여 혹은 과거나 혹은 미래나 혹은 현재나 혹은 안이나 혹은 밖이나 혹은 굵거나 혹은 가늘거나 혹은 좋거나 혹은 더럽거나 혹은 멀거나 혹은 가깝거나 그 일체는 '나'가 아니요, '나'와 다름도 아니며, '나'와 함께 있는 것도 아니라고 바르게 알고, 물의 계층, 불의 계층, 허공의 계층, 식별의 계층에 대해서도 또한 그와 같이 알면, 라훌라여, 비구로서 이와 같이 알고, 이와 같이 보아야, '나'의 식별, 몸과 바깥 계층의 일체 모양에서 '나'와 '내 것'이라는 소견, '나'라는 교만, 매이어 집착함, 부림이 없게 될 것이다.

라훌라羅睺羅(프랑스 국립박물관연합)

라훌라여, 만일 비구로서 나의 식별, 몸과 바깥 경계의 일체 모양에서 '나'와 '내 것'이라는 소견, '나'라는 교만, 매이어 집착함, 부림이 없으면 이것을 모든 애욕의 결박과 맺음, 또한 모든 애욕

의 교만을 끊고 밝게 알아서 괴로움을 완전히 벗어난 것이라 하느니라. 《잡아함경雜阿含經》〈착사경着使經〉

"너희들의 소유가 아닌 것은 다 버려야 한다. 그 법을 다 버린 뒤에는 긴 밤 동안에 안락하리라. 모든 비구들이여, 너희들 생각에는 어떠하냐. 이 제타 숲에 있는 모든 초목의 가지와 잎사귀를 어떤 사람이 가지고 가면 너희들은 그것을 걱정하여 '이 모든 물건은 다 내 소유인데 저 사람은 무슨 까닭으로 갑자기 가지고 가는가.' 라고 말하겠는가." 비구들은 대답하였다. "아닙니다. 세존이시여." 무슨 까닭인가. "그것은 '나'도 아니요, '내 것'도 아니기 때문이옵니다."

"너희 모든 비구들도 또한 그와 같다. 너희들의 소유가 아닌 물건은 마땅히 다 버려야 한다. 그 법을 다 버린 뒤에는 긴 밤 동안에 안락하리라. 어떤 것을 너희들의 소유가 아니라고 하는가. 이른바 눈이니 눈은 너희들의 소유가 아니다. 마땅히 다 버려야 한다. 그 법을 다 버리고 나면 긴 밤 동안에 안락하리라. 귀·코·혀·몸·의지에 있어서도 또한 그와 같으니라." 《증일아함경》〈기사경棄捨經〉

내가 지은 죄악은
내게서 일어난 것이니 바로 내가 원인이다.
금강석이 단단한 보석을 부숴버리듯
악은 어리석은 자를 부숴버린다. 《법구경》161

4. 선행善行

현재와 미래에 걸쳐서 자自·타他에 이익을 주는 것을 선善이라 한다. 이에 반하는 것은 불선不善이며 악惡이다. 선에는 소극적으로 악을 물리치고 제지하는 지선止善과 적극적으로 선을 행하는 행선行善이 있다. 유루선有漏善은 번뇌와 밀접하게 결부되어 있는 세간의 선으로 법성의 이치와 꼭 들어맞지는 않으며 차별적인 상을 취한다. 이에 반하여, 무루선無漏善은 번뇌와 완전히 단절된 선이다. 무루선이야말로 참다운 선善이다.

악한 일 멀리하고
선한 일을 두루 닦으며
스스로 그 마음을 청정하게 하라.
이것이 모든 부처님들의 한결같은 가르침이다. 《법구경》183

만일 일부러 짓는 업이 있으면, 나는 반드시 그 과보를 받되 현세에서 받거나 후세에서 받는다고 말한다. 만일 일부러 지은 업이 아니면, 나는 반드시 그 과보를 받지 않는다고 말한다. 그중에는 몸으로 일부러 짓는 세 가지 업이 있다. 그것은 선하지 않아 괴로움의 결과를 주고 괴로움의 과보를 받게 한다. 입에는 네 가지 업이 있고, 뜻에는 세 가지 업이 있다. 그것은 선하지 않아 괴로움의 결과를 주고 괴로움의 과보를 받게 한다.

어떤 것이 몸으로 일부러 짓는 세 가지 업으로서, 그것이 선하지 않아 괴로움의 결과를 주고 괴로움의 과보를 받게 하는 것인가.

첫째는 산목숨을 죽이는 것이니, 지극히 악해 피를 마시고 그것을 해치고자 하며 중생과 내지 곤충까지도 사랑하지 않는다.

둘째는 남이 주지 않는 것을 취하는 것이니, 남의 재물에 집착하여 도둑질할 뜻으로 그것을 취하는 것이다.

셋째는 사음邪淫이다. 그에게는 아버지의 보호하는 바 있고, 혹은 어머니의 보호하는 바 있고, 혹은 형제의 보호하는 바 있으며, 혹은 아내의 부모가 보호하는 바 있고, 혹은 친친親親의 보호하는 바 있으며, 혹은 같은 성姓의 보호하는 바 있고, 혹은 남의 부녀로서 채찍의 벌을 받는 두려움이 있으며, 이름을 빌린 여자 내지 화환으로 장식한 여자가 있으니, 이러한 여자를 범犯하는 것이다. 이것을 몸으로 일부러 짓는 세 가지 업이라 하고, 그것은 선하지 않아 괴로움의 결과를 주고 괴로움의 과보를 받게 하는 것이니라.

어떤 것이 입으로 일부러 짓는 네 가지 업으로서, 그것이 선하지 않아 괴로움의 결과를 주고 괴로움의 과보를 받게 하는 것인가.

첫째는 거짓말이다. 그는 대중 가운데 있거나 권속들 가운데 있거나 혹은 왕가王家에 있어, 만일 그를 불러 '너는 알거든 곧 말하라.'고 물으면, 그는 모르면서 안다 하고 알면서 모른다 하며, 보지 않은 것을 보았다 하고 본 것을 보지 않았다 하며, 자기를 위하거나 남을 위하고 혹은 재물을 위해, 알면서 거짓말을 하는 것이다.

둘째는 이간하는 말이니, 남을 갈라서게 하고자 한다. 여기서 듣고 저기에 말해 이것을 부수고자 하고, 저기서 듣고 여기에 말해 저것을 부수고자 한다. 모인 자는 떠나고자 하고 떠난 자는 다시 떠나, 그러면서 당파를 만들고 당파를 즐기며 당파를 칭찬해 말한다.

셋째는 거친 말이다. 그가 만일 말을 하면, 말 기운은 추악하고 악한 소리는 귀에 거슬려, 여럿이 기뻐하지 않고 여럿이 사랑하지 않으며, 남을 괴롭게 하여 안정을 얻지 못하게 한다. 그는 이러한 말을 한다.

넷째는 꾸며대는 말이다. 그는 때가 아닌데 말하고 진실이 아닌 것을 말하며, 뜻이 없는 것을 말하고 법이 아닌 것을 말하며, 진실이 아닌 것을 말한다. 또다시 진실이 아닌 일을 칭찬하고, 때를 어기어 잘 가르치지 않으며, 또한 잘 꾸짖지도 않는다.

이것을 입으로 일부러 짓는 네 가지 업이라 하고, 그것은 선하지 않아 괴로움의 결과를 주고 괴로움의 과보를 받게 하는 것이니라.

어떤 것이 의지로 일부러 짓는 세 가지 업으로서, 그것이 선하지 않아 괴로움의 결과를 주고 괴로움의 과보를 받게 하는 것인가.

첫째는 탐냄〔貪〕이다. 남의 재물과 모든 생활의 기구를 항상 엿보고, 구하고 바라서 나의 소득으로 만들고자 한다.

둘째는 미워하고 성내는 것이다. 마음에 미움을 품어 '저 중생은 죽여야 하고 묶어야 하며, 재물을 빼앗아야 하고 파면시켜야 하며, 배척해 쫓아내야 한다.'는 생각을 가진다. 그래서 그로 하여금 한량없는 괴로움을 받도록 한다.

셋째는 삿된 소견이다. 그의 소견은 거꾸로 되어 이와 같이 보고 이와 같이 말한다. '보시布施도 없고 재齋도 없으며, 주설呪說도 없다. 선과 악의 업도 없고 선악 업의 과보果報도 없으며, 이 세상과 저 세상도 없다. 아비도 없고 어미도 없다. 세상에는 진인眞人이 사는 좋은 곳도 없고, 이 세상 저 세상에 잘 가고 잘 향하며, 스스로 알고 스스로 깨달으며, 스스로 증득하고 성취하여 노니는 것도 없다.'

이것을 의지로 일부러 짓는 세 가지 업이라 하고, 그것은 선하지 않아 괴로움의 결과를 주고 괴로움의 과보를 받게 하는 것이니라.

많이 들은 거룩한 제자는 몸의 선하지 않은 업을 버리어 몸의 선한 업을 닦고, 입과 뜻의 선하지 않은 업을 버리어 입과 뜻의 선한 업을 닦는다. 저 많이 들은 거룩한 제자는 이와 같이 정진의 계덕戒德을 갖추어 몸의 깨끗한 업을 성취하고, 입과 뜻의 깨끗한 업을 성취한다. 그는 성냄을 떠나고 다툼을 여의며 잠을 없앤다. 날뛰는 마음이 없고 의심을 끊으며, 거만을 버리어 바른 생각과 바른 지혜로써 어리석음이 없다. 그의 마음은 사랑과 함께하여 동쪽에 두루 차서 성취하여 노닌다. 이와 같이 서쪽·남쪽·북쪽과 사유四維와 상하上下의 일체에 두루한다. 그 마음은 사랑을 함께하므로 맺음도 없고 원한도 없으며, 성냄도 없고 다툼도 없다. 극히 넓고 매우 크며, 한량이 없이 잘 닦아 일체 세간에 두루 차서 성취

하여 노닌다. 《중아함경》〈사경思經〉

첫째, 산목숨을 죽이지 마시오. 아라한은 산목숨을 죽이려는 생각이 없습니다. 자비로 중생을 사랑하여 원망하는 마음이 없고 모든 생명에 대해 내 몸처럼 여깁니다.

둘째, 남의 것을 훔치지 마시오. 아라한은 탐하고 아끼는 생각이 없습니다. 항상 깨끗하고 공경하는 마음으로 보시하기를 좋아하며, 무엇이든지 주면서도 바라는 마음이 없습니다.

셋째, 음행하지 마시오. 아라한은 음란한 마음이 없습니다. 이성에 대해 부정한 생각을 내는 일이 없고 청정한 마음으로 항상 정진을 즐깁니다.

넷째, 거짓말하지 마시오. 아라한은 거짓말을 하지 않습니다. 생각이 항상 진실하여 조용히 하는 말은 그 마음과 같이 법에 맞으며 거룩한 말에는 거짓이 없습니다.

다섯째, 술 마시지 마시오. 아라한은 술을 마시지 않습니다. 그 마음에는 어지러운 일이 없고, 생각에는 게으름이 없으며, 밝고 바른 뜻에는 술을 생각지도 않습니다.

여섯째, 몸에 패물을 달거나 화장하지 말며 노래하고 춤추지 마시오. 아라한은 생각을 방종하게 하지 않습니다. 좋은 의복이나 패물로 호사하거나 연지와 분을 발라 화장하지 않으며, 노래하고 춤추고 악기를 쓰는 일이 없으며 오락이라면 구경도 하지 않습니다.

일곱째, 높고 넓은 큰 평상에 앉지 마시오. 아라한은 몸을 편히 하기 위해 높은 평상이나 좋은 자리에 앉거나 눕지 않습니다. 비단으로 된 이부자리 같은 것은 쓰지 않으며, 낮고 허술한 자리에 앉고 쉬며, 올바른 가르침을 생각합니다.

여덟째, 제때가 아니면 먹지 마시오. 아라한은 법답게 먹는 시간을 지켜 정오에 한 때만 식사하며, 양에 맞추어 적게 먹고 정오가 지나면 먹지 않습니다.

이 여덟 가지 계법戒法은 온갖 나쁜 짓을 막는 문이며 한량없는 공덕을 얻게 하는 일입니다. 《재경齋經》

거짓을 말하는 자는 신들을 현혹시킬 뿐 아니라 건잡을 수 없는 지경에 갇히게 된다. 거짓말은 모든 죄악의 근원이요 시작이니, 그것은 고해의 윤회 세계에 거듭나게 하고, 청정계율을 어기게 하며, 자신의 육신이 오욕五慾에 물들게 한다. 《대반열반경》27

계행은 생각의 동아줄은 항상 잡고
심상心想을 결박하여
방일放逸의 두려움을 여의고
일체의 안락을 얻게 한다. 《보리행경》〈호계품護戒品〉

제8장

사회윤리와 이상적 사회

수월관세음보살도水月觀世音菩薩圖
(고려, 호림박물관 소장)

불교의 사회윤리는 너와 내가 둘이 아니라는 연기법緣起法의 자각에서 오는 동체대비同體大悲의 마음에 입각한 것이다. 불교를 피상적으로 잘못 이해하면 개인의 깨달음만을 추구하는 개인 중심 종교라는 생각을 하기 쉽다. 그러나 불교는 자리自利와 이타利他를 동시에 추구하는 종교이다. 깨달음의 지혜는 곧 모든 생명을 자기 자신의 생명으로 여기는 자비의 실천 없이는 완성될 수 없다. 지혜와 자비는 태양과 빛처럼 둘이 아닌 것이다.

자비慈悲와 다른 생명을 이롭게 하는 요익중생饒益衆生의 이념은 초기 불교에서부터 대승불교에까지 일관하고 있는 정신이다. 특히 대승불교에서는 타인의 구원과 자비의 실천을 추구하는 보살도를 더 강조하고 있다. 자慈(maitrī)란 다른 존재에 대한 평등한 사랑을 말한다. 비悲(karuṇā)란 동정과 연민을 의미한다. 《청정도론淸淨道論》에서 '비심悲心이란 타인의 괴로움에 대해 견디지 못하는 심정'이라고 정의한 바와 같이 비심은 타인의 고통에 대한 아픔을 같이 느끼고 그 고통을 없애주려는 연민의 마음이다. 타인의 고통에 대한 공감과 연민의 정을 《유마경》에서 유마거사는 "모든 중생이 병들었으므로 나도 아프다."라고 표현하고 있다. 모든 불교 행사를 마칠 때 하는 사홍서원四弘誓願의 의식에 '중생을 다 건지리라.'는 보살의 행원도 이러한 대자비심에서 나오는 것이다.

남에게 이익을 주는 마음도 평등한 마음에서 행해져야 한다. 사랑하는 이에게는 이익을 주고 싶어 하고, 반대로 미워하는 이에게는 아무런 이익을 주지 않으려는 것이 범부 중생의 일반적인 마음이다. 그러나 참된 보시布施는 사랑과 미움을 초월하여 아무런 보답을 바라지 않고 아낌없이 베풀어주는 것이다. 이러한 보시를 《금강경》에서는 무주상無住相 보시라고 한다.

불교는 구체적인 사회윤리의 지표로 인간의 평등사상·민주사상·사회복지사상을 내세웠다. 《유행경遊行經》에는 국가가 쇠망하지 않고 번영하는 정치 원리를 자세히 설하고 있다. 부처님은 국가의 정치가 사람들의 현세적인 복지 증진을 위해 매우 중요함을 인식하고 자유와 평등주의에 기초한 정법정치正法政治, 경제적 평등, 남녀평등, 계급평등, 화합과 평화의 정치, 불살생의 정치를 가르쳤다. 이러한 정치론은 마침내 불교의 이상적 정치가인 전륜성왕轉輪聖王 사상으로 발전하였다.

불교의 사회 이상은 연기사상에 나타난 인간관계의 상호의존성을 인식하고 공동체 속의 인격적 관계와 공동의 복지를 추구하여 이 땅에 이상사회인 불국토佛國土를 건설하려는 데 있다.

1. 평등심平等心

불교의 연기적 세계관은 나와 세계, 나와 타자는 불가분의 관계 속에 존재하는 하나의 역동적 생명체라고 본다. 이 세계의 모든 존재는 상의상관성相依相關性이 있다. 연기의 논리는 자아에 대한 실체성을 부정하는 동시에 너와 내가 둘이 아닌 무아자비無我慈悲

의 논리이다. 이러한 자타불이自他不二의 사상은 만민평등과 동체대비 사상의 기초가 된다. 모든 인간은 불성의 존재이므로 인간 사이에 본질적으로 차별이 있을 수 없다. 보살은 평등한 마음으로 모든 중생을 대한다. 이러한 평등심은 나라는 생각, 중생이라는 생각, 목숨이라는 생각, 베푸는 자라는 생각을 버렸을 때 얻어지는 것이다.

무시이래無始以來로 모든 중생들과 나는 서로 부모요 자식이었으며 또한 형제요 자매였다. 탐욕과 증오와 무지와 아만我慢과 자부심과 부정직과 위선과 온갖 고뇌에 사로잡혀 우리는 약탈하고 죽이며 온갖 사악한 짓들을 즐거워하며 서로를 못살게 굴었다. 일체 중생은 이와 같다. 그들은 욕망과 고뇌로 가득 차 서로 공경하지 않고 화합하지 않으며, 서로 순종하지 않고 배척하며, 서로 선을 권장하여 의로운 길로 나아가게 하지 않으며, 서로를 염려해주지도 않는다. 그들은 계속하여 서로 해치고 죽이며 서로 적이 되고 원수가 된다. 다른 이들뿐 아니라 자기 자신들도 더럽히며, 이전에도 지금에도 이후에도 파렴치한 행업을 일삼는다. 그러나 과거, 현재, 미래의 삼세 부처들께서는 그 모든 것을 헤아려 아신다.

《화엄경》〈십지품十地品〉

선법을 받아 참된 세상을 세우고 네 가지 마땅한 본분을 준행하는 선한 아들딸들은 일체 중생을 위하는 더할 나위 없는 벗들이 된다. 가없는 자비의 마음으로 세상에서 법의 어머니가 되어 일체 중생을 편하게 하며 그들의 아픔을 함께 나눈다.

《승만경》〈섭수장攝受章〉

어찌하여 나는 다른 이들의 몸을
'나'로 여기지 못하는가?
내 몸이 또한 다른 이의 몸임을 아는 것이
어려운 일은 아니다.

수족手足이 몸의 지체肢體로 여겨지는 바와 같이
어찌 육신을 쓴 중생들이
한 생명의 지체로 여겨지지 않는가?

다만 앎으로 이 의식 없는 육신에
'나'라는 생각이 일어나듯이
어찌 이러한 생각이
다른 중생들에게는 미치지 못하는가?

내가 남을 위해 이와 같이 행할 때
자부심이나 뽐내는 마음이
일어나지 않게 해야 하리라.
그것은 마치 스스로를 도모함과 같으니

나는 다만 아무런 대갚음도 바라지 않으리.

《보리행경》〈선정바라밀다품禪定波羅蜜多品〉

보살은 평등한 마음으로 자기가 가진 물건을 남김없이 모든 중생에게 널리 베풉니다. 베풀고 나서 뉘우치거나 아까워하거나 대가를 바라거나 명예를 구하거나 자기 이익을 바라지 않습니다. 다만 모든 중생을 구제하고 이롭게 할 뿐입니다. 모든 부처님께서 쌓으신 행을 배우고 생각하고 좋아하며, 몸소 실천하고 남에게 말하여 중생으로 하여금 괴로움을 떠나 즐거움을 얻게 하려는 것입니다. 가난한 이웃이 와서 빌면 보살은 곧 보시하여 그를 즐겁고 만족하게 합니다. 한량없이 많은 중생이 와서 구걸하더라도 보살은 조금도 싫어하거나 귀찮게 여기지 않고 더욱 자비하고 즐거운 마음으로 이렇게 생각합니다. '이 중생들은 내 복밭이고 선지식善知識이다. 찾지도 않고 청하지도 않았는데 이렇게 몸소 와서 나를 바른 법에 들게 한다. 나는 이와 같이 배우고 닦아 모든 중생의 마음을 어기지 않으리라.' 《화엄경》〈십행품十行品〉

2. 생명의 존중과 자비慈悲

불교의 자비는 무아연기無我緣起의 체험에서 나오는 뜨거운 사랑이며 연민이다. 일체의 존재는 나와 동일한 생명체임을 깨달을 때 자연스럽게 나오는 사랑이 동체자비同體慈悲이다. 대자大慈는 중생들로 하여금 즐거움을 얻도록 하며 또한 즐거움을 주는 일이며, 대비大悲는 중생의 괴로움을 연민하여 그 괴로움으로부터 해탈하게 하는 것이다. 내 것이라는 관념을 버릴 때 애증의 대립을 넘어 타인뿐만 아니라 살아 있는 모든 생명을 자비로 대할 수 있다.

무지와 탐착으로 나의 병이 생겨났으며, 일체 중생이 병이 있으므로 내 병이 있나니, 만일 일체 중생이 병을 여읜다면, 내 병도 나을 것입니다. 왜냐하면, 보살은 중생을 위하므로 생사에 드나니, 생사가 있으면 병이 있지만, 만일 중생이 병을 여의면 보살도 다시 병이 없습니다. 비유하여, 외아들을 둔 부모가 그 아들이 병을 얻으면 부모도 또한 병이 나며, 아들이 병이 나으면 부모도 또한 병이 낫는 것과 같습니다. 보살도 이와 같이 일체 중생을 부모의 심정으로 사랑하나니, 중생이 병이 있으면 보살도 병이 있고, 중생이 병이 나으면 보살도 병이 낫습니다. 《유마경》〈문질품〉

그 아리안족의 수행자가 이와 같이 생각하였다. 여기에 있는 나는 내 목숨을 아까워하여 죽는 것을 원치 않으며, 즐거움은 좋아하고 고난은 싫어한다. 만일 어떤 이가 내 목숨을 빼앗는다면 그것은 나에게 유쾌한 일이 되지 못하리라. 반대로 내가 만일 어떤 이의 목숨을 아까워하고 죽음을 원치 않으며, 즐거운 일을 좋아하고 고통스런 일은 싫어할지니, 고통을 주는 일도 또한 그에게 유쾌한 일이 되지 못하리라. 나에게 유쾌하거나 즐겁지 못한 일은 다른 이에게도 역시 그러함이 분명한데, 어찌 내가 그 일을 다른 이에게 가할 수 있겠는가? 이와 같은 생각의 결과로 그는 스스로 산목숨을 죽이는 일을 삼가며, 다른 이들도 이를 삼가게 하며, 이와 같은 자제를 찬양하여 말한다. 《상응부경전》5. 353

그는 자신의 마음이 시방세계의 한 방면에 자비심으로 두루 차게 하고, 두 번째 방면에도 그와 같이 하고, 세 번째, 네 번째 방면에도 그와 같이 되게 한다. 이로써 그는 아래위, 사방 그리고 모든 곳의 광대한 세계에 원대하고 숭고하며 측량할 길 없는 자비의 마음이 지속되게 한다. 비유하여, 마치 힘센 나팔수가 온 사방에 아무런 어려움이 없이 나팔소리를 두루 미치게 하듯이, 생명을 지닌 일체의 중생 가운데 그냥 지나치거나 홀대하는 것이 하나도 없으며, 그들을 모두 거리낌 없는 마음과 깊은 사랑으로 대한다. 진실로 이것이 브라흐마나와 하나 되는 길이다.

《장부경전》13. 76-77

그때 세존께서 옷을 입고 발우와 가사를 들고 사밧티 거리로 아침 탁발을 하러 들어가셨다. 도중에 세존께서 많은 아이들이 막대기로 뱀을 괴롭히는 모습을 보시게 되었다. 이에 세존께서 이러한 우다나를 노래하셨다.

행복을 찾는 중생을
막대기로 괴롭히면서
자신의 행복을 구하는 자는
행복을 얻을 수 없나니
이 세상에서도 저 세상에서도. 《우다나》 11-12

발 없는 중생에게 내 사랑이 머물고
두 발 지닌 짐승에게 또한 그러하며
네 발 지닌 짐승을 내가 사랑하며
많은 발 달린 중생도 또한 그러하여라.

발 없는 중생이 나를 해치지 않고
두 발 지닌 짐승이 해칠 마음 내지 않으며
네 발 지닌 짐승도 나를 해치지 않으며
많은 발 달린 중생도 또한 그러하여라.

일체 중생들, 생명 지닌 모든 것들
모든 종류의 존재들이
그들에게 악의가 없는 자들을
거들떠보지도 말게 하라!
그들에게 아무런 해악도 일어나지 말기를.

《비나야 피타카》 〈출라박가〉 v. 6

자라나는 초목을 꺾는 것은
대갚음을 받아야 할 죄악이다. 《파칫타야》 11

이 세상에서 원한은
결코 원한에 의해서는 풀어지지 않는다.
원한을 버릴 때에만 풀리나니
이것은 변치 않을 영원한 진리이다. 《법구경》 3

아무런 감사나 대갚음도 바라지 않고 다만 스스로 온 세상에 하나로 평등하게 빛나는 태양처럼, 나도 그렇게 일체 중생을 자비로 감쌀 수 있어야 하리. 설령 그들이 잘못으로 악을 저지른다 해도 내 굳게 세운 서원誓願을 저버리지 않으며, 혹 그들 가운데 한 중생이 악하다 하여도 그들 모두를 저버리지는 않아야 하리.

《화엄경》 〈십명품十明品〉

무슨 인연으로 상불경常不輕이라 이름하는가? 이 비구는 무릇 만나는 이가 비구·비구니거나, 우바새·우바이[22]거나 간에 보는 대로 다 그들을 예배하고 찬탄하며 이렇게 말하였느니라. "나는 그대들을 지극히 경애하며 결코 업신여기지 아니하나니, 무슨 까닭이냐. 그대들은 다 보살의 도를 행하여 마땅히 성불할 것이기 때문이다." 그리

---

22) 우바새·우바이 : 세속에서 불교를 믿는 남자를 우바새, 여자를 우바이라 한다. 항상 다른 이를 가벼이 여기지 않는 보살의 이름으로 《법화경》에 나온다.

고 그 비구는 경전을 읽고 외는 일에 전심하지 아니하고 다만 예배만 행하는데, 멀리 사부대중四部大衆을 보면 각별히 가서 그들에게 예배하고 찬탄하기를 "나는 그대들을 감히 업신여기지 않으니, 그대들은 다 마땅히 성불할 것이기 때문이니라." 하였느니라.

사부대중 가운데 성을 잘 내고 마음이 부정한 이가 있어 욕설로 꾸짖어 말하기를, "이 무지한 비구야, 어디서 와서 스스로 말하기를 '나는 그대들을 업신여기지 않노라.' 하면서 우리에게 마땅히 성불하리라는 수기授記를 주느냐, 우리는 그런 허망한 수기를 받지 아니하리라." 하였느니라.

이렇게 여러 해를 두고 항상 욕설을 당하여도 성내는 일 없이 늘 말하기를 "그대들은 마땅히 성불하리라." 하였느니라. 그렇게 말할 적에 여러 사람들이 몽둥이로 때리거나 혹은 기와 조각이나 돌을 던지면, 피해 달아나 멀리 떨어진 뒤 오히려 더 큰 소리로 외치기를 "나는 그대들을 업신여기지 않으니, 그대들은 마땅히 다 부처가 될 것이기 때문이니라." 하였느니라. 그가 항상 이렇게 말하므로 잘난 체하는 비구, 비구니, 우바새, 우바이들이 그에게 상불경이라는 별명을 지어주었느니라. 《법화경》〈상불경보살품常不輕菩薩品〉

어떤 아들이나 딸이 지혜의 통찰을 지니게 되어 일체 중생이 하나로 모두 도살장으로 끌려가고 있는 길 위에 있음을 알게 되고, 이로써 그에게 대자비의 마음이 가득하게 된다. 스스로 갖춘 지혜의 하늘 눈으로 땅 위의 수많은 중생을 굽어봄에 실로 경악하지 않을 수 없으니, 수많은 중생들이 곧 지옥에 떨어질 무거운 업의 등짐에 짓눌려 신음하고 있으며, 어떤 중생들은 악한 태생을 받아 부처와 그의 가르침에는 아예 다가갈 수 없도다. 어떤 이들은 삿된 소견의 그물에 갇혀 헤어나지 못할 운명에 놓여 있으며, 또한 어떤 이들은 해탈에 들 수 있는 태생을 얻었으되 애석하게도 다시 잃어버린다.

이에 그는 큰 자비의 마음을 내게 되어 이와 같이 서원한다. "내가 이 모든 중생들의 구제자가 되리라. 내가 그들을 모든 괴로움에서 구해내고야 말리라."

《팔천송반야경》 402-403

내 병은 무명無明으로부터 애착이 일어 생겼고, 모든 중생이 앓으므로 나도 앓고 있습니다. 중생의 병이 없어지면 내 병도 없어질 것입니다. 왜냐하면 보살은 중생을 위해 생사에 들고 생사가 있으면 병이 있게 마련입니다. 중생이 병에서 벗어날 수 있다면 보살도 병이 없을 것입니다. 그러므로 보살의 병은 대비심大悲心에서 생깁니다.

《유마경》 〈문질품〉

3. 보시布施

보시布施란 남에게 아낌없이 베풀어주는 마음이다. 보시에는 재물을 베풀어주는 재시財施와 법을 베풀어주는 법시法施, 그리고 두려움을 없애주는 무외시無畏施가 있다. 대승불교의 보시는 공덕을 바라고 베푸는 것이 아니라, 주고도 주었다는 생각이 없어야 한다. 어디에도 머무르는 바 없이 행하는 보시가 참된 보시이다. 보살의 보시는 주는 자와 받는 자와 주는 물건의 셋이 다 청정해야 하는 것이다.

비구들이여! 두 가지 보시가 있다. 물질적인 재물의 보시와 정신적인 진리의 보시가 그것이다. 비구들이여! 이 두 가지 보시 가운데 진리의 보시가 수승殊勝하다. 비구들이여! 두 가지 나누어 가짐이 있다. 물질적인 재물을 나누어 가짐과 정신적인 진리를 나누어 가짐이 그것이다. 비구들이여! 이 두 가지 나누어 가짐 가운데 진리를 나누어 가짐이 또한 수승하다. 《이티붓타카》98

부처님은 법과 재물 두 가지 보시를 말씀하십니다. 정신 차려 잘 들으시오. 내 이제 법의 보시를 말하리다. 부처님은 다섯 가지로 이 법보시를 말씀하십니다. 첫째는 산목숨을 죽이지 않는 것, 둘째는 주지 않는 남의 물건을 갖지 않는 것, 셋째는 남의 아내를 범하지 않는 것, 넷째는 거짓을 말하지 않는 것, 다섯째는 술을 마시지 않는 것. 이 다섯 가지가 법의 보시입니다. 당신은 한평생 이 큰 보시를 지켜야 합니다. 《증일아함경》〈성문품聲聞品〉

진실로 인색한 자는 천상에 갈 수 없다.
어리석은 자는 보시를 찬양하지 않는다.

지혜로운 자는 보시를 즐거워하나니,
저 세상에서 복락을 누린다. 《법구경》177

보살은 일체 중생에 대하여 평등한 마음가짐을 지니며, 남을 대함에 삿된 마음으로 나아가지 않고 다만 친근하고 우호적이며 싫어하는 생각이 섞이지 않으며, 해치거나 상하게 할 의향이 전혀 없는 마음으로 대하며, 또한 남을 대함에 있어 마치 그를 자기의 아버지나 어머니, 혹은 아들이나 딸인 양 대해야 하며, 자신이 일체 중생의 구제자임을 망각함이 없이 그들을 대하야 한다. 만일 보살이 완전한 깨달음을 얻고자 한다면, 마땅히 이와 같이 되도록 자신을 갈고 닦아야 하리라. 《팔천송반야경》321-322

깨달음에 드는 자는 아낌없이 나누어주는 자이니, 그들이 지니게 되는 것은 무엇이나 남과 더불어 평등하게 나누어 가지기를 즐거워한다. 이를 행함에 아무런 후회나 아까워하는 마음을 내지 않으며, 어떤 대갚음을 바라거나 결과에 집착하지 않으며, 명예를 구하지도 않으며, 물질적인 유익을 구하지도 않으며, 다만 일체 중생의 유익과 그들의 안락을 위하여 그와 같이 행할 뿐이다.

《화엄경》〈금강당보살십회향품金剛幢菩薩十廻向品〉

비구들이여, 세상에는 세 가지 유형의 사람들이 있다. 세 종류란 어떤 것인가. 가뭄과 같은 사람, 지역에 따라 내리는 비와 같은 사람, 온 국토에 고루 내리는 비와 같은 사람이 그것이다.

가뭄과 같은 사람이란 어떤 사람을 일러 말하는가. 비구들이여, 어떤 사람들은 어느 누구에게도 베풀거나 나누어 가지지 않는다. 다시 말하여, 그는 모든 사문과 바라문, 가난한 자, 나그네, 밥을 구걸하는 사람에게 아무런 먹을 것이나 마실 것도 베풀지 않는다. 비구들이여, 바로 이와 같은 사람을 가뭄과 같은 사람이라 한다.

어떤 사람을 일러 지역에 따라 내리는 비와 같은 사람이라 하는가. 비구들이여, 어떤 사람들은 가려서 베푸니, 일부에게는 베풀지만 또 어떤 일부에게는 베풀지 않는다.……바로 이와 같은 사람을 지역에 따라 내리는 비와 같은 사람이라 한다.

어떤 사람을 온 국토에 고루 내리는 비와도 같은 사람이라 하는가. 비구들이여, 어떤 사람들은 모든 이에게 베풀어준다. 모든 사문이나 바라문, 가난한 자와 나그네, 그리고 밥을 구걸하는 사람들 모두에게 먹을 것과 마실 것, 의복……잠자리와 등불을 베풀어준다. 비구들이여, 실로 이와 같은 사람을 일러 온 국토에 고루 내리는 비와도 같은 사람이라 한다. 《이티붓타카》65

4. 사회의 윤리

붓다는 사회 구성원간의 올바른 관계를 위해서 자기중심적 이

기심을 버리고 타인에 대한 배려와 존중하는 마음을 먼저 가져야 함을 가르쳤다. 부부간에는 서로 존경하고 사랑하며 각자의 의무를 지켜야 한다. 가정은 신앙심 있고 계율을 지키는 가장에 의해 번영할 것이라고 하였다. 부모는 자식에 대한 교육과 부양의 의무가 있으며 자식도 부모를 존경하고 받들어야 한다. 사회생활을 함에 있어 불살생不殺生과 불투도不偸盜, 불망어不妄語와 불사음不邪淫의 계를 지켜야 한다. 자신의 직업에 충실하고 사용인과 고용인 간에도 공정한 윤리가 있어야 한다. 사제간의 윤리와 친구간의 윤리 등에도 법도가 있어야 한다.

1) 부부간의 윤리

선생자善生子여, 남편이 아내를 공경하는 데에도 또한 다섯 가지가 있다. 첫째는 서로 상대하기를 예의로써 하는 것이다. 둘째는 위엄을 지키는 것이다. 셋째는 언제나 의식衣食을 넉넉히 하는 것이다. 넷째는 때에 따라 장엄구莊嚴具를 베푸는 것이다. 다섯째는 집안일을 맡기는 것이다. 선생자여, 남편은 이 다섯 가지로써 아내를 공손하게 대접해야 한다.

아내는 다시 다섯 가지로써 남편을 공경해야 한다. 첫째는 먼저 일어나는 것이다. 둘째는 나중에 앉는 것이다. 셋째는 부드러운 말을 쓰는 것이다. 넷째는 공경하고 순종하는 것이다. 다섯째는 뜻을 먼저 알아 받드는 것이다. 선생자여, 남편이 아내를 공경스럽게 대접함을 이같이 하면 그녀는 안온安穩하여 걱정이나 두려움이 없을

것이다. 《중아함경》〈선생자경善生子經〉

부처님께서 사위성舍衛城 기원정사祇園精舍에 계실 때, 수다타(수달다須達多) 장자의 며느리(옥야玉耶, 수자타)에게 말씀하셨다.

"장자 며느리여, 마땅히 명심하라. 대개 네 종류의 아내가 있느니라. 어머니 같은 아내가 있고, 친척 같은 아내가 있으며, 도적 같은 아내가 있고, 하인 같은 아내가 있느니라.

옥야玉耶에게 가르침을 주다
(《석씨원류釋氏源流》, 국립중앙도서관 소장)

때를 따라 남편을 잘 보살피고 부족함이 없이 받들어 모시고 공양하는 아내를 어머니 같은 아내라 한다.

항상 변함없는 마음으로 즐거움과 괴로움을 같이하는 아내를 친척 같은 아내라고 말한다.

남편을 보면 미워하고 딴 남자를 생각하며 기회만 있으면 남편을 해치려는 아내를 도적 같은 아내라 한다.

항상 말을 삼가고 남편을 잘 받들어 모시고, 삼보를 공경하여 청정한 마음을 갖는 아내를 하인 같은 아내라 하느니라.

장자 며느리여, 그대는 어느 부인에 속하느냐?" 《옥야경玉耶經》2

색을 탐하는 자는 배우고 익힌 가르침을 곧 잃게 된다.
그 행동은 사악하며
또한 자신 속에 도사리고 있는 천한 성품의 발현이다.

《숫타니파타》815

2) 친족간의 윤리

선생자善生子여, 대개 사람 된 자는 마땅히 다섯 가지로써 친족을 친하게 대하고 공경해야 한다. 첫째는 베풀어주는 것이다. 둘째는 착한 말을 쓰는 것이다. 셋째는 이롭게 하는 것이다. 넷째는 이익을 한가지로 하는 것이다. 다섯째는 속이지 않는 것이다. 선생자여, 이 다섯 가지로써 친족을 친하게 대하고 공경해야 한다.

친족도 또 다섯 가지로써 사람을 친하게 대하고 공경해야 한다. 첫째는 방일에서 보호하는 것이다. 둘째는 방일에 의한 손재損財에서 보호하는 것이다.……다섯째는 항상 서로 칭찬하는 것이다. 선생자여, 이렇게 친족을 친하게 대하고 공경하면 그는 안온하여 걱정이나 두려움이 없을 것이다. 《중아함경》〈선생자경〉

3) 부자간의 윤리와 효행

선생자善生子여, 대개 자식이 된 자는 마땅히 다섯 가지로 부모에게 공경해야 한다. 첫째는 이바지해 받들어 모자람이 없게 하는 것이다. 둘째는 무릇 할 일이 있으면 먼저 부모에게 사뢰는 것이다. 셋째는 부모의 하는 일에 순종하여 거스르지 않는 것이다. 넷째는 부모의 바른 명령을 감히 어기지 않는 것이다. 다섯째는 부모의 바른 직업을 끊어지게 하지 않는 것이다. 선생자여, 대개 자식이 된 자는 이 다섯 가지로써 부모에게 공경해야 한다.

부모도 다섯 가지로써 그 자식을 사랑해야 한다. 첫째는 자식을 제어하여 악을 행하는 것을 용서하지 않는 것이다. 둘째는 가르치고 일러주어 그 착한 것을 보여주는 것이다. 셋째는 그 사랑이 뼛속까지 스며들게 하는 것이다. 넷째는 자식을 위해 좋은 배필을 구하는 것이다. 다섯째는 때에 따라 그 쓰임을 대어주는 것이다. 선생자여, 자식이 부모를 공경하고 봉양하면 그는 안온하여 걱정이나 두려움이 없을 것이다. 《중아함경》〈선생자경〉

불국정토에 태어나기를 원하는 자는 자기의 부모에게 효도하고 그들을 봉양해야 하며, 스승과 노인을 존경하고 받들어야 한다.

《관무량수경觀無量壽經》27

부모를 섬겨 봉행하는 일, 처자를 사랑하고 보호하는 일, 그리고 밖에 나가 일함에 질서가 있어 부정에 물들지 않는 일, 이것이

더없는 행복이다. 《숫타니파타》262

사람으로 태어나 다 갚을 수 없는 것이 있으니 그것이 무엇인가? 두 분 부모님의 은덕이 바로 그것이다.

설사 어떤 이가 부모님을 등에 업고 이와 같이 백 년을 산다 해도, 또는 그가 부모의 짓무른 상처에 약을 발라 낫게 하고 조석으로 팔다리를 주물러드려 심신을 편안하게 하며, 몸져누웠을 때 온갖 공양을 다한다 해도, 참으로 부모님의 은덕을 다 갚을 수 없으리라. 나아가서 혹 그가 칠보七寶로 가득한 세상을 마련하여 부모님께 이를 통치할 지고至高한 권능을 부리게 한다고 할지라도 또한 부모님의 은덕은 다 갚을 길이 없으리라. 대중들아, 왜 이다지도 어려운가? 부모의 은덕은 실로 가없는 것이어서, 우리를 세상에 나게 하고 양육하여 자라게 하였으니, 우리가 무엇으로 이 은덕을 갚을 것인가.

누구든지 믿음 없는 부모님을 믿음에 들게 하여 이를 굳게 지키게 하는 이나, 부도덕한 부모님을 의로운 마음 일게 하여 이를 굳게 지키게 하는 이, 또는 무지한 부모님을 지혜의 마음 일게 하여 이를 굳게 지키게 하는 이들은 이와 같이 행함으로써 부모님께 갚아야 할 은덕을 곱절로 갚는 것이 될 것이다. 《증지부경전》1.61

4) 노사勞使간의 윤리

선생자善生子여, 고용주는 다음의 다섯 가지로써 고용인을 가르쳐야 한다. 첫째는 그 능력에 따라 부리는 것이다. 둘째는 때에 따라 음식을 주는 것이다. 셋째는 때에 따라 수고를 위로하는 것이다. 넷째는 병이 나면 약을 주는 것이다. 다섯째는 휴가를 허락하는 것이다. 선생자여, 이것이 다섯 가지로써 하인을 부리는 것이다.

고용인도 또 다섯 가지로써 그 주인을 받들어 섬겨야 한다. 첫째는 일찍 일어나는 것이다. 둘째는 일을 할 때에 열심히 하는 것이다. 셋째는 주지 않으면 가지지 않는 것이다. 이렇게 주인이 하인을 잘 대접하면 그는 안온하여 걱정이나 두려움이 없을 것이다.

《중아함경》〈선생자경〉

5) 사제간의 윤리

선생자善生子여, 제자가 스승을 공경하고 받드는 데에도 다섯 가지가 있다. 어떤 것이 다섯인가. 첫째는 필요한 것을 가져다 드리는 것이다. 둘째는 예경禮敬하고 공양하는 것이다. 셋째는 존중하고 우러러 받드는 것이다. 넷째는 스승의 가르침이 있으면 경순敬順하여 어김이 없는 것이다. 다섯째는 스승에게 법을 듣고는 잘 지니어 잊지 않는 것이다. 선생자여, 제자는 마땅히 이 다섯 법으로써 스승을 공경하고 섬겨야 한다.

스승도 다시 다섯 가지로써 제자를 잘 보살펴야 한다. 첫째는 법에 따라 다루는 것이다. 둘째는 듣지 못한 것을 가르쳐주는 것이다. 셋째는 묻는 것에 대한 뜻을 알게 해주는 것이다. 넷째는 착한 벗을 사귀게 하는 것이다. 다섯째는 아는 것을 다 가르쳐주어 인색하지 않는 것이다. 선생자여, 제자가 스승을 존경하여 그의 뜻에 따르고 공양하면 그는 안온하여 걱정이나 두려움이 없을 것이다. 《중아함경》 〈선생자경〉

6) 신자의 길

선생자善生子여, 시주施主는 마땅히 다섯 가지로써 사문 바라문을 공양해 받들어야 한다. 첫째는 몸으로 사랑을 행하는 것이다. 둘째는 입으로 사랑을 행하는 것이다. 셋째는 뜻으로 사랑을 행하는 것이다. 넷째는 때 맞추어 보시布施하는 것이다. 다섯째는 문을 막지 않고 기다리며 보시하는 것이다.

선생자여, 만일 시주가 이 다섯 가지로써 공경해 받들면 사문·바라문은 또 여섯 가지로써 가르쳐야 한다. 첫째는 보호하여 악을 짓지 않게 하는 것이다. 둘째는 착한 것을 가르쳐주는 것이다. 셋째는 선한 마음을 품게 하는 것이다. 넷째는 듣지 못한 것을 듣게 하는 것이다. 다섯째는 이미 들은 것은 잘 알게 하는 것이다. 여섯째는 하늘의 길을 열어 보이는 것이다. 선생자여, 이렇게 시주가 사문·바라문을 공양해 받들면 그는 안온하여 걱정이나 두려움이 없을 것이다. 《중아함경》 〈선생자경〉

친척 가운데 어떤 부자가 있었는데, 그의 재물은 자신의 근면한 노력으로 얻은 것이었으며, 자신의 튼튼한 팔과 땀의 대가로 쌓은 것이었으며, 도리에 어긋나지 않고 정당하게 얻은 것이었다. 그는 '부富란 근면한 노력으로 얻어지며, 튼튼한 팔과 땀의 대가로 쌓아지는 것이며, 도리에 어긋남이 없이 정당하게 얻어야 한다.'고 생각하는 까닭에 축복이 그에게 내려지며 만족이 그에게 가득하니, 이것을 일러 '소유의 축복'이라 한다.

근면하게 노력하여 얻은 재물로써 그는 스스로 자신의 부를 즐기며, 또한 이로써 많은 덕행을 쌓았다. 그는 '근면하게 노력하여 얻은 재물로써 내가 스스로 나의 부를 즐기며, 또한 이로써 덕행을 쌓는다.'고 생각하는 까닭에 축복이 그에게 내려지며 만족이 그에게 가득하니, 이것을 일러 '부의 축복'이라 한다.

《증지부경전》2. 68

자기의 이익만을 구하는 친구, 언행이 일치하지 않는 친구, 마주 대하여서는 칭찬하고 돌아서서는 험담하는 친구, 부정한 목적으로 남을 이용하려는 친구, 이들을 일러 악한 벗이라 하나니, 지혜로운 이는 이들을 큰 적으로 여겨 마치 위험한 길을 만나듯 피해 다니느니라.

남의 일을 제 일처럼 도와주는 친구, 괴로우나 즐거우나 늘 여상如常한 마음으로 받아주는 친구, 바른말로 잘못을 깨우쳐주는 친구, 낱낱이 이해하며 신의로써 사귀기를 즐거워하는 친구, 이들을 일러 선하고 참된 친구라 이르나니, 지혜로운 이는 마치 어머니가 외아들을 사랑하듯 이들을 아끼고 사랑하느니라. 《장부경전》3. 187

5. 국가의 윤리

불교의 기본적인 정치 이념은 정법주의正法主義와 자비주의, 그리고 평등주의라고 할 수 있다. 정법주의라 함은 국가의 운영을 정법에 의해 해야 함을 말한다. 악업을 금하고 비법非法을 멀리하면 국가가 흥한다는 것이다. 마우리아 왕조의 아쇼카왕은 정법을 구현하려고 노력한 왕으로 꼽을 수 있다. 자비주의는 법보다 자비심으로 정치를 해야 한다는 것이다. 평등주의는 계층 간의 불평등한 요소를 타파하고 모두가 잘 살 수 있는 사회를 만드는 것이다. 붓다는 특히 사성四姓 계급제도와 여성차별주의를 배격하였다.

카필라를 노려오던 코살라가 마침내 쳐들어오고 있었다. 부처님은 이 소식을 듣고 뙤약볕이 내리쬐이는 한 길가 고목나무 아래 앉아 계셨다. 군사를 이끌고 그 앞을 지나가려던 코살라의 젊은 왕 비루다카는 얼른 말에서 내려 부처님께 절한 다음 물었다.

"부처님, 우거진 나무도 많은데 왜 하필이면 잎이 하나도 없는 나무 아래 앉아 계십니까?"

부처님은 대답하셨다.

"친족이 없는 것은 여기 그늘이 없는 나무와 같은 법이오."

이 한마디를 들은 젊은 왕은 부처님의 뜻을 알아차리고 군대를 돌려 코살라로 돌아갔다. 비루다카는 얼마 후 다시 진군을 시작했다. 이번에도 그늘이 없는 나무 아래 앉아 계시는 부처님의 모습을 보고 왕은 다시 되돌아섰다. 세 번째 진군이 카필라를 향했을 때 부처님의 모습은 보이지 않았다. 지난 세상에 진 빚은 어쩔 수 없이 받게 되는 것임을 아셨기 때문이다. 비루다카왕은 서슴지 않고 카필라를 공격했다. 살생을 엄격히 금하고 있던 샤카족은 전쟁에 약할 수밖에 없었다. 이렇다 할 저항도 없이 패배하고 말았다.

《불전》

그대의 왕국이 거룩한 법을 위하여 있으며
명예를 구하여 있는 것이 아니라면
장차 더할 나위 없는 과보를 얻으리라.
그렇지 않다면, 그 재난이 실로 크리라. 《보배의 화환》327

임금은 자신의 호화로운 삶을 내던지고
다만 정의의 보화를 굳게 지켜야 하리니
이로써 만백성이 즐거워하리라. 《금광명경金光明經》

그 거룩한 수레바퀴는 아들에게 주는 아버지의 유산이 아니니라. 내가 행하였던 것처럼 그대 스스로 선공덕을 쌓아 그 바퀴를 얻으라. 거룩한 군주들 앞에 세워진 고결한 의무의 이상에 이를 때까지 행하고 또 행하라.…… 사랑하는 아들아, 그대는 법에 의지하고 이를 받아 공경하며, 스스로 법의 수호자가 되며, 법의 안내자가 되며, 법을 자신의 스승으로 삼으며, 그대의 백성을 위하여 그대의 군대와 신하들을 위하여, 바라문들을 위하여, 재가자들을 위하여, 큰 도시와 산간 시골의 모든 이들을 위하여, 야수나 조류들을 위하여 합당하게 보살피며 굳게 지킬 것을 게을리하지 말아야 하리라. 그대의 왕국 어느 곳에도 그릇된 일이 일어나게 하지 말며, 만일 가난한 자가 있다면 마땅히 재물을 나누어주어야 하리라.

《장부경전》3. 60-61

초전법륜初轉法輪(인도, 국립중앙박물관 소장)

소들이 떼 지어 들판을 지나갈 때
우두머리 황소가 길을 벗어나면
그를 따라 다른 소들이 길을 벗어나듯
백성들 가운데 수승殊勝하다고 여겨지는 이가

그릇되이 행하면
다른 대중들은 이보다 더하며
만백성의 우두머리가 의롭지 못하면
온 나라가 비탄에 잠긴다.
소들이 떼 지어 들판을 지나갈 때
우두머리 황소가 바른길 가면
그의 길이 바르므로
다른 소들이 더불어 바로 가듯
백성 가운데 수승하다고 여겨지는 이가
의롭게 살면
다른 이들도 또한 그를 따르며
만백성의 우두머리가 정의로 굳게 서면
온 나라가 태평성가를 부른다. 《증지부경전》2. 75

자신을 위해서나 남을 위해서나
자손도 재물도 왕토도 바라지 말라.
부정한 수단으로 부귀를 구하지 말라.
지혜와 덕행으로 떳떳한 사람이 되라. 《법구경》84

아난다야! 밧지 족속들이 한마음으로 모였다가 한마음으로 흩어지는 한, 그들이 일치단결하여 자신들의 본분을 다하는 한, 그들이 이미 잘 세워진 나라의 기강을 무너뜨리지 않고 구래舊來의 밧지 족속의 가르침을 고수하는 한, 그들이 밧지 족속 가운데 장자들을 받들어 모시고 공경하며 그들의 귀한 교훈에 귀 기울이는 한, 가정의 부인들과 처녀들이 홀대받거나 무시당하지 않는 한, 그들이 안팎에 있는 밧지 족속의 사원들을 받들어 모시고 공경하며 숭배하는 마음을 잃지 않는 한, 그들이 드려지거나 행해지는 인습적인 봉헌을 허용치 않고 이들을 무시하는 한, 그들 가운데 있는 아라한들에 대한 부단한 감시가 잘 지켜지고 이로써 그들이 그 세계에 자유로이 다가가 그 속에서 안락하게 거할 수 있게 되는 한, 아난다야! 그들이 이와 같이 행하는 한, 밧지 족속은 날로 번창하여 패망을 모르리라. 《장부경전》2. 73

번영하는 자도 알아보기 쉽고
쇠망하는 자도 알아보기 쉽다.
진리를 즐거워하는 자는 번영하고
진리를 꺼려하는 자는 마땅히 패망한다. 《숫타니파타》92

인도 팔만사천 왕도의 팔만사천 왕들이 모두 자신의 영토와 왕국에 만족하고 그들 자신의 왕국에서 나오는 자원이나 보화에 만족한다면, 그들이 서로 싸우거나 분쟁을 일으키지 않으리라. 그들은 자신들의 지난 행위에 대한 공덕의 정당한 목적으로 왕권을 얻을 것이며, 그들 자신의 왕국에 만족할 것이며, 서로 파괴하거나 또는 모든 영토를 황폐하게 하는 사악한 기질을 보이지 않으리라.

인도의 팔만사천 왕도의 팔만사천 왕들이 상호간의 복리를 생각하고 상호간의 우애와 의리를 생각한다면……그들 자신의 영토에 모두 만족할 것이며……인도가 흥하여 날로 번창하리라.

《금광명경》

6. 불국정토佛國淨土

정토淨土란 청정한 부처님의 나라를 가리킨다. 세상의 더러움과 괴로움이 없는 즐거움이 충만한 세계이다. 정토에는 아미타부처님의 서방西方정토, 미륵보살의 도솔兜率정토, 약사여래의 유리광瑠璃光정토 등이 있다. 이러한 정토를 타방他方정토라 한다. 그러나 반야사상에서는 이러한 타방정토를 수행자의 마음에 나타나는 해탈계로 보기도 한다. 정토와 예토穢土를 마음 하나로 보는 유심정토설唯心淨土說도 있다. 보다 적극적인 정토관으로는 차방정토설此方淨土說이 있다. 그것은 이 세상을 그대로 불국토로 만들어야 한다는 사상이다.

헤아릴 수 없는 아득한 옛날, 정광여래錠光如來라는 부처님이 세상에 출현하여 무수한 중생들을 제도했었다. 이 부처님 다음에는 광원여래光遠如來가 출현했고, 그 다음에는 월광여래月光如來가 출현했으며, 이와 같이 53부처님이 차례차례 나오시어 중생을 교화하셨다. 쉰 네 번째로 출현한 세자재왕世自在王 부처님 때에, 기억과 이해와 판단과 정진과 지혜력이 뛰어난 법장法藏이라는 비구가 있었다.

그는 세자재왕 부처님의 가르침을 받은 구도자인데, 그 부처님 앞에서 여래의 덕을 칭송하고 보살이 닦는 온갖 행을 닦아 중생을 제도하려는 원을 세웠다. 이 원이 이루어지기까지는 지옥의 고통을 받는 한이 있을지라도 물러서지 않겠다는 굳은 결의를 하고 이렇게 말했었다.

"부처님, 저는 바른 깨달음을 얻고자 합니다. 세상에서 견줄 데 없는 부처님이 되고 싶습니다. 그래서 모든 중생들이 행복하게 살 수 있는 불국토佛國土를 이룩하고 싶습니다."

그때 세자재왕 부처님은 법장에게 말씀하셨습니다.

"그대 자신이 그렇게 하면 되지 않겠는가?"

"부처님, 저로서는 불가능합니다. 그것은 부처님만이 하실 수 있습니다. 다른 불국토가 얼마나 훌륭한 곳인지, 그 아름답고 평화로운 모습에 대해 말씀해주십시오. 그것을 듣는다면 저도 훌륭한 불국토를 완성할 수 있을 것 같습니다."

이렇게 해서 부처님은 그의 원력願力을 알고, 이백십억 불국토를 말씀하셨다. 그는 그로부터 다섯 겁 동안 홀로 선정禪定을 닦아 다른 어떤 불국토보다도 뛰어난 국토를 이루게 된 것이다.

《무량수경無量壽經》

범부와 무지한 자들은 마음의 참모습을 알지 못하며, 그들 속에 있는 정토도 또한 깨닫지 못한다. 이에 그들은 동방묘희국東方妙喜國에, 혹은 서방극락西方極樂에 태어나기를 원한다. 그러나 깨달음을 연 자에게는 모든 곳이 한가지로 동일하다. 이것은 마치 부처가 '어디에 태어난다 할지라도 그들은 언제나 행복하며 평안하다.'라고 한 바와 같다. 만일 그대의 마음이 악에서 자유롭다면 서방극락이 여기에서 멀리 떨어져 있는 것이 아니다. 그러나 부정한 마음으로 다만 아미타불만 외치는 자가 그곳에 태어나는 것은 실로 어려운 일 중의 어려운 일이다. 《육조단경》〈의문품疑問品〉

제9장

창시자

목조비로자나삼신불좌상木造毘盧遮那三身佛坐像 중 석가불釋迦佛
(구례 화엄사華嚴寺 소장)

불교의 창시자는 고오타마 붓다, 즉 석가모니釋迦牟尼(Shakyamuni)이다. 붓다의 일생은 다음의 여덟 단계(팔상八相)로 나누어 설명된다. (1) 도솔천兜率天에서 내려와 마야摩耶 부인의 모태 속에 들어감, (2) 룸비니 동산에서 태어남, (3) 네 성문 밖에서 생로병사의 괴로움을 깨달음, (4) 성城을 넘어 출가함, (5) 설산雪山에 들어가 6년간 고행함, (6) 마귀를 항복시키고 부처를 이룸, (7) 녹야원鹿野苑에서 진리를 설함, (8) 사라沙羅나무 사이에서 열반에 듦 등이다.

석가모니 부처님의 재세在世 시대에는 붓다라는 존재는 역사적 고오타마 붓다 이외는 있을 수 없었다. 초기 불교의 붓다는 인간과 천인天人의 최고의 스승이었다. 그러나 붓다의 입멸 후 제자들은 스승을 영원한 이상적 인격상으로 찬양하기 시작하였다. 역사적 붓다는 색신色身이고 법신法身(dharma-kāya)은 진리의 몸 자체라는 법신사상이 생겼다. 불신으로서의 법신은 영원하여 멸하지 않고 상주常住한다는 것이다.

대중부大衆部에서는 불신은 번뇌가 없고 붓다의 언어는 진실하며 부처의 생명은 영원하다는 불타관을 발전시켰다. 또한 석가모니 부처님과 같은 성인은 금생의 수행만으로는 성취될 수 없다고 보아 과거 전생의 수행담(자타카)이나 과거불過去佛 사상이 나오게 되었다. 이러한 붓다의 이상화와 초인격화 경향은 마우리아 왕조 이후 점차 더 나타나 여래 10호로 그 이상적 모습을 표현하게 되었다. 붓다의 전지성과 그의 수승한 덕과 인격적 특성은 18불공법不共法, 10력力, 32상호相好 등으로 표현되었다.

대승불교에 와서 붓다관은 더 다른 차원으로 전개되었다. 법신이 영원불멸한 붓다의 본래 몸이라고 하는 법신 중심사상이 발전되었다.

《반야경》에는 '반야바라밀은 바로 여래의 법신'이라고 설하고 있다. 반야의 지혜가 곧 참된 불신이며, 반야바라밀이 붓다의 본래 몸이므로 색신을 붓다로 보아서는 안 된다는 것이다.

《법화경法華經》에는 법신이라는 용어보다는 구원불久遠佛이라는 용어가 사용되었다. 구원불은 머나먼 옛날부터 성불해 있는 부처로 여래의 수명은 무량하여 언제나 존재해왔다는 의미이다. 과거불이나 미래불을 초월한 영원한 부처님이 여기 나타난다. 사방의 각 불토에는 석가모니 부처의 분신인 여러 여래가 있다. 석가모니 부처님은 구원불로 나타나고 있다.

《화엄경》에는 법신불인 비로자나불은 편만성과 무한성을 지닌 부처로 나타나 대승불교 붓다관이 광대하고 초월적인 빛으로 승화되고 있다.

법신法身과 색신色身의 이신불二身佛 사상은 후에 보신불報身佛(Sambhoga-kāya) 사상으로 발전하였다. 보신은 원願과 행行의 성취로 인하여 받은 몸이라는 의미로 대승 보살의 본원 사상과 관계된다. 보신불의 예로는 아미타불을 들 수 있다. 여기에서 법신, 보신, 화신이라는 삼신불三身佛 사상이 성립되었다.

1. 여래如來의 지혜

붓다의 인격적 특성 가운데 가장 두드러지는 것은 최고의 지혜의 증득자라는 점이다. 여래의 십력十力은 붓다의 전지성全知性을 구체적으로 열거한 것이다. 붓다는 세계와 인생의 근본 원리와 생사의 해탈의 정각을 깨달았을 뿐만 아니라, 중생들의 과거와 현재와 미래의 인연까지 모두 여실하게 아는 지혜의 힘이 있다. 붓다는 바른 이치와 그른 이치를 분별하는 힘, 중생들이 받은 업보의 모든 인연, 중생들의 능력 차이와 그들이 필요로 하는 것 등을 여실히 아는 지혜가 있다.

여래는 중생의 오염된 마음의 실체를 여실히 안다. 범부의 마음이란 기실 미혹된 소견의 더럽히는 힘에 의하여 오염되는 것이 아니며, 미혹된 소견이란 다만 그릇된 관념에 불과하며, 범부의 마음 속에는 본래 없는 것임을 그가 아는 까닭이다.

《팔천송반야경》 12.3

어떤 것을 여래의 열 가지 힘〔十力〕이라 하는가. 이른바 여래는 바른 도리와 그렇지 않은 도리를 분별하는 것을 바로 안다. 이것을 여래의 첫째 힘이라 한다. 만일 성취하면 과거 부처님의 가장 훌륭한 경계의 지혜를 얻고, 깨끗한 바퀴를 굴려 대중 가운데서 사자 외침으로 외치느니라.

또 여래는 과거·미래·현재의 업의 법에 대하여 일을 따라 받는 과보를 바로 안다. 이것을 여래의 둘째 힘이라 한다. 여래는 이 힘을 성취하여, 과거 부처님의 가장 훌륭한 경계의 지혜를 얻고, 깨끗한 바퀴를 굴려 대중 가운데서 사자 외침으로 외치느니라.

또 여래·응공정각應供正覺은 선정 해탈의 삼매를 바로 받아, 물들어 악함과 맑고 깨끗한 곳의 깨끗함을 바로 아나니 이것을 여래의 셋째 힘이라 한다. 만일 이 힘을 성취하면 과거 부처님의 가장 훌륭한 경계의 지혜를 얻고, 깨끗한 바퀴를 굴려 대중 가운데에서 사자 외침으로 외치느니라.

또 여래는 중생들의 갖가지 능력의 차별을 아나니 이것을 여래의 넷째 힘이라 한다. 만일 이 힘을 성취하면 과거 부처님의 가장 훌륭한 경계의 지혜를 얻고, 깨끗한 바퀴를 굴려 대중 가운데서 사자 외침으로 외치느니라.

또 여래는 중생들의 갖가지 성품을 바로 아나니 이것을 여래의 다섯째 힘이라 한다. 만일 이 힘을 성취하면 과거 부처님의 가장 훌륭한 경계의 지혜를 얻고, 깨끗한 바퀴를 굴려 대중 가운데서 사자 외침으로 외치느니라.

다시 여래는 세간 중생들의 갖가지 경계를 바로 아나니 이것을 여래의 여섯째 힘이라 한다. 만일 이 힘을 성취하면 과거 부처님의 가장 훌륭한 경계의 지혜를 얻고, 깨끗한 바퀴를 굴려 대중 가운데서 사자 외침으로 외치느니라.

또 여래는 모든 지극한 경계의 도를 아나니 이것을 여래의 일곱째 힘이라 한다. 만일 이 힘을 성취하면 과거 부처님의 가장 훌륭한 경계의 지혜를 얻고, 깨끗한 바퀴를 굴려 대중 가운데에서 사자 외침으로 외치느니라.

또 여래는 과거 세상의 갖가지 일을 기억한다. 한 생에서 백 생, 천 생까지, 한 겁에서 백 겁, 천 겁에 이르기까지, '나는 그때에 거기서 나서, 어떤 종족, 어떤 성, 어떤 이름이었고, 어떻게 먹었고 어떻게 괴로워하고 즐거워하였으며, 얼마나 오래 살았고 얼마나 오래 머물렀고 수명은 얼마였으며, 나는 거기서 죽어 여기에 났고 여기서 나서 저기서 죽었으며, 어떤 행行이며 어떤 인因이며 어떤 방면〔方〕이었던가.'의 과거 일을 다 바로 아나니 이것을 여래의 여덟째 힘이라 한다. 만일 이 힘을 성취하면 과거 부처님의 가장 훌륭한 경계의 지혜를 얻고, 깨끗한 바퀴를 굴려 대중 가운데서 사자 외침으로 외치느니라.

또 여래는 사람 눈보다 뛰어나고 깨끗한 하늘 눈으로 중생들의 죽는 때와 나는 때, 아름다운 몸과 나쁜 몸, 천한 몸과 귀한 몸, 좋은 곳에 나고 나쁜 곳에 나는 것들의 그 업을 따라 받는 것을 바로 안다. 즉 '이 중생은 몸의 나쁜 행을 성취하고 말과 뜻의 나쁜 행을 성취하여, 성현을 비방하고 삿된 소견의 업을 받는다. 그 인연으로 몸이 무너지고 목숨이 끝난 뒤에는 나쁜 곳에 떨어져 지옥에 태어난다. 이 중생은 몸의 착한 행과 말과 뜻의 착한 행으로 성현을 비방하지 않고 바른 소견의 업을 받는다. 그 인연으로 몸이 무너지고 목숨이 끝난 뒤에는 천상의 좋은 곳에 난다.'는 것을 모두 바로 아나니 이것을 여래의 아홉째 힘이라 한다. 만일 이 힘을 성취하면 과거 부처님의 훌륭한 경계의 지혜를 얻고, 깨끗한 바퀴를 굴려 대중 가운데서 사자 외침으로 외치느니라.

또 여래는 모든 번뇌가 이미 다하면, 번뇌가 없어 마음이 해탈하고 지혜가 해탈하여 현세에서 스스로 몸으로 증득한 줄을 알아, 나의 생은 이미 다하고 범행梵行은 이미 서고 할 일은 이미 마쳐 후생 몸을 받지 않을 줄을 스스로 아나니 이것을 여래의 열째 힘이라 한다. 만일 이 힘을 성취하면 과거 부처님의 가장 훌륭한 경계의 지혜를 얻고, 깨끗한 바퀴를 굴려 대중 가운데서 사자 외침으로 외치느니라. 이러한 열 가지 힘은 오직 여래만이 성취한 것이니, 이것을 여래와 성문聲聞의 여러 가지 차별이라 하느니라.

《잡아함경》〈십력경十力經〉

부처님께서 사위성舍衛城 기원정사祇園精舍에 계실 때였다. 어느 날 한 바라문이 부처님께 문안드리고 여쭈었다.

"고오타마시여, 어떤 사람을 부처라고 합니까? 부모가 붙여준 이름입니까? 바라문이 지어준 이름입니까?"

부처님께서 게송으로 말씀하셨다.

부처는 지나간 과거생을 보고 그처럼 미래생도 보며
또한 현재세에서 사라지는 모든 것을 다 보며
밝은 지혜로 모든 것을 훤히 알아
닦아야 할 것을 빠짐없이 닦고
끊어야 할 것을 남김없이 끊었기 때문에
부처라고 부르느니라.
억겁의 세월 동안 살펴보아도
즐거움은 잠시요 괴로움만 남으니
한 번 태어난 것은 반드시 죽어야 하기 때문이니라.
그러므로 번뇌망상을 멀리 벗어나 뿌리째 뽑아버려
세상을 바르게 깨달은 이를 부처라 말하느니라.

《잡아함경》4. 100

부처님께서 정각正覺을 이루신 뒤 법을 설하시기 위해 바라나시 카시 지방으로 가시다가 이교도인 우바카를 만나게 되었다. 우바카는 부처님의 모습을 보고 여쭈었다.

"거룩하신 수행자여, 당신의 모습은 거룩하고 얼굴은 빛나십니다. 당신의 스승은 누구이시며, 당신은 누구를 벗삼아 공부하시었고, 무슨 법을 믿나이까?"

이때 부처님께서 게송으로 말씀하셨다.

나는 모든 것을 이긴 자요, 일체를 아는 사람

나는 모든 번뇌로부터 자유롭고
모든 굴레에서 벗어났노라.
스스로 욕망을 파괴하여 자유를 얻었고
위없는 지혜를 성취하였거늘 누구를 스승으로 삼으랴.
나에게는 스승이 없고
천상에서나 지상에서나 견줄 자 없도다.
나는 이 세상의 성자요, 가장 높은 스승이며
진리를 깨달은 부처이니라.
모든 감정으로부터 고요함을 얻었고
홀로 열반을 증득하였도다.
이제 진리의 왕국을 세우고자 바라나시의 카시로 가노니
어둠의 세계 속에서 불사不死의 북을 울리리라.

《중아함경》〈라마경羅摩經〉

부처님께서 코살라국의 사림 마을에 이르셨다. 그때 한 바라문이 있었는데 부처님의 뒤를 따르다가 부처님 발자국에서 천폭륜상千輻輪相을 보고 희유稀有한 일이라 생각하고 부처님께 다가갔다. 그는 나무 밑에 거룩한 모습으로 앉아 계신 부처님께 여쭈었다.

"세존이시여, 당신은 하느님(천天)이 되셨습니까?"

"바라문이여, 나는 하느님이 되지 않았노라."

"아수라阿修羅가 되셨습니까? 아니면 용왕, 건달바乾闥婆, 야차夜

叉, 긴나라緊那羅, 마후라가摩睺羅伽가 되셨나이까?"

"나는 그 모두가 되지 않았노라."

"당신은 사람이 되셨나이까?"

"나는 사람이 되지 아니했느니라."

"당신은 내가 물은 그 무엇도 되지 않았다 하시니, 그 무엇이 되셨나이까?"

부처님께서 게송으로 말씀하셨다.

"나는 하늘, 용, 아수라, 긴나라,
마후라가와 건달바가 아니며
또한 야차나 사람도 아니니
감관感官을 잘 다스려 번뇌를 끊었노라.
이 몸은 코끼리처럼 잘 다스려졌으니
남의 지배를 받지 않으며
애욕을 끊고 해탈하여 윤회의 길에서 벗어나
이제 다시 태어남을 받지 않는다.
물속에 백련이 아름답게 피었으나
진흙에 물들지 않고
그윽한 향기와 아름다움으로 사람들에게 기쁨을 주듯
나 또한 세상에 나와서 세상과 어울리나
물들지 않는다.
한량없는 세월을 살펴보니

덧없는 인연에 얽히고 설켜
수없이 오가면서 고통 속에 방황하였지만
번뇌를 끊고 버릇을 버려
삼독三毒의 독한 화살을 완전히 뽑아버렸나니
생사의 모든 굴레를 멀리 벗어나
부처라 이름하느니라. 《잡아함경》4. 101

부처님께서 베살리성에 계실 때였다.
어느 날 성안의 사람들을 맞아 말씀해주셨다.
"이 세상에는 만나기 어려운 것이 다섯이 있다.
부처가 세상에 출현하였을 때 만나보기 어렵다.
부처의 가르침을 바르게 설해주는 사람을 만나기 어렵다.
부처의 가르침을 알고 믿는 사람을 만나기 어렵다.
부처가 설하신 법을 스스로 잘 실천하는 사람을 만나기 어렵다.
위험에 빠져 있는 사람을 만날 때마다
자기 일처럼 구해주는 사람을 만나기 어렵다."

《장아함경》〈유행경遊行經〉

비구들이여, 그대들이 비록 내 옷자락을 잡고 바로 내 뒤에 서서 발자국을 따라다닌다 해도, 그의 마음속이 탐욕스럽고, 증오심을 품으며, 악의에 가득하고, 마음이 부패하며, 마음이 산란하여 자기 감정을 억제할 수 없다면, 그 사람은 나와 멀리 떨어져 있고,

나는 그와 멀리 떨어져 있는 것이니라.

왜냐하면 그는 법을 보지 못하였기 때문이요, 법을 보지 못하는 사람은 나를 알지 못하는 사람이기 때문이다.

비구들이여, 설사 나와 멀리 떨어져 있다 하더라도 그 마음이 탐욕스럽지 않고, 증오심이 없으며, 악의가 없고, 마음을 안정시켜 자신의 감정을 잘 억제하고 있다면, 그 사람이야말로 바로 나와 가까이 있는 사람이요, 나 또한 그와 가까이 있는 것이다.

그는 법을 보았기 때문이요, 법을 보는 사람은 나를 보는 것이기 때문이다. 《소부경전》〈이티부타카〉181

모든 부처님의 경지는 너무 깊어 상상할 수 없습니다. 부처님은 끝없는 중생을 교화하여 깨달음의 길로 가게 하십니다. 모든 사물의 참된 모습은 고요하게 통일되어 있고 그 바탕은 무엇에도 방해받지 않습니다. 여래는 신통력으로 한 개의 터럭 속에서도 중생을 위하여 최상의 진리를 말씀하십니다. 여래는 진리의 깊은 뜻을 살피고 중생의 능력에 따라 불멸不滅의 가르침을 비처럼 내리십니다. 그 때문에 많은 진리의 문이 열리고, 고요하게 통일되어 있는 평등하고 진실된 세계에 중생을 이끌어 들이십니다.

여래께서 중생들의 갖가지 생활 속에 들어가 고행을 하는 것은 오로지 중생을 위해서입니다. 그때그때의 형편에 따라 여래는 미묘한 몸을 나타내십니다. 그것은 마치 보름달과 같아 밤하늘에 밝고 포근한 빛을 비춰주십니다. 무지해서 마음이 어두운 중생은 눈을 잃은 장님과 같습니다. 여래는 괴로워하는 중생을 위해 밝은 눈을 뜨셨고, 지혜의 등불을 밝혀 청정한 몸을 중생 앞에 나타내십니다.

중생의 죄악은 깊고 무거워 부처님을 뵙고 섬길 수 없어 미혹의 세계로 흘러다니면서 갖은 괴로움을 겪습니다. 부처님께서는 이와 같은 중생을 구제하기 위해 세상에 나오셨습니다. 부처님은 시방세계 중생 앞에 출현하시어 중생의 고통을 덜어주십니다. 부처님은 방편으로 중생의 무거운 죄와 억압의 장애를 벗기고 바른 법에 편히 머물게 하십니다. 부처님은 일찍이 오랜 세월 동안 수행을 쌓을 때 시방세계의 모든 부처님을 찬탄한 일이 있습니다. 그 때문에 높고 거룩한 부처님의 이름이 시방세계에 두루 울려 퍼집니다. 부처님의 지혜는 허공처럼 끝이 없고 그 법의 몸은 불가사의하십니다. 《화엄경》〈세간정안품世間淨眼品〉

여래의 심오한 경지는 허공처럼 광대무변廣大無邊해서 가령 모든 중생이 그 안에 들어간다 할지라도 사실은 들어가지 못하는 것과 같습니다. 그 경지는 부처님만이 알고 계십니다. 부처님이 무량겁을 두고 설명한다 할지라도 다 말할 수 없을 것입니다.

부처님께서 중생을 해탈시키고자 할 때에는 중생의 마음과 지혜에 따라 법을 말씀하십니다. 그런데 아무리 말하더라도 부처님의 법은 다 말할 수 없습니다. 이와 같이 부처님은 중생의 수준과

기질에 따라 자유자재로 중생의 세계에 들어가지만 부처님의 지혜는 항상 고요합니다. 이것이 부처님만의 경지입니다.

부처님의 지혜는 과거 현재 미래에 걸쳐 막힘이 없고 그 경지는 마치 허공과 같습니다. 부처님의 경지는 그 자성이 참으로 청정하여 생각이나 분별로는 알 수 없습니다. 부처님의 경지는 업도 아니고 번뇌도 아니며 고요해서 걸릴 데도 없습니다. 그러나 평등하고 한결같이 중생의 세계에서 작용합니다. 모든 중생의 마음은 과거 현재 미래 속에 있고 부처님은 한 생각에 중생의 마음을 샅샅이 꿰뚫어보고 계십니다. 《화엄경》〈보살명난품菩薩明難品〉

2. 여래의 수승한 모습

붓다는 정신적인 측면에서뿐만 아니라 신체적인 면에서도 수승殊勝한 특징을 지니고 있었다. 붓다의 신체적 특징은 일반적으로 32상호相好 80종호種好로 표현되고 있다. 이러한 상호를 갖춘 이가 세속에 있으면 전륜왕轉輪王[23]이 되고 출가하면 부처님이 된다고 한다. 붓다는 언설을 통하지 않고도 그의 수승한 용모만으로 상대를 교화하고 복종케 하는 힘이 있었다. 이를 상호 설법이라고 한다. 붓다가 이러한 용모를 타고 나게 된 것은 오랜 세월 동안 선근善根을 닦은 결과라고 한다.

23) 전륜왕轉輪王 : 정법正法으로 온 세상을 통치하는 임금을 말한다.

그때 붓다께서 깨우치는 모든 이들이 정각자의 불사의不思義한 큰 힘을 얻을 수 있도록 미간에서 빛을 발하셨다. 이 빛은 시방을 비추는 모든 깨우치는 자들의 지혜의 보고라 일컬어진다. 그것의 형상은 마치 금강석처럼 빛나는 한 무리의 등불과도 같아서, 시방에서 모든 불국토를 밝게 비추며 그 나라들과 그곳에 사는 일체의 중생들을 드러내 보인다. 그것은 일체 중생의 특성과 성품의 차별상에 따라서 삼계의 모든 부처들의 대법의 비를 쏟아부으며 무수한 부처들을 삼라만상의 하나하나에 나타내보였다. 그것은 또한 일체 중생이 생사의 윤회를 벗어나게 하고자 부처의 대해의 불사의한 길들을 여실하게 보여주었으며, 무수히 많은 해탈의 법비(법우法雨)를 내렸다. 그것은 또한 부처들의 대서원의 비를 쏟아부으며 널리 바르게 깨우치는 자들의 무리들을 시방의 모든 세계에 보여주었다. 이 모든 것을 행한 후 그 빛은 오른쪽으로 원을 그리며 붓다를 휘감아 돌아 그의 발 아래 머물렀다.

《화엄경》〈노사나불품盧舍那佛品〉

정반왕淨飯王은 이름난 점성가를 불러 싯다르타의 장래를 알아보고 싶었다. 싯다르타의 얼굴을 보고 난 사람마다 놀라면서 이렇게 말했다. "싯다르타는 뛰어난 위인의 상을 갖추고 있습니다. 왕위에 오르면 무력을 쓰지 않고 온 세상을 다스리는 전륜성왕轉輪聖王이 될 것이고, 출가하여 수행하면 반드시 부처님이 되어 모든 중생을 구제해줄 것입니다." 이 말을 들은 왕과 신하들은 한결같이 기뻐했다.

어느 날 아시타라는 선인仙人이 카필라성으로 찾아왔다. 그는 히말라야 깊숙한 곳에서 세상과 인연을 끊고 수도에만 전념하고 있었는데, 천신들이 "부처님이 세상에 출현했다."고 말하는 소리를 들었다. 카필라의 왕궁에 싯다르타가 태어난 것을 천안天眼으로 알게 된 선인은 싯다르타의 얼굴을 보려고 왕궁을 찾아온 것이다.

덕망이 높은 아시타 선인이 찾아온 것을 기뻐한 왕은 곧 싯다르타를 보도록 허락했다. 백 살도 훨씬 넘어 백발이 성성한 선인은 싯다르타를 팔에 안고 그 얼굴을 이모저모 유심히 들여다보았다. 곁에 있던 사람들은 숨을 죽이고 그 모양을 지켜보았다. 한참 동안 말없이 싯다르타의 얼굴만을 들여다보던 아시타 선인이 갑자기 눈물을 흘렸다. 왕을 비롯하여 그 자리에 있던 사람들은 불길한 예감이 들었다. 왕은 참다못해 선인에게 물었다.

"싯다르타를 본 사람마다 크게 기뻐하며 야단인데, 선인은 왜 말 한마디 없이 울기만 하시오? 어디 그 까닭을 속 시원히 말해보시오."

그제야 선인은 입을 열었다.

"대왕님, 염려하실 일은 아닙니다. 제가 슬퍼하는 것은 여생이 얼마 남지 않아 부처님의 출현을 못 보게 된 것이 한스러워 그럽니다. 싯다르타는 장차 모든 중생을 구제할 부처님이 되실 분입니다. 부처님이 이 세상에 출현한다는 것은 참으로 귀하고 드문 일입니다. 그러나 저는 너무도 늙었습니다. 싯다르타가 도를 이루어 부처님이 되실 그때까지 살지 못할 것을 생각하니 슬퍼서 눈물이 저절로 나온 것입니다."

《불전佛傳》

정반왕淨飯王이 싯다르타의 관상을 보다
(《석씨원류釋氏源流》, 국립중앙도서관 소장)

제자들아, 위대한 사람에게는 32가지 수승한 모습(상호相好)이 있다. 이 특징을 갖춘 위대한 사람에게는 두 가지 거취만이 있을 뿐 다른 거취는 없다. 만약 집에서 산다면 법다운 정법통치왕이 될 것이니 법의 왕이며, 대륙의 네 끝을 소유하며, 정복자이며, 전 대륙을 안전하게 하며, 일곱 보배를 구비한다. 곧 그에게는 일곱 보배가 있으니 보배 바퀴, 보배 코끼리, 보배 말, 마니 보배, 보배 여인, 보배 거사, 일곱째로 보배 신하가 있다. 또 영웅이며, 인드라 신과 같은 팔다리를 지니고 있으며, 능히 적군을 쳐부술 만한 아들이 천 명을 넘는다. 그리고 그는 바다로 둘러싸인 이 땅을 매도 칼도 쓰지 않고 법으로 다스리며 살아간다. 그러나 실로 출가한다면 세상의 덮인 것을 벗겨내는 동등하며 바르고 원만하게 깨달은 붓다가 된다. 제자들아, 어떤 것이 위대한 사람에게 있는 위대한 사람의 32가지 특징인가.

(1) 위대한 사람은 발이 평평하다. 제자들아, 발이 평평하다는 것이 위대한 사람의 특징이다.
(2) 위대한 사람의 발바닥 밑에는 천 개의 바퀴살과 바퀴테와 바퀴통을 지니며 모든 요소를 고루 갖춘 바퀴가 생겨나 있다.
(3) 위대한 사람은 발꿈치가 길다.
(4) 위대한 사람은 손가락 발가락이 길다.
(5) 위대한 사람은 손발이 부드럽고 여리다.
(6) 위대한 사람은 손과 발에 그물〈과 같은 무늬〉가 있다.
(7) 위대한 사람은 발목이 둥근 조개껍질과 같다.

(8) 위대한 사람은 정강이가 영양과 같다.

(9) 위대한 사람은 굽히지 않고 선 채로 두 손바닥이 무릎마디를 만지고 문지른다.

(10) 위대한 사람은 음경이 덮개에 싸여 있다.

(11) 위대한 사람은 피부가 황금빛으로 금을 닮았다.

(12) 위대한 사람은 피부가 섬세하다. 피부가 섬세하여 먼지와 땀이 몸에 묻지 않는다.

(13) 위대한 사람은 털구멍마다 하나의 털이 나 있다.

(14) 위대한 사람은 털끝이 아름답다. 털끝은 아름답고 색깔은 푸르고 광택이 나고 둥글게 오른쪽으로 돌고 있다.

(15) 위대한 사람은 몸이 범신梵神처럼 곧바르다.

(16) 위대한 사람은 일곱 가지(칠처七處)가 충실하다.

(17) 위대한 사람은 상반신이 사자와 같다.

(18) 위대한 사람은 어깨의 홈이 메워져 있다.

(19) 위대한 사람은 니그로다 나무처럼 균형이 잡혀 있다. 몸의 길이는 양팔의 길이와 같고 양팔의 길이는 몸의 길이와 같다.

(20) 위대한 사람은 어깨가 둥글다.

(21) 위대한 사람은 미각의 예민함이 최고도이다.

(22) 위대한 사람은 턱이 사자와 같다.

(23) 위대한 사람은 40개의 치아가 있다.

(24) 위대한 사람은 치아가 고르다.

(25) 위대한 사람은 치아가 가늘지 않다.

(26) 위대한 사람은 치아가 매우 희다.

(27) 위대한 사람은 혀가 길다.

(28) 위대한 사람의 음성은 법신과 같고 인도 뻐꾸기처럼 말한다.

(29) 위대한 사람은 눈이 매우 푸르다.

(30) 위대한 사람은 속눈썹은 어린 암소의 속눈썹처럼 매우 길다.

(31) 위대한 사람은 두 눈썹 사이의 털이 하얀색이며 부드러운 솜털을 닮았다.

(32) 위대한 사람의 머리에는 육계肉髻가 있다. 제자들아, 머리에 육계가 있다는 것은 또한 위대한 사람의 특징이다.

제자들아, 실로 위대한 사람은 이상과 같은 위대한 사람의 32가지 특징을 갖추고 태어난다. 이 특징을 갖춘 위대한 사람에게는 두 가지 거취만이 있을 뿐 다른 거취는 없는 것이다. 만약 집에서 산다면 법다운 정법통치왕이 된다. 그러나 실로 출가한다면 세상의 덮인 것을 벗겨내는, 동등하며 바르고 원만하게 깨달은 붓다가 된다.

제자들아, 위대한 사람의 이러한 32가지 특징은 바깥의 도인들도 지니고 있다. 그러나 그들은 이러한 특징을 생겨나게 한 원인인 전생의 선업에 대해서는 모르고 있다.

《중아함경》〈삼십이상경三十二相經〉

3. 붓다의 인격

붓다의 위대한 인격은 그를 여러 가지 이름으로 부르게 했다. 이른바 여래 10호에 나오는 응공應供, 정변지正遍知, 명행족明行足, 선서善逝, 세간해世間解, 무상사無上士, 조어장부調御丈夫, 천인사天人師, 불佛, 세존世尊 등의 말은 여래의 덕성을 잘 표현해주고 있다. 18불공법不共法이란 붓다가 다른 성인과 다른 특징으로 십력十力과 사무소외四無所畏, 삼념주三念住, 그리고 대비大悲 등을 말한다. 십력은 열 가지 지혜의 힘이고, 사무소외는 법을 설함에 네 가지 두려움이 없는 힘, 삼념주는 제자를 대할 때 흔들리지 않는 태도, 대비는 큰 연민의 마음이다. 붓다는 스스로 깨달았을 뿐만 아니라 타인도 깨닫게 해줄 수 있는 탁월한 능력의 소유자였다.

스승이시여! 놀랍고도 불가사의합니다. 스승이시여! 마치 넘어진 자를 일으켜 세움과 같고, 감추어진 것을 밝게 드러내보임과 같고, 길 잃고 방황하는 자에게 길을 일러주는 것과 같고, 어둠 속에 등불을 내다 걸어 눈 있는 자가 삼라만상을 환히 보게 하는 것과 같이, 세존께서는 온갖 방편으로 가르침을 밝혀주셨습니다.

《중부경전》〈칼라마경〉

구름이 가리워 밤이 암흑이 되는 것과 같이
번쩍이는 번개의 광명이 찰나에 드러나듯이
부처님의 위덕威德의 이로움도 이와 같아
찰나에 뜻을 발하여 중생은 복을 얻는다.
헤아릴 수 없고 끝이 없는 겁劫을 사유하고,
부처님을 보며 이 모든 진실을 설한다.
만약 불쾌락不快樂에 쾌락快樂을 얻는다면
끝없는 중생을 증장增長하여 구제한다.

《보리행경》〈찬보리심품讚菩提心品〉

나는 모든 것을 싸워 이겼고
모든 것을 알며
무엇에도 탐착하지 않으며
모든 것을 버렸다.

갈애渴愛를 끊는 일에
온전히 나를 바쳤으며
스스로 모든 것을 깨달았으니
누구를 나의 스승이라 부르리. 《법구경》353

세존께서 비구들에게 말씀하셨다. 비구들이여! 나는 천계나 인간계의 모든 속박에서 자유롭다. 비구들이여! 너희도 또한 천계나 인간계의 모든 속박에서 자유롭다. 비구들이여! 나아가라! 중생의 유익을 구하여, 중생의 행복을 구하여, 이들에 대한 자비심에서, 신들과 인간들의 복지와 유익과 행복을 위하여 너희의 길을 떠나라!

누구든지 둘이 함께 가지 말라. 비구들이여! 시작에 있어서나 중간에 있어서나 끝에 있어서도 수승한 참된 가르침을 세상에 널리 펴라. 정신에 있어서나 그 문자에 있어서도 완전하며 또한 청정한 삶을 세상에 알리거라. 사람들 가운데 아직 오탁五濁[24]에 덜 오염된 이들도 있으리라. 그러나 그들도 이 참된 가르침을 듣지 않는다면, 곧 멸망하리라. 들어 깨닫는 이도 또한 있으리라.

《비나야 피타카》1. 21

광휘光輝로운 태양이 솟아오르지 않는 한, 반딧불이 밝게 빛난다. 그러나 태양이 떠오르면 그 빛은 점차 사라져 마침내 빛나지 않게 된다. 외도外道의 빛 또한 그와 같다. 올바른 깨달음을 연 자들이 세상에 나타나지 않는 한 언어의 유희를 즐기는 무지한 자들이나 그들의 제자들도 밝은 빛을 얻지 못한다. 삿된 소견을 지닌 자들은 괴로움에서 벗어나지 못한다. 《우다나》73

만나 뵙기 어렵사오며
한량없는 공덕 갖추시어
능히 모든 중생을 구호하시니

---

24) 오탁五濁 : 세상의 다섯 가지 더러움으로, 명탁命濁, 중생탁衆生濁, 번뇌탁煩惱濁, 견탁見濁, 겁탁劫濁을 이른다.

천상과 인간 세상의 크신 스승으로서
세상을 측은히 여기심에
시방의 모든 중생들이
널리 다 이익을 입습니다. 《법화경》〈화성유품化城喩品〉

큰 깨달음을 얻은 석가모니가 보리수 아래 앉아 곰곰이 생각했다. "실로 깨치기 어려운 심오한 지혜가 지금 나에게 일어났도다. 죄악으로 가득한 이 세상은 높고 높은 법을 헤아려 알지 못하며, 미혹된 자들은 부끄러운 줄 모르고 나와 나의 지혜를 비난하는구나. 그런데 내가 이 법을 세상에 선포하여야 할까? 이것은 다만 나의 깊은 생각으로 얻었는데, 내가 세상을 구제할 서원이 굳고 튼튼한가?" 그는 전에 들었던 모든 것을 다시 마음속에 일깨우며 곰곰이 생각하고는 굳게 결심하였다. "세상을 구제하기 위하여 내가 이 법을 설하리라." 《불소행찬佛所行讚》15

나는 여래如來, 응공應供, 정변지正遍知, 명행족明行足, 선서善逝, 세간해世間解, 무상사無上士, 조어장부調御丈夫, 천인사天人師, 불세존佛世尊이니, 제도되지 못한 이를 제도하고, 이해하지 못하는 이를 이해하게 하고, 편안하지 못한 이를 편안하게 하고, 열반에 들지 못한 이를 열반에 들게 하느니라. 뿐만 아니라 금세와 후세를 여실히 아나니, 나는 일체를 아는 이요, 일체를 보는 이며, 도를 아는 이며, 도를 열어 보이는 이며, 도를 설하는 이니라. 너희 천신들, 인간들, 아수라들이여, 모두 나에게 오라. 내가 너희로 하여금 법을 듣게 하리라.
《법화경》〈약초유품藥草喩品〉

중생을 제도하기 위하여
방편으로 열반을 나타내지만
실은 멸도滅度하지 아니하고
항상 여기 있어 법을 설하노라.
나는 언제나 여기 있어
신통력으로 설하지만
생각이 뒤바뀐 중생은
지척에서도 보지 못하느니라.
중생들은 내가 열반함을 보고
널리 나의 사리를 섬기며
다 깊이 연모해서
갈망하는 마음 내느니라.
중생들은 이미 믿고 따라
정직하고 온유하며
일심으로 부처님 뵙고자
스스로 신명을 아끼지 아니하거늘,
이때에 나와 대중이 함께
영취산靈鷲山에 나타나서
내가 중생들에게 말하기를

내가 항상 여기 있고 멸하지 않건마는
오직 방편의 힘으로
멸하고 멸하지 않음을 나타내 보이느니라.
다른 나라 중생들이
공경하고 믿고, 즐기는 이가 있으면
나는 또한 그곳에서
위없는 법 설하건만
그대들은 이를 듣지 못하므로
내가 열반한다 생각하느니라.
내가 보니, 모든 중생이
고해에 빠져 있는지라
짐짓 내 몸을 숨기고
그들로 하여금 갈망하는 마음 내게 하여
연모하는 마음 낸 뒤에야
나타나서 법을 설하거니
신통력이 이와 같아
아승지겁阿僧祇劫[25]으로
항상 영취산이나 다른 곳에 머무느니라.

《법화경》〈여래수량품如來壽量品〉

부처의 열여덟 고매한 덕성이 무엇인가? 여래께서 완전히 깨달음

25) 아승지겁阿僧祇劫 : 헤아릴 수 없이 무한한 시간을 말한다.

을 여신 밤으로부터 마지막 열반에 멸도滅度하시던 날까지 내내 여래께서는 몸을 비틀거리지 않았고, 법을 설함에 허튼소리나 무분별한 말이 섞이지 않았으며, 마음을 흩트리는 법이 없었다. 분별심을 일으키지 않았으며, 산란심散亂心도 없었고, 마음에 동요함도 없었으되, 생각이 얕아서가 아니었다. 방일放逸하지 않고 원기왕성하며 용의주도하였다. 마음을 집중하고 밝은 지혜를 지니며 남을 구제함에 실패하는 법이 없었다. 몸으로 짓는 행위, 말로 짓는 행위, 의근으로 짓는 행위에서 그 시작과 끝이 하나도 경솔하지 않았으며, 과거, 미래, 현재에 대한 그의 인식에 두루 막힘이 없이 자유자재하였다. 또한 모든 것에 편견을 지니지 않았다. 《대품반야경》 211-212

일찍이 헤아릴 수 없는 부처 따라
온갖 도를 구족具足하게 닦았으니
심오하고 미묘한 법은
알기도 어렵고 행하기도 어렵도다.
한량없는 억만 겁에
그 도를 모두 닦고 행하여
도량에서 정각을 이루어
내 이미 그 모두를 다 알고 보았노라. 《법화경》 〈방편품〉

크고 큰 은혜의 세존이시여!
자비심을 발하시어

희유稀有의 일을 행하시니
저희를 교화하고 이익 주시나이다.

한량없는 억겁 세월엔들
누가 능히 갚으리이까
수족이 되어 받드옵고
머리 조아려 예경禮敬하며
온갖 공양 다 바쳐도
갚을 길 없사오며
머리 위에 이거나
양 어깨에 메고 다녀
항하사겁恒河沙劫[26]을 두고
정성 다해 공양해도
갚을 길 없나이다. 《법화경》〈신해품信解品〉

이와 같이 나는 들었다. 어느 때 세존께서 카필라바스투 부근 로하니 강가에 있는 보리수 사원에 머물고 계셨다. 그때 사리풋타 장로가 미래 세계의 주재자에 관하여 세존께 게송을 읊어 여쭈었다.

그대 부처를 따라 뒤를 이을 영웅은

---

26) 항하사겁恒河沙劫 : 갠지스강의 모래알같이 많은 셀 수 없는 시간을 뜻한다.

어떤 모습의 누구이옵니까?
소상히 그에 관하여 듣고 싶나이다.
세존께서 부디 일러주소서!

장로의 말을 듣고 세존께서 이와 같이 말씀하셨다.
사리불이여! 내가 그대에게 말하노라.
내 말에 귀 기울이라.
이 상서로운 겁 동안에
영도자 셋이 있었으니
카국산다와, 코나가마나와 캇사파이다.
나는 금세의 완전한 부처요,
이 상서로운 겁이 다하기 전에
미륵불이 또한 있으리라. 《아나가타방사》

선남자善男子야!
선행을 하는 자는 '올바른 생각을 지닌 자'이니
올바른 생각이 자비요
자비가 곧 여래니라.

선남자야!
자비는 참 지혜의 길이니
참 지혜의 길이 여래요

여래가 곧 자비니라.

선남자야!
자비는 일체 중생을 대하여
스스로 부모처럼 행하나니
부모가 자비요
자비가 곧 여래임을 알아라.

선남자야!
자비는 위대한 브라흐마나이니
위대한 브라흐마나가 자비요
자비가 곧 여래니라.

선남자야!
자비는 일체 중생의 불성이되
이와 같은 불성이 미망으로 덮인 까닭에
중생이 이를 보지 못한다.
불성이 자비요
자비가 곧 여래니라. 《대반열반경》259

캇사파여, 마땅히 알라
비유하면, 큰 구름이 이 세간에 일어나서

온 세계를 두루 덮음과 같음이니
자비로운 구름은 비를 품고
번갯불을 번쩍이며
우레소리 멀리 진동하여
모든 이를 기쁘게 하고
햇빛이 가려져서
지상이 서늘한데
뭉게구름 나직이 드리워
두 손으로 잡을 듯하며
그 비는 두루 사방에 내려
온 국토를 흡족하고 한량없이 적셔서
산과 내와 골짜기
깊은 곳에 난 약초와
크고 작은 모든 나무와
온갖 곡식의 싹과 사탕수수 포도들이
비를 맞고 물기를 받아
모두가 풍성하게 자라고
메마른 땅에 고루 젖어
약초와 나무가 무성함은
저 구름에서 내리는 다 같은 비를 맞아
초목과 총림叢林들이
분수 따라 축여지는 까닭이라.

큰 것, 중간 것, 작은 것
일체의 나무들이
크고 작은 성질대로
제각기 성장하고
뿌리, 줄기, 가지와 잎새
꽃과 열매의 빛과 모양은
다 같이 비의 축임으로
모두 다 신선하고 윤택함을 얻느니라.
그 체體와 상相과 성분에 따라
크고 작은 것이 다른 것처럼
적시는 비는 하나로되
각각 달리 무성하나니.

부처님도 그와 같아
이 세상에 출현함이
비유하면, 큰 구름이
널리 온 세상을 덮음과 같으니라.
이 세상에 오신 후엔
일체 중생 위하여
모든 법의 실상을
분별하여 설하시네.
큰 성인이신 세존께서

천상천하의 모든 대중 가운데
선언하여 말씀하시기를
"나는 곧 여래이며
세간에 나타남이 큰 구름과 같아서
메마른 일체 중생 흡족히 적셔주어
모든 괴로움 여의고
안락한 즐거움이나 세간의 즐거움이나
열반의 지락至樂을 얻게 하리라……

나는 모든 것을 바라봄이 한결같고 평등하여
이것이니 저것이니 밉고 고운 마음 없으며
나는 탐착도 없고 걸림도 없으며
모든 이를 위해 평등하게 법을 설하노라.
한 사람을 위해 하듯
여러 사람에게도 그러하며
항상 법만을 설하며
다른 일은 본래 없고
가고 오고 앉고 일어섬에
지칠 줄 모르고,
비가 대지를 고루 적시듯
나는 세간을 흡족하게 하노라.
귀하거나 천하거나 높거나 낮거나

계행戒行을 갖춘 이나 갖추지 못한 이나
바른 소견, 그릇된 소견, 총명함, 우둔함에
평등하게 법의 비를 내려
게으름을 모르노라. 《법화경》〈약초유품藥草喩品〉

내가 그대 사리풋타에게 말하노니
나는 또한 이와 같아서
수많은 성자들 가운데
드높은 세존이며 세상의 아버지라……
내가 그대 사리풋타에게 말하노니
너희 사람들
모두가 나의 아들이요
나는 너희의 아버지라.
억겁을 통하여
너희가 고통불에 타고 있었으니
내가 너희 모두를 제도하여 구했느니라.

《법화경》〈비유품譬喩品〉

처음에 부처님께서 대승을 설하시는 것을 듣고 마음속으로 크게 놀라 의심하기를, '아마 마라魔羅가 부처되어 내 마음을 어지럽게 하는가.' 하였더니, 부처님께서 인연과 비유와 방편으로 잘 말씀해주시니 그 마음 편하기가 잔잔한 바다와 같아져 제가 듣고 의심을 끊었나이다.……세존께서는 진실한 도를 말씀하시니 마라는 이런 일 못 하오리다. 그러므로 나는 정녕코 알았나이다. 마라가 부처님 된 것이 아니거늘 제가 의심의 그물에 떨어져 이를 마라의 소유라 하였습니다. 부처님께서 부드러운 음성으로 심오하고 매우 미묘한 청정법淸淨法을 설하심을 듣고 저의 마음 크게 환희하여 모든 의혹이 아주 없어지고 참 지혜에 머물게 되었습니다. 《법화경》〈비유품〉

내가 부처의 눈으로 육도 중생을 굽어보니
빈궁하고 복과 덕이 없어
생사길을 떠돌면서 갖은 괴로움 다 겪는데
오욕에 집착함이 야크가 꼬리 아끼듯
탐욕과 애욕으로 스스로 눈을 가려
큰 힘 가진 부처와 괴로움 끊는 법을
보지 못하고 삿된 생각에 깊이 빠져
괴로움으로 괴로움을 버리고자 하니
이러한 중생을 위하여 대비심을 내었노라. 《법화경》〈방편품〉

세존께서 선언하여 말씀하시기를
나는 곧 여래이며
세간의 가장 숭앙받는 이라.
세간에 나타남이 큰 구름과 같아서
메마른 일체 중생 흡족히 적셔주어

모든 괴로움 여의고
안락한 즐거움이나 세간의 즐거움이나
열반의 지락을 얻게 하리라…… 《법화경》〈약초유품〉

4. 붓다의 교육 방법

붓다는 중생이 깨달음을 얻기 어렵다는 것을 잘 알고 있었기 때문에 좋은 방편을 찾아내는 것이 교화의 근본 문제라고 보았다. 깨닫는 능력을 점차 성숙시키는 법을 방편시설方便施設이라고 한다. 방편(upāya)은 '접근한다'는 말이고 시설(prajñapti)이란 '알아내게 한다'는 의미이다. 붓다는 진리를 공부하는 자의 능력과 환경, 그리고 흥미 등에 따라 다양한 방편을 구사하였다. 붓다의 설교 방법은 권위주의적 방법을 배제하였다. 스스로의 자각으로 진리를 깨닫게 하는 주체적 태도와 현실 중시의 합리적인 사유 방법을 중시하였다.

네 가지 법이 있다. 그것을 성취하면 큰 의왕醫王이라 부르나니 왕의 필요와 분별에 응하는 바이니라. 어떤 것을 네 가지라고 하는가. 첫째는 병을 잘 아는 것이요, 둘째는 병의 근원을 잘 아는 것이며, 셋째는 병을 잘 알아 다스리는 것이요, 넷째는 병을 다스릴 줄을 잘 알고는 장래에 다시 발생하지 않게 하는 것이니라.

어떤 것을 좋은 의사로서 병을 잘 아는 것이라 하는가. 이른바 좋은 의사가 이러이러한 갖가지 병을 잘 아는 것이니, 이것을 좋은 의사가 병을 잘 아는 것이라 한다.

어떻게 좋은 의사는 병의 근원을 잘 아는가. 이른바 좋은 의사는 '이 병은 바람을 인하여 일어났다. 벽음癖陰에서 일어났다. 침〔涎〕에서 일어났다. 냉冷에서 일어났다. 현재 일로 인해 일어났다. 계절 때문에 일어났다.'고 아나니, 이것을 좋은 의사가 병의 근원을 잘 아는 것이라 한다.

어떻게 좋은 의사는 병을 잘 알아 다스리는가. 이른바 좋은 의사는 갖가지 병에 약을 발라야 할 것, 토해야 할 것, 내려야 할 것, 코 안을 씻어야 할 것, 떠야 할 것, 땀을 내야 할 것을 잘 알고 그것을 따라 갖가지로 다스리나니, 이것을 좋은 의사가 다스릴 줄을 잘 아는 것이라 한다.

어떻게 좋은 의사가 병을 다스릴 줄을 잘 안 뒤에 미래에 다시는 발생하지 않게 하는가. 이른바 좋은 의사는 갖가지 병을 잘 다스리되 완전히 없애어, 미래에 영원히 다시 일어나지 않게 하나니, 이것을 좋은 의사가 병을 다스릴 줄을 잘 알아 발생하지 않게 하는 것이라 하느니라.

여래는 큰 의왕이 되어 네 가지 덕을 성취하여 중생들의 병을 고치는 것도 또한 그와 같나니, 어떤 것을 넷이라 하는가. 이른바 여래는 아시나니, 즉 이것은 괴로움의 진리라고 바로 알고, 이것은 괴로움의 원인의 진리라고 바로 알며, 이것은 괴로움의 멸함의 진

리라고 바로 알고, 이것은 괴로움의 멸함에 이르는 길의 진리라고 바로 아시느니라. 《양의경良醫經》

두 가지 진리(이제二諦)로써 여러 부처님들께서는 법을 설하신다.
이제二諦는 세속제世俗諦[27]와 제일의제第一義諦[28]이다.
이러한 이제二諦의 구별을 알지 못하는 사람은
누구든지 여러 부처님들의 교설敎說의 깊은 진실을 이해하지 못한다.
세속제에 의하지 않고는
제일의제는 교시될 수 없고
그리고 제일의제에 도달하지 않고는
열반은 증득될 수 없다. 《중론송》24

부처님이 나란다성 바바리암라 동산에 계실 때였다. 하루는 견고堅固라고 하는 남신도 한 사람이 부처님을 찾아왔다.

"부처님, 이토록 번화하고 잘살고 있는 나란다 사람들이 부처님을 공경하며 믿고 있습니다. 원컨대 부처님께서는 어떤 비구로 하여금 신통 변화를 나타내 보이게 해주십시오. 그러면 이 성안에 사는 사람들이 더욱 부처님의 법을 믿고 공경할 것입니다."

"나는 비구들에게 여러 사람이 보는 앞에서 신통 변화를 나타내

---

27) 세속제世俗諦 : 삼제三諦의 하나로, 세상에서 일반적으로 인정하는 진리이다. 여러 가지 차별이 있는 현실 생활의 이치를 이른다.
28) 제일의제第一義諦 : 제일의의 진리, 열반, 진여 중의 진리를 이른다.

보이라고 가르친 일이 없소. 다만 한적한 곳에 앉아 도를 생각하고, 공덕이 있거든 안으로 감추어두고 허물이 있으면 몸소 드러내 놓으라고 가르칠 뿐이오." 《장아함경》〈견고경堅固經〉

마치 어떤 사람이 몸에 독화살을 맞아 그 독화살로 말미암아 지극히 심한 고통을 받을 때에 그 친족들은 그를 가엾게 생각하고 불쌍히 여겨, 그의 이익과 안온을 위해 곧 의사를 청하였다.

그러나 그 사람은 '아직 화살을 뽑아서는 안 된다. 나는 먼저 화살을 쏜 사람이 어떤 성, 어떤 이름, 어떤 신분이며, 키는 큰가 작은가, 살결은 거친가 고운가, 얼굴빛은 검은가 흰가, 혹은 검지도 않고 희지도 않은가, 찰제리족인가 혹은 바라문·거사居士의 종족인가, 동방·서방·북방 어느 쪽에 있는가를 알아야 하겠다.'고 한다든가, 또 '아직 이 화살을 뽑아서는 안 된다. 나는 먼저 그 활이 산뽕나무로 되었는가, 뽕나무로 되었는가, 물푸레나무로 되었는가, 혹은 뿔로 되었는가를 알아야 하겠다.'고 한다든가, 또 '아직 이 화살은 뽑아서는 안 된다. 나는 먼저 그 궁찰弓札이 소 힘줄로 되었는가, 노루나 사슴 힘줄로 되었는가, 혹은 실로 되었는가를 알아야 하겠다.'고 한다든가, 또 '아직 이 화살을 뽑아서는 안 된다. 나는 그 활 빛이 검은가, 흰가, 붉은가, 혹은 누른가를 알아야 하겠다.'고 한다든가, '나는 아직 이 화살을 뽑아서는 안 된다. 나는 먼저 그 활줄이 힘줄로 되었는가, 실로 되었는가, 모시로 되었는가, 혹은 삼으로 되었는가를 알아야 하겠다.'고 한다든가, 또 '아직

이 화살을 뽑아서는 안 된다. 나는 먼저 그 화살이 나무로 되었는가, 혹은 대로 되었는가를 알아야 하겠다.'고 한다든가, 또 '아직 이 화살을 뽑아서는 안 된다. 나는 먼저 그 화살통이 소 힘줄로 되었는가, 노루나 사슴 힘줄로 되었는가, 혹은 실로 되었는가를 알아야 하겠다.'고 한다든가, 또 '아직 이 화살을 뽑아서는 안 된다. 나는 먼저 그 화살깃이 매털로 되었는가, 보라매나 독수리 털로 되었는가, 고니나 닭 털로 되었는가, 혹은 학 털로 되었는가를 알아야 하겠다.'고 한다든가, 또 '아직 이 화살을 뽑아서는 안 된다. 나는 먼저 그 화살촉이 살촉으로 되었는가, 창으로 되었는가, 혹은 창칼로 되었는가를 알아야 하겠다.'고 한다든가, 또 '아직 이 화살을 뽑아서는 안 된다. 나는 먼저 화살을 만든 사람이 어떤 성, 어떤 이름, 어떤 신분이며, 키는 큰가 작은가, 살결은 거친가 고운가, 얼굴빛은 흰가 검은가, 혹은 검지도 않고 희지도 않은가, 혹은 동방·남방·서방·북방의 어느 쪽에 있는가를 알아야 한다.'고 생각한다면, 그 사람은 마침내 그것을 알지 못한 채 그 중간에서 목숨을 마치고 마는 것과 같다.

이와 같이 만일 어떤 어리석은 사람이 '만일 세존께서 나를 위하여 한결같이 세상은 항상됨이 있다고 말씀하시지 않으시면, 나는 세존을 좇아 범행梵行을 배우지 않으리라.'고 생각한다면, 그 어리석은 사람은 마침내 그것을 알지 못한 채 그 중간에서 목숨을 마치고 말 것이다. 이와 같이 '세상은 항상됨이 없다, 세상은 한정이 있다, 세상은 한정이 없다, 목숨은 곧 몸이다, 목숨은 몸과 다르다, 여래는 마침이 있다, 여래는 마침이 없다, 여래는 마침이 있기도 하고 마침이 없기도 하다, 여래는 마침이 있지도 않고 여래는 마침이 없지도 않다.'는 이런 소견들에 있어서 만일 어떤 어리석은 사람이 '만일 세존께서 나를 위하여 한결같이 이것은 진실이요 다른 것은 다 허망한 말이라고 말씀하시지 않는다면, 나는 세존을 좇아 범행을 배우지 않으리라.'고 한다면, 그 어리석은 사람은 마침내 그것을 알지 못한 채 그 중간에서 목숨을 마치고 말 것이다.

《중아함경》〈전유경箭喩經〉

"어떤 사람이 무섭고 어려운 곳을 당해 그 어려운 곳을 지나 안온한 곳에 이르려고 하여, 마음대로 돌아다니면서 그 편안한 곳을 구할 때에 그는 매우 깊고 넓은 큰 강을 만났으나 저쪽 언덕으로 건너갈 수 있는 다리나 배가 없었다. 그리고 그가 서 있는 곳은 매우 두렵고 어려운데 저쪽 언덕은 무사태평하였다. 그때에 그 사람은 어떤 방법을 생각하였다. '이 강물은 매우 깊고 넓다. 이제 나무와 풀잎을 주워 모아 뗏목을 만들어 건너가자. 이 뗏목을 의지하면 이쪽 언덕에서 저쪽 언덕으로 갈 수 있을 것이다.' 그는 곧 나무와 풀잎을 모아 뗏목을 만들어 이쪽 언덕에서 저쪽 언덕으로 건너갔다. 그는 저쪽 언덕에 이르러 다시 생각하였다. '이 뗏목은 내게 많은 이익을 주었다. 이 뗏목으로 말미암아 액난에서 벗어날 수 있었고 두려운 곳에서 편안한 곳에 이르게 되었다. 나는 이제 이 뗏목을 버리지 않고 가지고 다니면서 쓰리라.' 어떠한가. 비구들이여, 그 사람은 과연 어디로 그것을 가지고 다니면서 쓸 수 있겠느냐."

비구들은 사뢰었다.

"아닙니다. 세존이시여, 그 사람의 소원은 이미 이루어졌는데 그 뗏목을 다시 어디 쓰겠나이까."

부처님께서 말씀하셨다.

"선한 법도 버려야 하겠거늘 하물며 나쁜 법이겠는가."

그때에 어떤 비구가 사뢰었다.

"어찌하여 '법을 버려야 하겠거늘 하물며 나쁜 법이겠느냐.'고 하시나이까. 저희들은 법으로 말미암아 도를 배우지 않나이까."

《증일아함경》〈역품力品〉

세존께서는 모든 대중들과 함께 심사파 동산으로 가시어 나무 밑에 앉으시었다. 그때에 세존께서는 손에 나뭇잎을 쥐시고 모든 비구들에게 말씀하시었다.

"이 손안의 나뭇잎이 많은가. 저 큰 숲의 나뭇잎이 많은가."

비구들은 부처님께 여쭈었다.

"세존이시여, 손안의 나뭇잎은 매우 적사오며, 저 숲 속의 나뭇잎은 한량이 없어 백천억만 곱이나 되며 내지 세거나 비유로도 견줄 수가 없나이다."

"그와 같이 모든 비구들이여, 내가 바르고 동등한 깨달음을 이루고 스스로 본 법을 남을 위해 말하는 것은 이 손안의 나뭇잎과 같느니라. 무슨 까닭인가. 그 법은 이치로 요익饒益하게 하고, 법으로 요익하게 하며, 범행梵行으로 요익하게 하고, 밝은 지혜로 바르게 깨달아 열반으로 향하기 때문이니라. 저 큰 숲의 나뭇잎과 같이, 내가 바르고 동등한 깨달음을 이루고 스스로 바른 법을 알아도 말하지 않은 것은 또한 저와 같느니라. 무슨 까닭인가. 그 법은 이치로 요익하게 하지 않고, 법으로 요익하게 하지 않고, 범행으로 요익하게 하지 않고, 밝은 지혜로 바르게 깨달아 바로 열반으로 향하지 않기 때문이니라. 그러므로 모든 비구들이여, 네 가지 진리(사성제四聖諦)에 대하여 아직 밝게 알지 못하였으면 마땅히 힘써 방편으로써 왕성한 욕심을 일으켜 밝게 알기를 배워야 하느니라."

부처님께서 이 경을 말씀하시자, 여러 비구들은 부처님 말씀을 듣고 기뻐하며 받들어 행하였다. 《잡아함경》〈신서림경申恕林經〉

혹은 나의 몸을 말하고, 혹은 다른 이의 몸을 말하며, 혹은 나의 몸을 나타내 보이며, 혹은 다른 이의 몸을 나타내 보이며, 혹은 나의 일을 보이고, 혹은 다른 이의 일을 보이지만, 여러 가지로 말한 나의 가르침은 다 진실하여 허망하지 아니하니라.

《법화경》〈여래수량품如來壽量品〉

수부티야, 너는 여래가 마땅히 설한 법이 있다고 생각하리라고 말하지 말라. 왜냐하면, 만일 어떤 이가 여래께서 설하신 법이 있다고 한다면, 그것은 곧 부처를 비방하는 것이며, 내가 말한 뜻을 바로 알지 못한 것이기 때문이다. 수부티야, 법을 설한다는 것은 실상은 설할 법이 없는 것이로되, 다만 이름하여 '설법'이라 하는 것이니라.
《금강경》〈비설소설분非說所說分〉

5. 여래의 본성

붓다는 색신色身으로 이 세상에 출현하였으나, 붓다의 본래 모습은 오는 것도 아니고 가는 것도 아니다. 여래의 본성은 공하여 존재도 비존재도 아니다. 그러므로 《금강경金剛經》에는 만일 여래를 법문이나 32상호相好의 거룩한 몸이나 불상 등의 형상에서 찾는 사람이 있다면 삿된 길을 가는 사람이라고 하였다. 여래의 본성은 법신으로 모든 사람의 마음속에나 우주의 어디에나 편만遍滿해 있다.

'여래는 존재한다.'고 깊은 집착에 사로잡힌 사람이
열반에 드신 여래에 대하여는, '여래는 존재하지 않는다.'고 분별할 것이다.
그러나 여래는 본성이 공하므로, '멸滅 후에 여래는 존재한다.'고 하거나
또는 '존재하지 않는다.'고 생각하는 것은 있을 수 없다.
희론戱論을 초월한 불타를 희론하는 사람은

모두 희론에 의하여 해害를 받아 여래를 볼 수가 없다.
여래의 본성은 곧 〈윤회하는〉 이 세간의 본성이다.
여래는 자성이 없으므로 〈윤회하는〉 이 세간도 자성이 없다.

《중론송》22

수부티야, 만일 어떤 이가 말하기를, 여래가 가거나 오거나 앉거나 눕는다고 한다면, 이는 내가 말한 바를 바로 알지 못하는 것이니라. 무슨 까닭이냐? 여래는 어디로부터 오는 일도 없고 또 어디로 가는 일도 없으므로 '여래'라 이름하느니라.

《금강경》〈위의적정분威儀寂靜分〉

여래의 주처住處란 일체 중생 가운데 대자비심이며, 여래의 의복이란 부드럽고 화평하며 욕정을 인내하는 마음이며, 여래의 자리란 일체법공一切法空의 진리를 말한다. 《법화경》〈법사품法師品〉

6. 붓다의 생애

붓다의 생애는 크게 여덟 가지 모습(팔상八相) 또는 네 가지 모습(사상四相)으로 설명된다. 역사적 붓다의 일생은 (1) 탄생, (2) 출가, (3) 성도와 교화, 그리고 (4) 열반의 사상四相으로 나눌 수 있다. 불전문학에 따라 붓다의 위격位格이나 그 내용이 상이하게 표현된다.

1) 출가 결심

이제 모든 것을 버리고 출가할 것을 결심한 싯다르타는 어느 날 아무런 예고도 없이 부왕父王 앞에 나타났다.

"저는 아무래도 사문沙門의 길을 가야겠습니다. 저에게 출가를 허락해주십시오."

태자 싯다르타가 출가를 결심하다
(사문유관四門遊觀, 송광사松廣寺 영산전靈山殿 팔상탱八相幀, 조선)

이 말을 듣는 순간 왕은 눈앞이 캄캄했다. 그러나 마지막으로 다시 한 번 아들의 뜻을 돌려보려고 했다.

"사랑하는 싯다르타, 무슨 소원이든지 다 들어줄 터이니 제발 출가할 뜻만은 버려다오."

"그러시다면 저에게 한 가지 소원이 있습니다."

"오, 그 소원이란 대체 무엇이냐?"

"이 소원만 이루어주신다면 저는 출가의 뜻을 버리겠습니다."

숫도다나왕의 얼굴에는 밝은 빛이 스쳤다.

"어서 그 소원을 말해 보아라."

왕의 표정과는 달리 싯다르타의 얼굴은 돌처럼 굳어 있었다. 나직하면서도 힘 있는 말이 그의 입에서 나왔다.

"제 소원은 죽음을 뛰어넘는 일입니다. 늙고 죽어가는 고통에서 벗어날 수 있는 방법을 가르쳐주신다면 저는 이 자리에서 출가의 뜻을 버리겠습니다." 《불전》

2) 성도成道

싯다르타는 홀로 숲 속에 들어가 커다란 보리수 아래 단정히 앉았다. 맑게 갠 날씨였다. 앞에는 네란자라강이 잔잔히 흐르고 있었다. 싯다르타의 마음은 날듯이 홀가분했다. 모든 것이 맑고 아름답게 보이기만 했다. 싯다르타는 오랜만에 마음의 환희를 느꼈다. 그는 다시 비장한 맹세를 했다.

마군魔軍의 유혹을 이겨내고 보리수 밑에서 깨우침을 얻다
(수하항마상樹下降魔相, 송광사松廣寺 영산전靈山殿 팔상탱八相幀, 조선)

'이 자리에서 육신이 다 죽어 없어져도 좋다. 우주와 생명의 실상實相을 깨닫기 전에는 결코 이 자리를 떠나지 않으리라.'

싯다르타는 평온하고 가벼운 마음으로 다시 깊은 명상에 잠겼다. 이렇게 해서 이레째 되는 날이었다. 둘레는 신비로운 고요에 싸이고 샛별이 하나둘 뜨기 시작했다. 명상에 잠긴 싯다르타의 마음이 문득 형언할 수 없는 기쁨으로 넘치기 시작했다. 이제는 두려워할 아무것도 없었다. 모든 이치가 그 앞에 밝게 드러났다. 태어나고 죽는 일까지도 환히 깨닫게 되었다. 온갖 집착과 고뇌가 자취도 없이 풀려버렸다. 우주가 곧 나 자신이고 나 스스로가 우주임을 알게 된 것이다.

이때 싯다르타는 환희에 넘쳐 함성이라도 지르고 싶었다. 그의 얼굴에는 일찍이 볼 수 없었던 평화와 자신에 넘치는 밝은 빛이 깃들었다. 그때 네란자라강 저 너머로 먼동이 트기 시작했다. 마침내 싯다르타는 깨달음을 얻게 된 것이다. 그토록 어려운 수도의 길이 끝난 것이다. 드디어 싯다르타는 자신이 '부처'가 되었다고 확고한 신념을 가질 수 있었다. 스물아홉에 싯다르타의 몸으로 카필라의 왕궁을 버리고 출가한 젊은 수도자는 목숨을 걸고 찾아 헤매던 끝에 더 이상 도달할 수 없는 최고의 진리를 깨달은 것이다. 즉 '깨달은 사람'이 된 것이다.

그때 싯다르타의 나이 서른다섯 살이었다. 이제는 그에게서 인간적인 갈등과 번뇌는 깨끗이 사라져버렸다. 이 세상에서 일찍이 그 누구도 경험할 수 없었던 으뜸가는 열반의 경지를 스스로 깨달아 얻은 것이다. 이렇게 해서 인류의 스승 부처님이 나타나신 것이다. 진리를 깨달아 부처님이 된 싯다르타의 마음속에는 새로운 생각이 솟아오르고 있었다. 그가 처음 출가하여 수행한 동기는 우선 자기 자신의 구제에 있었다. 생로병사라는 인간 고뇌의 실상을 보고 그것을 해결하고자 사랑하는 처자와 왕자의 지위도 내던지고 뛰쳐나갔던 것이다. 이제 보리수 아래에서 최상의 깨달음을 얻게 되자 자기 자신의 문제는 해결된 것이다. 그 이상 아무것도 구할 필요가 없었다. 그러나 여기에 새로운 문제가 제기된 것이다. 자기가 깨달은 진리를 세상 사람들에게 널리 전해 해탈의 기쁨을 함께 나누는 일이었다. 많은 사람들이 겪고 있는 고통이 곧 자기 자신의 일처럼 느껴졌다. 이것은 우주의 진리를 밑바닥까지 들여다본 부처님의 자비였다. 그는 이제부터 중생들을 구제하는 길에 나서기로 새로운 뜻을 세웠다. 《불전》

3) 최초의 설법說法

부처님은 맨 먼저 누구에게 설법할 것인가를 생각했다. 아라라와 웃다카가 떠올랐으나 그들은 아깝게도 모두 얼마 전에 세상을 떠나고 말았다. 그 다음으로 떠오른 사람이 네란자라 강가에서 함께 수행하던 다섯 사문들이었다.

부처님은 그들이 고행하고 있을 녹야원鹿野苑으로 발길을 옮겼다. 녹야원이 있는 바라나시까지는 여러 날이 걸리는 먼 길이다. 부처님은 그 길을 혼자서 걸어가셨다. 도중에 다른 교단에 속해 있는 수행자를 만나게 되었다. 그 수행자는 부처님의 얼굴을 유심히 쳐다보면서 말했다.

녹야원에서 최초의 설법을 하시는 붓다
(녹원전법상鹿苑轉法相, 송광사松廣寺 영산전靈山殿 팔상탱八相幀, 조선)

"당신의 얼굴은 잔잔한 호수와 같이 맑습니다. 당신의 스승은 누구이며 어떤 가르침을 받고 있습니까?"

"나는 모든 것을 이겨냈고 이 세상의 진리를 다 알게 되었소. 나는 스스로 깨달았으므로 내 스승은 없소. 또 나와 견줄 사람은 아무도 없소."라고 자신 있게 대답하였다. 녹야원으로 가는 도중 부처님은 하루 한 끼씩 얻어먹으면서 쇠약해진 몸을 다스렸다.

부처님이 녹야원에 이르렀을 때 다섯 사문들은 전과 다름없이 고행을 계속하고 있었다. 간혹 싯다르타의 이야기가 나오면 다들 그의 타락을 비난했다. 그들 가운데 하나가 가까이 걸어오고 있는 부처님을 알아보았다.

"저기 고오타마가 오는군."

고오타마는 싯다르타의 성이다.

"그럴 리가 있나."

다른 사람이 말했다.

"아니, 틀림없는 고오타마야."

"왜 찾아왔을까?"

"자신의 타락을 후회한 모양이지? 고행을 하다가 도중에 그만둔 사람이니까."

"우리는 고오타마가 가까이 오더라도 모른 척하세."

"그래, 타락한 사문에게 우리가 먼저 머리를 숙일 건 없지."

부처님은 천천히 그들이 앉아 있는 곳까지 가셨다. 부처님의 거룩한 모습이 그들 앞에 나타나자 그들은 이상한 힘에 끌려 자신들도 모르게 그만 자리에서 일어나고 말았다. 그리고는 공손히 머리를 숙여 인사를 드렸다. 부처님은 그들을 보고 조용히 말씀하셨다.

"그대들은 내가 와도 일어서서 맞지 않기로 약속까지 했으면서 왜 일어나 인사를 하는가?"

다섯 사문들은 서로 마주보며 놀랐다. 부처님은 그들의 마음을 이미 환히 알고 계셨던 것이다. 그들은 서둘러 부처님이 앉으실 자리를 마련했다.

"고오타마, 멀리서 오시느라고 고단하시겠습니다."

부처님은 엄숙하게 말씀하셨다.

"이제부터는 내 성을 고오타마라고 부르지 말라. 나를 여래如來라고 불러라. 나는 이제 여래가 되었다."

여래란 진리의 세계에 도달한 사람이란 뜻도 되고, 진리의 세계에서 설법하러 온 사람이란 뜻도 된다. 부처님은 다섯 사문들을 향해 최초의 설법을 하셨다.

"수행의 길을 걷고 있는 사문들, 이 세상에는 두 가지 극단으로 치우치는 길이 있다. 사문은 그 어느 쪽에도 치우치지 말아야 한다. 두 가지 치우친 길이란, 하나는 육체의 요구대로 자신을 내맡겨버리는 쾌락의 길이고, 또 하나는 육체를 너무 지나치게 학대하는 고행의 길이다. 사문은 이 두 가지 극단을 버리고 중도中道를 배워야 한다. 여래는 바로 이 중도의 이치를 깨달았다. 여래는 그 길을 깨달음으로써 열반에 도달한 것이다."

이 설법은 부처님 자신의 절실한 체험에서 우러난 말씀이었다.

그 자신도 출가하기 전까지는 카필라의 왕궁에서 지나치게 쾌락을 누렸었다. 그리고 왕궁을 버리고 출가한 뒤에는 극심한 고행으로 육체를 학대했던 것이다. 그러나 두 가지가 다 잘못된 길이라는 것을 스스로 깨달은 것이다. 육체의 쾌락을 따르는 길과 육체를 괴롭히는 고행의 길을 넘어선 곳에서 가장 올바른 길을 찾아낸 것이다. 부처님은 다시 말을 이으셨다.

"사문들, 그렇다면 중도란 무엇인가. 그것은 여덟 가지로 되어 있다. 바른 견해, 바른 생각, 바른말, 바른 행위, 바른 직업, 바른 노력, 바른 기억, 바른 선정이다."

팔정도八正道를 말씀하신 것이다. 부드럽게 차근차근 말씀하시는 부처님의 설법을 듣고 있던 다섯 사문들은 이내 그 길의 이치를 깨닫게 되었다. 그들은 기뻐하면서 부처님께 진심으로 감사의 예배를 드렸다. 그들은 최초의 제자가 되었다. 《불전》

4) 열반涅槃

부처님은 베살리 지방에 흩어져 있는 비구들을 모이게 한 뒤 석 달 후에는 열반에 들겠다고 말씀하셨다. 그날 부처님은 거리에 걸식하러 나갔다가 거리의 여기저기를 돌아보시며 이것이 베살리를 보는 마지막이라고 곁에 있는 아난다에게 말씀하셨다.

부처님은 베살리를 떠나 파바라는 고을에 이르셨다. 여기에서 금세공金細工 춘다가 올리는 공양을 드시고 다시 병을 얻게 되었다. 이때 춘다가 올린 음식은 부처님에게 올린 마지막 공양이 되었다. 이 공양을 마치자, 부처님은 고통을 참으시면서 쿠시나가라로 다시 길을 떠나셨다. 많은 제자들이 걱정에 잠겨 뒤를 따랐다. 이 길이야말로 부처님이 걸으신 최후의 길이 되고 말았다. 쿠시나가라에 도착하자 부처님은 아난다에게 말씀하셨다.

"아난다, 나는 지금 몹시 피곤해 눕고 싶다. 저기 사라수沙羅樹 아래에 가사를 네 겹으로 접어 깔아다오. 나는 오늘 밤 여기에서 열반에 들겠다."

아난다는 부처님께서 열반에 드신다는 말을 듣고 슬퍼서 견딜 수가 없었다. 부처님은 한쪽에 가 울고 있는 아난다를 불렀다.

"아난다, 울지 말아라. 가까운 사람과 언젠가 한 번은 헤어지게 되는 것이 이 세상의 인연이다. 한 번 태어난 것은 반드시 죽게 마련이다. 죽지 않기를 바라는 것은 어리석은 생각이다. 너는 그동안 나를 위해 수고가 많았다. 내가 간 뒤에도 더욱 정진하여 성인의 자리에 오르도록 하여라."

아난다는 슬픔을 참으면서 부처님께서 열반에 드신 다음 그 몸을 어떻게 할 것인지를 물었다. 부처님은 다음과 같이 말씀하셨다.

"너희 출가 수행자는 여래의 장례 같은 것에 상관하지 말아라. 너희는 오로지 진리를 위해 부지런히 정진하여라. 여래의 장례는 신도들이 알아서 치러줄 것이다."

그날 밤에 부처님께서 열반에 드신다는 소식이 전해지자 말라족 사람들은 슬퍼하면서 사라수의 숲으로 모여들었다. 이때 쿠시나가라에 살던 늙은 수행자 수바드라도 그 소식을 듣고 부처님이 돌아가시기 전에 평소의 의문을 풀어야겠다고 허둥지둥 사라수의 숲으로 달려왔다. 그러나 아난다는 "부처님을 번거롭게 해드려서는 안 됩니다. 부처님은 지금 피로해 계십니다." 하고 청을 받아주지 않았다. 부처님은 아난다에게 수바드라를 가까이 오도록 이르시고 이렇게 말씀하셨다.

사라쌍수 아래서 열반에 들다

(쌍림열반상雙林涅槃相, 송광사松廣寺 영산전靈山殿 팔상탱八相幀, 조선)

"진리를 알고자 찾아온 사람을 막지 말아라. 그는 나를 괴롭히기 위해서가 아니라 내 설법을 듣고자 온 것이다. 그는 내 말을 들으면 곧 깨닫게 될 것이다."

부처님은 수바드라를 위해 설법을 들려주셨다. 수바드라는 부처님의 설법을 듣고 그 자리에서 깨달은 바가 있었다. 수바드라는 부처님의 마지막 제자가 된 것이다. 이제 부처님이 열반에 드실 시간이 가까워져온 듯했다. 부처님은 무수히 모여든 제자들을 돌아보시면서 다정한 음성으로 물어보셨다.

"그동안 내가 한 설법의 내용에 대해서 의심나는 점이 있거든 묻도록 하여라. 승단이나 계율에 대해서도 물을 것이 있으면 물어라. 이것이 마지막 기회가 될 것이다."

그러나 그 자리에 모인 제자들은 한 사람도 묻는 이가 없었다. 부처님은 거듭 말씀하셨다.

"어려워 말고 어서들 물어보아라. 다정한 친구끼리 말하듯이 의문이 있으면 내게 물어보아라."

이때 아난다가 말했다.

"지금 이 자리에 모인 수행자들 중에서 부처님의 가르침에 대해서 의문을 지닌 사람이 없습니다."

아난다의 말을 들으시고 부처님은 마지막 가르침을 펴시었다.

"너희들은 저마다 자기 자신을 등불로 삼고 자기를 의지하여라. 진리를 등불 삼고 진리를 의지하여라. 이 밖에 다른 것에 의지해서는 안 된다. 그리고 너희들은 내 가르침을 중심으로 서로 화합하고 공경하여 다투지 말아라. 물과 젖처럼 화합할 것이요, 물 위에 기름처럼 겉돌지 말아라. 함께 내 교법教法을 지키고 함께 배우며 함께 수행하고 부지런히 힘써 도道의 기쁨을 함께 누려라. 나는 몸소 진리를 깨닫고 너희들을 위해 진리를 말하였다. 너희는 이 진리를 지켜 무슨 일에나 진리대로 행동하여라. 이 가르침대로 행동한다면 설사 내게서 멀리 떨어져 있더라도 그는 항상 내 곁에 있는 것과 다름이 없다.

죽음이란 육신의 죽음이라는 것을 잊지 말아라. 육신은 부모에게서 받은 것이므로 늙고 병들어 죽는 것은 어쩔 수 없는 일이다. 여래는 육신이 아니라 깨달음의 지혜다. 육신은 여기에서 죽더라도 깨달음의 지혜는 영원히 진리와 깨달음의 길에 살아 있을 것이다. 내가 간 후에는 내가 말한 가르침이 곧 너희들의 스승이 될 것이다. 모든 것은 덧없다. 게을리하지 말고 부지런히 정진하여라."

이 말씀을 남기고 부처님은 평안히 열반에 드셨다. 《불전》

제10장

공동체

조계사曹溪寺 대웅전大雄殿

불교의 공동체를 상가saṃgha(僧伽)라고 한다. 이것은 화합을 실현하는 단체라는 의미이다. 불법을 수행하는 이들의 공동체는 당연히 평화의 실현체가 되어야 하기 때문이다. 대승불교에서는 보살상가라는 말도 쓰였다. 불교 공동체인 상가의 특징을 큰 바다(대해大海)에 비유하여 '팔미증유법八未曾有法'이라고 한다. 여기에는 다음과 같은 의미가 있다.

(1) 대해가 차츰 깊어지듯 상가에는 단계적인 배움이 있다.
(2) 대해의 물이 해안을 넘지 못하듯이 제자들은 계율을 어기지 않는다.
(3) 대해는 시체를 받아들이지 않고 반드시 해안으로 밀쳐내듯이 상가도 계를 범한 자는 반드시 죄를 묻는다.
(4) 온갖 냇물이 바다로 흘러 들어가면 원래의 이름을 상실하듯이 상가에 들어가는 사람은 계급이나 성명을 버리고 사문석자釋子라고만 불린다.
(5) 대해가 동일하게 짠맛이 나는 것처럼 상가는 동일한 해탈미解脫味이다.
(6) 대해는 온갖 냇물이 흘러가도 증감이 없듯이 상가의 수행승이 아무리 많이 열반에 들더라도 증감이 없다.
(7) 대해에는 갖가지 재보가 간직되어 있는 것처럼 상가에는 미묘한 교법과 계율이 있다.
(8) 대해에는 갖가지 큰 물고기가 살고 있듯이 상가에도 위대한 제자들이 있다.

부처님의 제자들은 가르침을 듣는 자라는 의미에서 성문聲聞(rāvaka)이라고 불렀다. 붓다의 첫 제자는 바라나시의 녹야원에서 귀의한 다섯 비구였다. 최초의 재가 제자는 야사라는 비구의 아버지와 어머니였다. 그들은 출가한 아들을 찾으러 왔다가 귀의하고 삼귀의三歸依와 오계五戒를 받았다. 부처님에게는 통상 1,250명의 제자가 수행하였고, 그 가운데서도 뛰어난 십대 제자가 있었다.

부처님의 제자는 재가중과 출가중이 있다. 남자 신도를 우파사카(우바새優婆塞)라 하고 여자 신도는 우파시카(우바이優婆夷)라 한다. 재가 신자는 삼보에 귀의하고 오계를 받는다. 출가한 남자는 비구比丘라 하고 여성 출가자를 비구니比丘尼라고 한다. 비구는 250계를 받으며, 비구니는 348계를 받아야 한다. 이 네 종류의 불자를 합하여 사부대중四部大衆이라고 한다.

초기 불교 교단의 성격은 기존 인도의 출가 사문沙門의 풍습인 유행遊行 공동체적 성격이 있었다. 그러나 불교 교단은 우기雨期에는 유행을 중지하고 한곳에 모여 안거安居하며 수행하는 특징이 있었다. 이러한 안거 생활은 종교적인 계율과 의식을 제정시키는 계기가 되었다. 출가자의 계율은 강제성이 있으며, 계와 율을 점검하기 위한 포살회布薩會가 정기적으로 있었다. 불교의 공동체는 전통적으로 화합과 평등 정신에 의해, 모든 재산을 공평하게 관리하고 보시된 물건은 평등하게 분배하면서 수행하였다.

1. 불법 안에서의 평등

불교는 평등의 종교이다. 본래 모든 존재는 다 부처이고 불성의 존재이다. 특히 불법 안에 귀의한 모든 사람을 부처님은 출신 신분을 따지지 않고 평등하게 대하시었다. 마치 여러 강물이 바다로 흘러 들어가면 하나의 바닷물이 되듯이 상가에 들어가는 사람은 계급이나 성별을 버리고 단지 부처님의 제자라는 의미에서 석자釋子라고만 불린다.

붓다의 가르침은 평등이다.
바닷물이 하나의 맛이듯이
여러 강물이 바다에 흘러 들어가면 하나의 맛이 되듯이
부처님의 교단에 들어오는 사람은 모두 평등하다.

세상에서 쓰는 성이나 이름이나 또는 족속이란 무엇인가?
그들은 다만 세속의 관습에 불과한 것이며
사람이 생을 받을 때마다 임시로 붙여지는 것일 뿐이니라.

《숫타니 파타》 648

"너는 광동廣東 사람이요 또한 오랑캐인데, 어찌 부처가 되기를 기대하는가?" 하고 오조五祖가 물었다.

혜능慧能이 대답하였다.

"비록 사람에게는 북방 사람과 남방 사람이 있을지라도, 북쪽이나 남쪽이 그들의 불성에 어떤 차별을 만들 수는 없습니다. 사람의 외양을 놓고 본다면 분명 화상和尙의 당당함과 야만인의 조야粗野함에 차이가 있겠지만, 화상과 나의 불성에는 아무런 차이도 없습니다."

《육조단경》〈행유품行由品〉

혜능慧能(《삼재도회三才圖會》)

네 가지 종족이나 계급은 그 사람의 혈통이나 신분으로써 차별되는 것이 아니다. 우리는 모두가 똑같은 사람이다. 누구든지 번뇌가 없어지고 청정한 계행이 성취되어 생사의 무거운 짐을 벗어버리고 완전한 지혜를 얻어 해탈의 도를 이루었다면, 그 사람이야말로 사성四姓 중에서 가장 뛰어난 사람이라고 할 수 있을 것이다. 왜냐하면 진리만이 이 세상에서 가장 높은 것이기 때문이다.

그 태생이 다르고 이름이 다르고 성이 다르고 가계가 다르더라도 너희가 출가하여 집을 버린 수행자가 되었을 때 저 바라문들이 "너희는 무엇이냐?"고 묻거든, "우리는 샤캬족의 자손이다. 샤캬무니의 진정한 아들이다. 우리는 그의 입에서 나왔으며 법에서 났으며 법의 상속자이다."라고 대답하여라. 너희는 여래를 의지하여 새로 얻어 성취된 청정한 계행의 몸이요, 선정의 몸이요, 지혜의 몸이요, 해탈의 몸이요, 해탈지견解脫知見[29]의 몸이기 때문이다.

《장아함경長阿含經》〈소연경小緣經〉

사리풋타가 말했다.

"천녀天女여, 그대는 어찌하여 본래 부정하고 불법을 받기에 부적절한 여인의 몸을 바꾸지 않았습니까?"

천녀가 말했다.

"내가 12년 동안 나의 여인상을 구하였으되, 끝내 얻지 못하였습니다. 거룩한 사리풋타여, 만일 어떤 환술사가 환술로 환녀를 화

---

29) 해탈지견解脫知見 : 해탈에 의해 얻은 자유자재한 몸을 뜻한다.

작化作한다면, 그대는 또한 그 환녀에게 '그대는 어찌하여 여인의 몸을 바꾸지 않는가.' 하고 물을 것입니까?"

사리풋타가 말했다.

"아닙니다! 그와 같은 환녀는 기실 고정된 모습이 없으며 존재하는 것이 아니니, 마땅히 어떻게 바꾸겠습니까?"

"거룩한 사리풋타여, 일체만유도 이와 같아서 기실 고정된 모습이 없으며 존재하는 것이 아닙니다. 그런데 환력으로 생겨난 여인에게 지금 '그대는 어찌하여 자신의 여인상을 바꾸지 않는가.' 하고 물으시렵니까?"

그런 즉시 천녀가 자신의 신통력으로 장자 사리풋타를 변하게 하여 천녀의 모습이 되게 하고, 천녀는 스스로 몸을 변하여 사리풋타의 모습이 되었다. 이런 후에 사리풋타로 화한 천녀가 천녀로 화한 사리풋타에게 물었다.

"거룩한 사리풋타여, 그대는 어찌하여 여인의 몸을 바꾸지 않습니까?"

천녀로 화한 사리풋타가 답하였다.

"나는 이제 더 이상 남자의 형상이 아니요 여인의 몸으로 바꾸어졌으니, 무엇을 어떻게 바꾸어야 할지 도무지 모르겠습니다."

천녀가 계속하여 말했다.

"만일 사리풋타께서 능히 여인의 몸을 바꾼다면, 모든 여인들도 여인의 몸을 바꿀 수 있어야 할 것입니다. 사리풋타께서 여인이 아닌데 여인의 몸으로 화한 바와 마찬가지로, 모든 여인들이 여인의 몸으로 나타남 또한 이와 같습니다. 따라서 비록 그들이 여인의 몸으로 났지만 기실 여인이 아닙니다. 이런 까닭에 부처께서 말씀하시기를, '일체만유 가운데 여인도 없고 남자도 없다.' 하였습니다."

《유마경》〈관중생품觀衆生品〉

비구니 소마가 탁발을 마치고 돌아와 식사 후에 정오의 휴식을 구하여 어두컴컴한 숲 속 깊은 곳 어느 나무 아래 앉았다. 그때 마왕 마라는 소마에게 겁을 주어 두려움에 떨게 하자 마침내 그녀가 선정禪定을 그만두게 하고 싶은 욕망이 일어났다. 이에 그녀에게 다가가 게송을 읊어 말하였다.

현자들이나 얻을 아라한과阿羅漢果는
실로 얻기가 어렵도다.
이 세상 그 어느 여인도
자신의 두 손가락 지혜로써
이를 얻으려 하지 않으리.

그때 게송을 들은 소마가 생각에 잠겼다.

"이게 누군가, 사람인가 아닌가, 도대체 저 게송을 읊는 자가 누군가? 게송을 읊은 자는 마왕 마라임에 분명하다. 나에게 두려움이 일어나게 하고 공포에 떨게 하여……"

여인 수행자가 게송으로 답하였다.

의식이 명경明鏡처럼 맑아 흔들림이 없고,
언제나 마음속에 지혜가 흘러넘쳐
여인이 법을 옳게 보아
직관으로 꿰뚫을 때
여성 남성이 무슨 의미 있겠는가?
미혹된 의문이 일어난 이에게
나는 여인인가 혹은 남자인가
아니면 나는 아무것도 아닌가?
그와 같은 이에게 마라가 말할 만하도다.

그때 마왕 마라는 속으로 놀라기를, "저 비구니 소마가 나를 알아채고 말았도다!" 하고는 아쉬움과 비탄에 젖어 사라져갔다.

《상응부경전》 1. 128

2. 화합의 공동체

상가는 불법에 귀의한 출가자 등의 공동체를 말한다. 상가는 본래 화합의 공동체라는 의미를 지니고 있다. 불교 공동체는 출가자와 재가자로 구분되며, 출가자는 비구와 비구니, 재가자는 우바새(남자 신도)와 우바이(여자 신도)로 부르며 이들을 모두 합하여 사부대중四部大衆이라고 한다. 불교 공동체에 속한 불자는 육화六和의 법을 지켜야 한다. 그것은 첫째, 계율을 같이 지키라. 둘째, 의견을 같이 맞추라. 셋째, 같이 수행을 닦아라. 넷째, 남에게 자비로운 행을 하라. 다섯째, 항상 서로 자비롭게 말하라. 여섯째, 남의 뜻을 존중하라 등의 계율이다.

깨달은 이의 탄생에 축복이 있으라.
진리의 설법에 축복이 있으라.
교단의 화합과 그 화합 속에 살고 있는
출가자들의 고행에도 축복이 있으라. 《법구경》194

여기 기억하고 사랑하고 존중해야 할 여섯 가지 화합하는 법이 있다. 이 법에 의지하여 화합하고 다투는 일이 없도록 하여라. 첫째, 같은 계율을 같이 지키라. 둘째, 의견을 같이 맞추라. 셋째, 받은 공양을 똑같이 수용하라. 넷째, 한 장소에 같이 모여 살아라. 다섯째, 항상 서로 자비롭게 말하라. 여섯째, 남의 뜻을 존중하라.

《사분율四分律》43

깨달은 이와 그의 제자들과
또는 마군魔軍을 정복하고
슬픔의 강을 건너간 사람을
존경하는 이의 공덕은 한량없다.

해탈을 발견했고
공포로부터 벗어난 사람을
존경하는 이는
그 공덕이 한량없으리라. 《법구경》195-196

부처님께서 열반에 드신 지 얼마 되지 않아 마가다국의 대신인 고파카 목갈라나가 아난존자에게 물었다.

"존자 아난이여, 세존께서 '이 사람은 내가 열반에 든 후에 너희들이 의지할 곳이다.'라고 임명한 사람이 있나이까?"

"세존으로부터 그러한 임명을 받은 사람은 없소이다."

"그렇다면 상가에 의하여 합의되었거나 장로들에 의해서 지명된 사람이라도 있나이까?"

"그런 것도 없소이다."

"아무런 의지할 곳이 없으면서 당신들은 어떻게 하나로 화합할 수 있습니까?"

"그대 대신이여, 우리들에게 의지할 곳이 없는 것은 아닙니다. 우리들은 의지할 곳을 가지고 있습니다. 법이 바로 우리들이 의지할 곳입니다." 《중부경전》3.60

비구들이여! 이 세상에 있어서는 아니될 한 가지 일이 있으니, 이 일은 많은 중생들에게 손실과 불안을 가져오며……하늘의 천신들과 인간 세상에 두루 살아가는 인류에게 불행을 가져온다. 그

한 가지 일이란 무엇인가? 승단의 분열이다. 비구들이여! 승단이 불화하여 분열할 때 서로 논쟁이 일어난다. 서로 매도하고 비방하며 배신하고 배척하게 된다. 그러므로 아직 확고한 믿음이 서지 못한 자들은 믿음의 기쁨을 알지 못하게 되며, 이미 믿음을 얻은 자들도 마음속에 변화가 일어난다. 《이티붓타카》11

부처님은 카샤파에게 말씀하셨다.

흔히 사문沙門 사문 하는데 어떤 것이 진정한 사문인가. 사문에는 다음 네 종류가 있다. 겉모양만의 사문, 겉으로만 얌전한 체하는 것으로써 남을 속이는 사문, 명예와 명성과 칭찬을 구하는 사문, 진실하게 수행하는 사문 등이다.

첫째, 겉모양만의 사문이란 어떤 것인가. 어떤 사문은 겉으로 보기에 사문다운 모양을 갖추고 있다. 그는 가사를 입고 머리를 깎고 바리때를 가지고 있다. 그러나 정작 행동과 말씨와 생각은 깨끗하지 못하다. 수행도 하지 않고 해탈을 얻지도 못한다. 조용하지도 못하고 교법을 지키지도 않는다. 탐욕스럽고 게으르고 파계하며 항상 죄를 짓고 있다. 이것이 겉모양만의 사문이다.

둘째, 겉으로만 얌전한 체함으로써 남을 속이는 사문이란 어떤 것인가. 어떤 사문은 예의범절이 깍듯하여, 다니고 머물고 앉고 누움에 탓할 게 없고, 음식과 의복과 거처가 지극히 검소하며, 세속에 있는 신도나 다른 수행자와 잘 섞이지 않고 말수도 적다. 그러나 이 사문의 그와 같은 처신은 시주施主를 속여 자기를 훌륭한 사문으로 보이려고 하는 조작된 행동에 불과하다. 마음을 맑게 하기 위해서도 아니고 평안을 얻기 위해서도 아니며 수행을 위해서도 아니다. 그는 다만 겉으로만 훌륭한 사문으로 보여 공양을 많이 받으려는 생각에 사로잡힌 것이다. 공空에 대한 교법을 들으면 깊은 구렁에 떨어지는 것같이 생각하고 공을 말한 비구들을 믿으려 하지 않는다. 이것이 겉으로만 얌전한 체함으로써 남을 속이는 사문이다.

셋째, 명예와 명성과 칭찬을 구하는 사문이란 어떤 것인가. 어떤 사문은 자기가 계율을 지키고 있는 것을 어떻게 남에게 알릴까 생각하며 계율을 지킨다. 어떻게 하면 남들이 자기를 뛰어난 학자라고 알아줄까 생각하며 교법을 듣고 배운다. 어떻게 하면 남들이 자기를 산중의 도인이라고 알아줄까 생각하며 산중에서 수행한다. 이것은 남에게 보이기 위해서이지, 세상을 이롭게 하기 위해서도 아니고 욕정을 떠나기 위해서도 아니며, 평안을 위해서도 아니고 깨달음을 위해서도 아니다. 진실한 사문이 되기 위해서도 아니고 진실한 바라문이 되기 위해서도 아니며 열반의 실현을 위해서도 아니다. 이것이 명예와 명성과 칭찬을 구하는 사문이다.

넷째, 진실하게 수행하는 사문이란 어떤 것인가. 그는 몸에 대해서도 생명에 대해서도 바라는 것이 없는데, 하물며 이익이나 존경이나 명예에 대해서이겠는가. 공空·무상無相·무원無願의 법을 듣고 기뻐하며 진실한 모습을 이해한다. 열반조차도 바라지 않으면서 청렴한 수행자의 생활을 한다. 삼계에 속한 기쁨에는 아예 아랑곳하지 않는다. 진리를 귀의처로 삼고 사람을 귀의처로 삼지 않는다. 번뇌로부터의 해탈을 안으로 구하고 밖으로 찾아 헤매는 일이 없다. 모든 존재는 그 본성이 청정하여 더럽히지 않는 것을 본다. 미혹의 바다 가운데서 자기 자신을 의지할 섬으로 삼고 타인을 섬으로 삼지 않는다. 법은 애욕을 떠난 것이라고 하는 진리에도 집착하지 않는데, 법을 말로 나타낸 것에 집착하겠는가. 무엇인가 잘못된 법을 끊어버리기 위해 수행하는 것도 아니고, 도를 배우기 위해서나 깨닫기 위해서도 아니다. 윤회의 길에서 살기 때문에 그런 것도 아니고 열반의 세계를 유달리 기뻐해서도 아니다. 해탈을 구해서도 아니고 이 세상의 속박을 구해서도 아니다. 모든 존재의 본성이 열반 상태에 있는 것임을 알아, 윤회에 유전하는 것도 아니고 그렇다고 열반에 안주하는 것도 아니다. 이것이 진실하게 수행하는 사문이다. 진실한 수행에 의해서만 사문의 덕행이 갖추어지는 것이지, 이름만의 수행에 의해서는 그리 될 수 없다.

《보적경寶積經》〈가섭품迦葉品〉

부처인 내가 말한 것을 따르는 자는 진실한 나의 제자이다.
부처인 내가 말한 것을 따르지 않는 자는 마군의 권속이다.
부처의 경과 율을 따르는 이는 대보살임을 알아라.

《대반열반경》〈사정품邪正品〉

스스로 자기 자신을 수행하고
법을 널리 전파하는 이들은

바로 부처의 아들이다. 《증일아함경》〈마혈천자품馬血天子品〉

데바닷타야, 승단에 분열을 조장하지 말라. 승단의 분열은 실로 엄중히 다스려져야 함이 분명하다. 화목한 승단을 고의로 갈라놓는 자는 영겁으로 지옥불에 던져지는 고통을 받으리라. 그러나 분열된 승단의 화합을 도모하는 자는 영겁으로 천계에서 다함없는 행복을 누리게 되리라. 《비나야 피타카》2. 184-198

내 제자는 마법이나 주술을 행하지 않으며
해몽이나 관상 또는 점을 즐거워하지도 않는다.

《숫타니 파타》927

출가한 사람으로서 법을 펼 때 남에게 존경받겠다는 생각을 내서는 안 된다. 남을 도울 줄 모르고 법에 의지하여 먹고 살려 하는 자는 '법을 먹는 아귀'와 같은 자다. 또 너희가 전하는 법을 듣고 사람들은 기뻐할 것이다. 그럴 때 너희들은 교만해지기 쉽다. 사람들이 법을 듣고 기뻐하는 것을 보고 자기의 공덕처럼 생각하면 그는 벌써 법을 먹고 사는 아귀가 되어버린 것이다. 그러므로 법을 갉아먹고 사는 아귀가 되지 않도록 항상 겸손해야 한다. 《불전》

어떤 비구가 스스로 제 손에 칼을 들고 남의 목숨을 끊거나, 남의 손에 칼을 쥐어 주고 죽음을 찬탄贊嘆하거나 죽음을 권하여 "딱

한 사람아, 이렇게 고통스럽고 악하게 사는 것보다는 차라리 스스로 목숨을 끊는 편이 낫겠다." 하거나, 이러한 생각으로 온갖 방편을 도모하여 남의 죽음을 부추기거나 조장하면, 이 비구는 승단에서 추방되어 마땅하다. 《비나야 피타카》

너희들은 다른 비구의 허물을 가지고 그를 미워한 끝에 쫓아내서는 안 된다. 오랫동안 수행하여 교리와 계율에 밝고 도에 대한 마음이 견고한 비구일 경우에는 더욱 그렇다. 너희들의 할 일이라고 해서 비구를 쫓아내야 한다고 생각하는 것은 잘못이다.

《사분율》43

"바닷속에서 여덟 가지 처음 보는 법이 있으므로, 저희들은 거기서 즐깁니다. 첫째, 큰 바다는 매우 깊고 넓습니다. 둘째, 바다에는 신비로운 덕이 있는데 네 개의 큰 강이 각각 오백의 작은 강을 합쳐서 바다로 들어가면 그것들은 본래의 이름을 잃어버립니다. 셋째, 바다는 모두 똑같은 한 맛[一味]입니다. 넷째, 드나드는 조수가 때를 어기지 않습니다. 다섯째, 여러 중생들이 그 속에서 삽니다. 여섯째, 바다는 어떠한 것을 받아들일지라도 비좁아지지 않습니다. 일곱째, 바다에는 진주와 같은 여러 가지 진귀한 보석이 있습니다. 여덟째, 바다에는 금모래가 있고 네 가지 보배로 된 수미산須彌山이 있습니다. 여래의 법에는 어떤 것이 있기에 비구들이 그 안에서 즐깁니까?"

"내게도 여덟 가지 처음 보는 법이 있어 비구들이 그 안에서 즐기고 있다. 첫째, 내 법 안에는 계율이 갖추어져 있어 방일放逸한 행이 없다. 그것은 저 바다처럼 매우 깊고 넓다. 둘째, 세상에는 네 가지 계급이 있지만 내 법 안에서 도를 배운다면 그들은 그 네 가지 계급을 떠나 한결같이 사문이라 불리운다. 마치 네 개의 강이 바다에 들어가면 한 맛이 되어 그전의 이름이 없어지는 것과 같다. 셋째, 정해진 계율에 따라 차례를 어기지 않는다. 넷째, 내 법은 결국 똑같은 한 맛이니 팔정도八正道가 그것이다. 다섯째, 내 법은 갖가지 미묘한 법으로 가득 차 있다. 바다에 여러 중생들이 사는 것처럼 비구들은 그것을 보고 그 안에서 즐긴다. 여섯째, 바다에 온갖 보배가 있듯이 내 법에도 온갖 보배가 있다. 일곱째, 내 법 안에는 온갖 중생들이 집을 떠나 머리를 깎고 법복을 입고 도를 닦아 열반에 든다. 그러나 내 법에는 더하고 덜함이 없다. 바다에 여러 강이 들어와도 더하고 덜함이 없는 것과 같다. 여덟째, 큰 바다 밑에 금모래가 깔려 있듯이 내 법에는 헤아릴 수 없는 갖가지 삼매三昧가 있다. 비구들은 그것을 알고 즐기는 것이다." 《증일아함경》〈팔난품八難品〉

3. 교단의 성립

불교의 교단은 부처님이 바라나시에서 교진여憍陳如 등 다섯 비구에게 최초로 설법을 한 후 그들을 제자로 받아들인 때부터 시작된다. 그 후 재가 제자들의 귀의로 불佛·법法·승僧 삼보三寶와 이를 받드는 불교 교단이 성립되었다. 당시 인도의 최대 강국이었던 마가다국의 빈비사라왕은 수도 왕사성王舍城의 교외에 죽림정사竹林精舍를 기증하였다. 초기에 귀의한 재가 신자는 왕족, 상인, 수공업자 등 도시인들이 많았다.

부처님이 라자가하에서 오셔서 설법을 시작한 지 얼마 안 되었을 때의 일이다. 라자가하 시민들은 불안을 느끼기 시작했다. 이러다가는 유능한 젊은이들이 모두 출가해버리지 않을까 하는 걱정에서였다. 아들이 출가한 집에서는 부모들이 '부처님이 우리 아들을 빼앗아갔다.' 하고 한숨지었고, 아내들은 '부처님에게 남편을 빼앗겼다.'고 원망했다. 게다가 산자야 종파의 제자였던 사리풋타(사리불舍利弗)와 목갈라나(목련目連) 같은 유명한 수행자가 250명의 제자를 거느리고 부처님께 귀의해버렸다. 어떤 사람은 부처님의 제자를 보고 비꼬았다.

"마가다의 서울 라자가하에 한 위대한 사문이 나타났다. 앞서는 산자야의 제자들을 유혹하더니 이번에는 또 누구를 유혹하려는가?"

한 제자로부터 이 말을 전해 들은 부처님은 이렇게 말씀하셨다.

"이 같은 비난의 소리는 오래가지 못할 것이다. 또 비난하는 사람이 있으면 이렇게 대답해주어라. 여래는 법에 의하여 사람을 인도할 따름이다. 바른 법에 귀의하는 것을 시기하는 자는 누구인가.

바른 법을 시기하는 자는 모두가 바르지 못한 자들이다." 《불전》

카필라의 숫도다나왕은 싯다르타가 마가다의 서울에서 위대한 부처님으로 존경받고 있다는 소식을 듣고 매우 기뻐했다. 싯다르타가 도를 이루어 부처님이 되었다는 소식은 숫도다나왕도 벌써부터 들어서 알고 있었다. 숫도다나왕은 하루라도 빨리 아들의 모습을 보고 싶었다. 그러나 부처님은 라자가하까지 와 계시면서도 고향인 카필라에는 아직도 가려 하지 않으셨다. 숫도다나왕은 기다리다 못해 여러 번 사신을 보내어 자신의 뜻을 부처님께 알렸다. 그런데 그때마다 찾아간 사신들은 부처님의 설법을 듣고 그 자리에서 머리를 깎고 출가해버리고 말았다. 한번 출가해버린 그들은 수행에만 힘쓸 뿐 왕의 사신으로서의 임무는 까맣게 잊어버리고 있었다.

그래서 왕은 이번에는 가장 신임하는 우다인 대신을 특사로 보내게 되었다. 왕의 심정을 잘 알고 있는 우다인은 다음과 같이 맹세하고 길을 떠났다.

"제가 부처님을 만나 혹시 출가하게 되더라도 대왕의 간절하신 뜻은 꼭 전하여 모시고 오겠습니다."

우다인도 부처님의 설법을 듣고는 곧 출가하였다. 그러나 그는 왕에게 맹세한 일만은 잊지 않았다. 몇 달을 두고 기회를 살피던 우다인은 부처님 곁에 사람이 없는 틈을 타서 이렇게 말했다.

"부처님, 지금 카필라에서는 숫도다나왕과 샤카족들이 부처님이 오시기만을 고대하고 있습니다. 그들은 부처님의 가르침을 받고자 오래 전부터 기다리고 있습니다. 곧 카필라로 가시는 것이 어떻겠습니까?"

부처님은 의외로 선뜻 동의하셨다.

"나도 벌써부터 그런 생각을 가지고 있었다. 이제 그때가 되었나 보다. 그럼 떠날 준비를 하여라."

우다인은 너무나 기뻐서 먼저 카필라로 떠났다. 카필라에서는 왕을 비롯하여 온 나라 안이 부처님을 맞을 준비에 바빴다. 다들 옛날의 싯다르타를 보고 싶었던 것이다. 어느덧 정든 카필라를 떠난 지 열두 해가 되었다. 부처님의 나이도 이제는 마흔이 넘었다. 부처님은 제자들을 데리고 라자가하를 떠난 지 두 달 만에 카필라에 이르렀다.

그러나 카필라에 도착한 부처님은 궁전에 들지 않고 출가 사문의 습관에 따라 이 집 저 집 밥을 빌며 다녔다.

왕은 부처님에게 "가문을 욕되게 하는 일을 그만두고 어서 들어와 궁전에 머물도록 하오." 하고 권했다. 왕의 머릿속에는 아직도 옛날의 싯다르타가 뚜렷이 남아 있기 때문이었다. 그러나 부처님은 이렇게 대답하셨다.

"이것은 출가 사문이 옛날부터 지켜온 법도입니다."

부처님은 궁중에서 설법하시기 전에 이모와 야쇼다라 그리고 라훌라와도 만났다. 열두 해 만에 친족들과 대하는 감회가 새로웠다. 마음 착한 여인들은 그저 눈물만 흘리고 있을 뿐이었다. 부처님은 부왕과 그들을 위해 설법하셨다. 설법을 듣고 난 그들은 출가 사문의 길을 이해하게 되었고 한편으로는 자랑스럽게 생각하였다. 부처님이 카필라에 오신 지 며칠 안 되어 샤캬족 출신의 청년들은 앞을 다투어 부처님의 제자가 되었다. 카필라는 또 한 번 뒤집히게 되었다. 옛날 숫도다나왕과 야쇼다라 싯다르타비가 겪었던 쓰라린 아픔을 겪어야 하는 부모와 아내들이 뒤를 이어 나타났기 때문이다. 《불전》

우루벨라 마을에는 카샤파라는 성을 가진 바라문 3형제가 살고 있었다. 당시 그들의 영향력은 대단하여 맏형은 500명, 둘째는 300명, 셋째는 200명의 제자들을 각각 거느리고 있었다. 그러므로 그들의 명망은 매우 높았다. 그들은 불의 신 아그니를 섬기고 있으므로 불을 무엇보다도 신성한 것으로 믿었다. 그러나 그 바라문 3형제도 한 번 부처님을 만나 뵙고 말씀을 듣더니 지금껏 그들이 섬겨오던 불의 신을 버리고 당장 부처님의 제자가 되었다. 3형제와 함께 그들을 스승으로 받들던 천 명의 제자들까지 부처님에게 귀의했다. 이렇게 되자 마가다국에서 가장 큰 교단이 그대로 부처님의 교단이 된 셈이다.

이제 부처님은 천 명이 넘는 제자를 거느리고 라자가하로 가시게 되었다. 라자가하는 예전에 부처님이 카필라를 떠나 출가의 길에 올랐을 때 들른 적이 있던 곳이고, 또 자신의 성도成道를 기다리는 빔비사라왕이 있는 곳이다. 라자가하로 가는 도중 일행은 산을 넘게 되었다. 산 위에 올라섰을 때 부처님은 천 명의 제자들을 향해 설법을 하셨다.

"보라, 모든 것은 지금 이글이글 타오르고 있다. 눈이 타고 있다. 눈에 비치는 형상이 타고 있다. 그 형상을 인식하는 생각도 타고 있다. 눈으로 보아서 생기는 즐거움도 괴로움도 모두 타고 있다. 그러면 그것은 무엇으로 인해 타고 있는가. 탐욕의 불, 노여움의 불, 어리석음의 불로 인해 타고 있는 것이다. 수행자들, 이것을 바로 보는 사람은 모든 것에 대한 애착이 없어지리라. 애착이 없어지면 그는 영원한 안락을 누릴 것이다."

이 설법은 제자들에게 새로운 눈을 뜨게 했다. 지금까지 불을 섬겨오던 그들에게 주는 감명은 말할 수 없이 컸다. 그들은 지금까지 타는 불은 섬겨왔지만 인간의 마음속에서 타고 있는 탐욕과 노여움의 불은 모르고 지내왔던 것이다. 이 자리에서 카샤파 형제와 천 명의 제자들은 크게 깨달은 바가 있었다.

부처님과 그 일행이 라자가하로 오신다는 소문은 빔비사라왕에게까지 알려졌다. 왕은 곧 신하들을 데리고 부처님을 영접하려고 성 밖으로 나갔다. 부처님의 모습을 보자 왕은 부처님 발 앞에 엎드려 절했다. 부처님은 빔비사라왕과 다시 만나게 된 인연에 감회가 깊었다. 왕과 신하들은 어떻게 하는 것이 나라를 잘 다스리는 길인가를 말씀하셨다. 부처님의 설법을 듣고 난 빔비사라왕은 갑자기 자기 눈이 열리는 듯한 감동을 받았다. 왕은 그 자리에서 자기의 심정을 이렇게 고백했다.

"내가 아직 태자로 있을 때 나에게는 다섯 가지 소원이 있었습니다. 첫째는 왕위에 오르는 것, 둘째는 나의 영토에 부처님이 나타나주셨으면 하는 일, 셋째는 내가 그 부처님을 섬기는 일, 넷째는 부처님께서 내게 설법해주실 것, 다섯째는 부처님의 설법을 듣고 깨달을 수 있었으면 하는 것들이었습니다. 오늘 부처님께서 이 나라에 오셨으니 이제는 그 다섯 가지 소원이 모두 이루어졌습니다. 나는 오늘부터 부처님께 귀의하겠습니다."

이때부터 빔비사라왕은 한평생 부처님을 섬기는 독실한 신도가 되었다. 그리고 라자가하성 밖에 있는 대숲을 부처님과 그의 교단에 바쳤다.

그러던 어느 날 라자가하의 한 부자가 대숲에 계시는 부처님을 찾아왔다. 그는 부처님의 설법을 들은 다음 이곳에 집을 지어 드리겠다고 자청했다. 이때까지 부처님의 교단은 비와 햇볕을 피할 만한 집이 없었기 때문에 더러는 곤란을 느낄 때가 있었다. 부처님은 화려하게 꾸미지만 않는다면 집을 지어도 좋다고 허락하셨다. 이렇게 하여 지은 것이 죽림정사竹林精舍이고, 이 집은 부처님의 교단이 가지게 된 최초의 절이기도 하다. 《불전》

숫도다나왕이 늙어 병석에 눕게 되었다. 사랑하던 싯다르타는 부왕의 기대를 저버리고 출가하여 위대한 성자가 되었고, 작은 아들 난다도 역시 싯다르타의 뒤를 따랐다. 그리고 손자 라훌라마저 출가하였으므로 늙은 왕의 마음은 쓸쓸하기 비길 데 없었다. 부처님을 낳았다는 영광을 느끼고 있으면서도 손자마저 떠나버린 뒤부터는 마음이 텅 비어 외로움을 느끼지 않을 수 없었다. 숫도다나왕이 병석에 누웠다는 소식을 전해 들은 부처님은 곧 라자가하를 떠나 카필라로 가셨다. 왕의 임종이 가까웠음을 알았기 때문이다. 병석에 나타난 부처님을 보았을 때 왕은 마지막 설법을 청하였다. 부처님은 왕의 손을 잡고 이렇게 말씀하셨다.

"모든 근심을 푸시고 아무 일도 걱정하지 마십시오. 그리고 제가 지금까지 말씀한 법을 생각하시면서 마음을 평안히 가지십시오."

왕이 누워 있는 병석에는 부처님을 비롯하여 난다, 라훌라, 아난다와 같은 친족의 사문들이 모여 있었다. 늙은 임금은 이 같은 환경에서 옛날의 싯다르타이고 지금의 성자인 부처님의 손을 꼭 쥔 채 마지막 설법을 듣고 조용히 숨을 거두었다.

왕이 돌아가신 지 얼마 안 되었을 때의 일이다. 그 무렵 부처님은 아직 카필라성 밖에 있는 니그로다 정사에 머무르고 계셨다. 하루는 아무 예고도 없이 자기를 알뜰히 키워주던 마하파자파티 왕비가 정사에 찾아왔다. 부처님께 공손히 예배한 다음 왕비는 옛날의 아들에게 간곡한 부탁을 하는 것이었다.

"이제는 나도 출가하여 부처님의 곁에서 수행의 길을 걷겠소. 제발 나 같은 여성들도 출가할 수 있는 길을 열어주시오."

그러나 자기를 키워준 이모의 간절한 소원이건만 부처님은 잘라서 거절하였다. 이런 일이 있은 뒤 부처님은 카필라를 떠나 베살리로 옮겨가셨다. 그때 베살리 교외에 있는 마하바나 정사에서 대중들은 부처님이 오시기를 기다리고 있었다. 부처님께 세 번씩이나 출가를 간청했다가 세 번 다 거절당했지만 마하파자파티는 한 번 결심한 뜻을 굽히지 않았다. 왕비는 며칠 뒤 스스로 머리를 깎은 다음 비단옷 대신 누더기를 걸치고 맨발로 부처님이 가신 길을 따라나섰다. 출가 사문의 모습을 하고 베살리로 향하는 왕비를 보고 많은 여인들도 그 뒤를 따랐다. 여인들의 발은 돌부리에 채어 피가 흘렀다. 마하파자파티와 그 일행은 부처님이 계시는 곳까지 걸어왔다. 그리고 다시 여성의 출가를 애원했다.

마하바나 정사 밖에서 여성들이 웅성거리며 애원하는 소리를 듣고 문을 연 사람은 부처님을 시봉하고 있던 아난다였다. 아난다의 얼굴을 본 마하파자파티는 자기들이 여기까지 찾아온 뜻을 말하면서 여성의 출가를 부처님께서 허락해주시도록 해달라고 당부했다. 아난다는 곧 부처님께 알려드렸다.

"지금 밖에 카필라에서 맨발로 걸어온 마하파자파티 일행이 여성의 출가를 애원하며 서 있습니다."

그러나 부처님의 대답은 전과 마찬가지였다. 그러자 아난다는 마하파자파티 왕비가 어린 싯다르타를 키우느라 애썼던 과거를 회상시키면서 다시 여성의 출가를 간청했다. 그래도 부처님의 대답은 한결같았다. 세 번이나 거절당했을 때 아난다는 부처님께 이렇게 여쭈었다.

"부처님, 만일 여성일지라도 출가하여 부처님의 가르침대로 수행에 힘쓴다면 남자만큼 수행의 성과聖果를 얻을 수 있겠습니까?"

부처님은 침묵을 깨뜨리고 말씀하셨다.

"그렇다, 여인도 이 법에 귀의하여 지성으로 수행하면 성과를 얻을 수 있다."

이 대답에 용기를 얻은 아난다는 다시 한번 마하파자파티의 은혜를 들면서 여성의 출가를 허락해줄 것을 간청했다. 부처님은 말씀하셨다.

"출가한 사문은 청정한 계율을 닦고 세속의 애착을 떠나야 한다. 그런데 여인은 세속의 애착이 강하므로 도에 들어가기 어렵다. 그리고 여인이 출가하면 청정한 법이 이 세상에 오래갈 수 없다. 그것은 잡초가 무성한 논밭에는 곡식이 자라지 못하는 것과 같다. 가정에 여인이 많고 사내가 적으면 도둑이 들기 쉽듯이, 이 교단에 여인이 출가하면 청정한 교법이 오래가지 못하게 될 것이다. 그러므로 물을 넘치지 않게 하기 위해 둑을 쌓는 것과 같이 교단의 질서를 위해 따로 여덟 가지 계법(비구니팔경계比丘尼八敬戒)을 마련한다. 출가한 여인은 반드시 이 여덟 가지 계법을 지켜야 한다."

이와 같이 하여 마하파자파티의 출가가 허락되었다. 최초의 비구니가 된 것이다. 《불전》

어느 때 부처님께서는 슈라바스티국을 유행하시면서 승림급고독원勝林給孤獨園에 계시었다. 그때에 세존께서는 여러 비구들에게 말씀하시었다.

"삼도처三度處가 있으니, 성姓을 달리하고 이름을 달리하며, 종宗

을 달리하고 교설敎說을 달리한다. 이른바 지혜 있는 자가 잘 받아 가지고 남을 위해 설명하지마는 아무 이익도 거두지 못하는 것이다. 어떤 것이 셋인가. 어떤 사문·바라문은 '사람이 하는 바는 일체가 다 숙명宿命으로 인해 지어졌다.'고 보고 그렇게 말한다. 다시 어떤 사문·바라문은 '사람이 하는 바는 일체가 다 존우尊祐(조물주)의 지음에 원인한다.'고 보고 그렇게 말한다. 다시 어떤 사문·바라문은 '사람이 하는 바는 일체가 다 인因도 없고 연緣도 없다.'고 보고 그렇게 말한다.

그중에서 만일 어떤 사문이나 바라문이 '사람이 하는 바는 일체가 다 숙명의 지음에 원인한다.'고 하여, 그렇게 보고 그렇게 말한다면 나는 곧 그에게 가서 '여러분, 진실로 사람이 하는 바는 일체가 다 숙명의 지음에 원인한다고 그렇게 보고 그렇게 말하는가.' 하고 물으리라.

그들이 '그렇다.'고 대답한다면, 나는 다시 그에게 '만일 그렇다면 여러분들은 다 산목숨을 죽이는 사람이다. 왜냐하면 일체는 다 숙명의 지음에 원인하기 때문이다. 이와 같이 여러분은, 다 주지 않는 것을 취하며 사음하며 거짓말하고 내지 삿된 소견을 가진 사람이다. 왜냐하면 일체는 다 숙명의 지음에 원인하기 때문이다. 여러분이 만일 일체는 다 숙명의 지음에 원인한다고 진실로 본다면, 내인內因 안에서 해야 할 일과 하지 않아야 할 일에 대해서 도무지 의욕〔欲〕도 없고 방편方便도 없을 것이다. 여러분이 만일 해야 할 일과 하지 않아야 할 일에 대해서 진실 그대로 알지 못하면 곧 바른 기억(정념正念)을 잃을 것이요, 바른 지혜(정지正智)가 없으면 가르칠 수 없을 것이다.'라고 말하리라. 만일 사문의 법으로써 그와 같이 말한다면 곧 이치로써 그 사문이나 바라문에게 항복받을 수 있을 것이다.

그중에서 만일 어떤 사문이나 바라문이 '사람이 하는 바는 일체가 다 존우의 지음에 원인한다.'고 그렇게 보고 그렇게 말한다면, 나는 곧 그에게 가서 '여러분은 진실로 사람이 하는 바는 일체가 다 존우의 지음에 원인한다고 그렇게 보고 그렇게 말하는가.'라고 물으리라.

그들이 '그렇다.'고 대답한다면, 나는 다시 그에게 '만일 그렇다면 여러분들은 다 산목숨을 죽이는 사람이다. 왜냐하면, 일체는 다 존우의 지음에 원인하기 때문이다. 이와 같이 여러분은, 다 주지 않는 것을 취하며 사음하며 거짓말하고 내지 삿된 소견을 가진 사람이다. 그것은 일체가 다 존우의 지음에 원인하기 때문이다. 여러분이 만일 일체는 다 존우의 지음에 원인한다고 진실로 본다면 내인 안에서 해야 할 일과 하지 않아야 할 일에 대해서 도무지 의욕도 없고 방편도 없을 것이다. 여러분이 만일 해야 할 일과 하지 않아야 할 일에 대해서 참 모양을 알지 못하면 곧 바로 기억을 잃을 것이요, 바른 지혜가 없으면 가르칠 수 없을 것이다.'라고 말하리라. 만일 사문의 법으로써 그와 같이 말한다면 곧 이치로써 그 사문이나 바라문에게 항복받을 수 있을 것이다.

그중에서 만일 어떤 사문이나 바라문이 '사람이 하는 바는 일체가 다 인因도 없고 연緣도 없다.'고 그렇게 보고 그렇게 말한다면, 나는 곧 그에게 가서 '곧 여러분은 진실로 사람이 하는 바는 일체가 다 인도 없고 연도 없다고 그렇게 보고 그렇게 말하는가.'라고 물으리라.

그가 '그렇다'고 대답한다면, 나는 다시 그에게 '만일 그렇다면 여러분들은 다 산목숨을 죽이는 사람이다. 왜냐하면 일체는 다 인도 없고 연도 없기 때문이다. 이와 같이 여러분은, 주지 않는 것을 취하며 사음하며 거짓말하고 내지 삿된 소견을 가진 사람이다. 왜냐하면, 일체는 다 인도 없고 연도 없기 때문이다. 여러분이 만일 일체는 다 인도 없고 연도 없다고 진실로 본다면, 인생의 해야 할 일과 하지 않아야 할 일에 대해서 도무지 의욕도 없고 방편도 없을 것이다. 여러분이 만일 해야 할 일과 하지 않아야 할 일에 대해서 참 모양을 알지 못하면, 곧 바른 기억을 잃을 것이요, 바른 지혜가 없으면 가르칠 수 없을 것이다.'라고 말하리라. 만일 사문의 법으로써 그와 같이 말한다면 곧 이치로써 그 사문이나 바라문에게 항복받을 수 있을 것이다." 《중아함경》〈도경度經〉

4. 아라한阿羅漢과 성인聖人

부처님의 제자 가운데 번뇌를 끊고 해탈의 경지에 도달한 이를 아라한(Arhan)이라고 불렀다. 아라한과阿羅漢果에 도달하기 전의 성인으로는 수다원須陀洹, 사다함斯陀含, 아나함阿那含 등이 있다. 아라한은 응공應供, 불생不生, 이악離惡이라고도 불린다. 대승불교에서는 이상적 불교인을 보살菩薩(Bodhisattva)이라고 한다. 보살은 위로는 깨달음을 구하고 아래로는 일체 중생을 교화하려는 서원誓願을 실천하는 사람이다.

수부티가 부처님께 물었다.

"부처님, 마하살摩訶薩이란 무슨 뜻입니까?"

부처님이 말씀하셨다.

"보살은 열반에 드는 사람 중에서도 으뜸이므로 마하살이라 한다. 보살은 모든 법을 알고 일체 중생을 구하겠다는 큰마음을 낸다. 그 마음은 금강석처럼 굳기 때문에 반드시 열반에 들고 열반에 드는 사람 중에서도 으뜸이 된다. 그 큰마음이란 어떤 것인가. 보살은 다음과 같은 열 가지 서원을 세운다.

이 세상을 청정하게 정화시키겠다.

모든 존재의 모양에서 집착을 버리겠다.

모든 중생과 마음을 같이하겠다.

모든 중생을 구제하여 깨달음을 얻도록 하겠다.

모든 중생을 구제할지라도 한 사람도 구제했다는 생각조차 가지지 않겠다.

모든 법의 생멸이 없음을 깨닫겠다.

밝은 지혜의 마음으로 육바라밀六波羅蜜을 수행하겠다.

지혜를 닦아 모든 법을 알겠다.

모든 법이 공하여 모양이 없는 것임을 알겠다.

모양이 없기 때문에 그 실상을 깨닫겠다.

보살은 또 지옥 아귀의 괴로움에 허덕이는 중생을 가엾이 여겨 그 괴로움을 대신 받는 큰마음을 일으킨다. 그래서 더러운 마음, 화내는 마음, 어리석은 마음, 자기 이익에만 만족하는 마음을 일으키지 않는다. 흔들리지 않는 마음을 일으켜 법을 믿고, 법을 참고, 법을 받고, 법을 수행하여 공에 머물러 열반에 드는 사람 중에 으뜸이 된다. 이러한 보살을 마하살이라 한다." 《대품반야경》〈금강품金剛品〉

미륵보살이 수부티에게 말했다.

"만약 보살이 여러 사람이 쌓는 공덕을 기쁜 마음으로 도와주고 또 자신도 그 공덕을 쌓아, 그것을 자기만이 아니고 다른 사람들에게까지 성불하도록 널리 회향迴向한다면, 그것은 실로 으뜸가는 공덕이라고 할 것입니다.

왜냐하면 보통 사람들의 공덕은 자신만을 완전하게 하고 깨끗하게 하여 구제하려는 것이지만 보살의 공덕은 모든 사람들을 완전하게 하고 깨끗이 하고 구제하기 위해서 쌓는 것이기 때문입니다."

"그렇습니다. 공덕의 근원인 여래를 생각하고 처음으로 보리심菩提心을 발하여 수행할 때부터 깨달음을 얻을 때까지 잠시도 잊지 않고 모든 사람의 공덕을 같이 기뻐하면서 그것을 모두 보리菩提에 돌려보낸다면 그것은 둘도 없는 공덕이 될 것입니다. 그러나 만약 그 마음에, 나는 보리를 위해 회향했다는 생각이 있다면 그 사람은 바른 공덕을 쌓은 것이 아닙니다. 그는 같이 기뻐한 대상에 마음이 걸리고, 또 회향한 사실에 집착한 것입니다. 이와 같이 사물과 마음에 집착이 남아 있는 동안은 바른 도를 성취할 수 없을 것입니다."

《대품반야경》〈수희품隨喜品〉

믿음에 네 가지가 있다.

첫째는 궁극의 근원에 대한 믿음이다. 이 믿음으로 인하여 신앙자는 환희로써 진여眞如를 염念하게 된다.

둘째는 부처의 수많은 탁월한 덕성들에 대한 믿음이다. 이 믿음으로 인하여 신앙자는 언제나 그 덕성들을 염하고, 그들을 가까이에 품어 지니며, 그들에게 경의를 표하며, 그들을 공경하며, 이로써 자기의 선한 품성을 증장增長시키며, 일체를 포용하는 밝은 지혜를 구하게 된다.

셋째는 법의 드높은 유익에 대한 믿음이다. 이 믿음으로 인하여 신앙자는 깨달음에 이르게 하는 온갖 가르침들을 끊임없이 마음에 간직하며 실천하게 된다.

넷째는 승가에 대한 믿음이니, 자기 자신들과 다른 이들을 모두 유익하게 하는 실천 수행에 전념할 수 있는 수행승들에 대한 믿음이다. 이 믿음으로 인하여 신앙자는 덕 있는 보살들을 가까이에서 뵐 수 있으며, 바른 수행을 닦는 이들의 가르침을 잘 들을 수 있게 된다.

《대승기신론大乘起信論》

묘상을 갖추신 세존이시여!
제가 지금 그 일을 거듭 묻고자 하나이다.
이 보살을 왜 관세음觀世音이라 하나이까?
묘상을 구족하신 세존께서 게송으로
무진의 보살에게 대답하셨다.

그대는 곳에 따라 마땅히 응하는
관세음의 행을 들어라.
큰 서원은 바다와 같이 깊어
헤아릴 수 없는 겁을 통하여
여러 천억 부처님을 모셔 받들며
청정한 큰 서원을 세웠느니라.

내, 그대를 위하여 간략히 설하리라.
그 이름을 듣고 몸을 친견하여
마음에 생각하고 헛되게 아니하면
세상 모든 괴로움을 능히 멸하리라.

가령 어떤 이가 그대를 해칠 뜻을 내어
큰 불구덩이에 밀어 떨어뜨려도
관세음의 거룩한 힘을 염하면
불구덩이가 변하여 못이 되리라!

혹 큰 바다에 표류하여
요괴 악귀를 만나도
관세음의 거룩한 힘을 염하면
사나운 물결도 집어 삼키지 못하리라.

혹은 수미산 봉우리에 서 있을 적에
어떤 이가 밀어 떨어뜨려도
관세음의 거룩한 힘을 염하면
해와 같이 허공에 머무르리라

혹은 흉악한 사람에게 쫓기다가
금강산에 굴러 떨어져도
관세음의 거룩한 힘을 염하면
털끝 하나 다치지 않으리라.

혹은 원적怨賊에게 포위당해
각기 칼을 빼어 들고 해치려 해도
관세음의 거룩한 힘을 염하면
모두 다 자비심을 일으키게 되리라.

어쩌다가 국법에 걸려들어
형장에서 참수당할 처지에 놓여도

관세음의 거룩한 힘을 염하면
칼날이 조각조각 부서지리라.

혹은 옥중에 갇혀 큰 칼을 쓰고
손발에 고랑이 채워졌더라도
관세음의 거룩한 힘을 염하면
저절로 풀어져 벗어나게 되리라.

혹은 방자한 저주와 맹독으로
몸을 해치려는 자가 있을지라도
관세음의 거룩한 힘을 염하면
도리어 그자가 해를 입으리라.

묘한 신통의 힘 고루 갖추고
지혜방편을 널리 닦아서
시방세계 어디든지 갖가지 몸
나타내지 않는 곳 없느리라.

갖가지 모든 죄악들
지옥, 아귀, 축생의 생로병사의
고통을 차차 모두 다 없애버리네.
참된 관세음이여! 청정 관세음이여!

한량없는 지혜의 관세음이여!
자비로우신 관세음이여!
늘 원하옵고 앙모하나니!

오, 더없이 맑고 맑은 지혜의 광명이시여!
오, 어둠을 몰아내는 지혜의 태양이시여!
오, 풍채와 화재의 정복자시여!
당신의 장려함이 세상에 가득하도다!

《법화경》〈관세음보살보문품觀世音菩薩普門品〉

자식이 부모를 공경하듯, 스승과 선배와 아라한과 여래들께 마땅한 경의를 표하듯, 이와 마찬가지로 나는 일체 중생을 받들고 보살펴야 하리. 나는 병든 이들에게 훌륭한 의원이 되고, 길을 잃고 헤매는 이들에게는 바른 길잡이가 되어야 하리. 나는 어둠 속을 이리저리 방황하는 이들의 등불이 되며, 궁핍한 이들로 하여금 보고를 찾아내게 하리라. 이와 같이 보살은 일체 중생을 하나같이 이롭게 해야 하며, 그들을 사랑하고 돌보아야 하리라. 왜냐? 만일 보살이 일체 중생을 받들고 돌본다면 이는 곧 모든 부처들을 뜻맞게 섬기는 것과 마찬가지인 까닭이다. 늘 일체 중생을 공경하고 받들어 모시는 것, 이것은 여래들을 공경하고 섬기는 것과 다르지 않으니, 일체 중생을 복되게 하는 것, 이것이 곧 여래들을 기쁘게 하는 것이다.

《화엄경》〈입법계품入法界品〉

비말라키르티는 비록 범부의 흰옷을 입고 있었으되 사문의 청정행을 받들며, 비록 가정에 있더라도 욕계欲界, 색계色界, 무색계無色界 삼계의 욕망에 끌려다니지 않으며, 처자와 시중드는 여자아이를 두었으되 늘 청정한 마음으로 금욕을 행하며, 권속을 두었으되 항상 멀리 여의기를 좋아하며, 비록 좋은 옷을 입었으되 고결함을 잃지 않으며, 비록 음식을 먹으나 언제나 법열法悅로써 몸 마음을 지탱하며, 만일 바둑이나 장기의 노름에 이를지라도 문득 그로써 사람을 제도하고, 모든 도를 받아들이되 부처님의 정법을 손상하는 일이 없으며, 비록 세상법에 밝으나 항상 법열에서 즐거움을 구하며, 비록 대중과 섞여 있다 할지라도 모든 이의 으뜸으로 공경받는다.……온갖 일을 다스려서 비록 세속의 이익을 얻으나 그로써 기뻐하지 않으며, 일체 중생을 제도하고자 네거리나 길모퉁이에 몸을 나타내어 바른 법으로 다스려 일체를 구호하느니라.

《유마경》〈방편품方便品〉

선지식이란 부처님과 보살과 대승경전을 믿는 사람이오. 그들은 중생을 교화하여 열 가지 나쁜 업을 버리고 열 가지 선한 업을 쌓게 하기 때문이오. 또 선지식은 법대로 말하고 말대로 행동합니다. 스스로 살생하지 않고 다른 사람도 살생하지 않게 하며, 스스로 도를 닦고 다른 사람에게도 도를 가르쳐 닦게 합니다. 자기의 즐거움은 돌보지 않고 항상 중생을 위해 즐거움을 구하며 남의 허물을 볼지라도 그의 단점을 말하지 않으며, 남을 위해 착한 일만하는 것이 선지식이오.

허공에 걸린 달은 보름이 가까워질수록 점점 차 가듯이, 선지식도 배우는 이로 하여금 나쁜 법은 멀리하고 선한 법은 자라게 하는 것이오. 그러므로 선지식을 가까이 섬기는 사람은 본래 계행과 선정과 지혜와 해탈과 해탈한 지견이 없었더라도 단박에 갖추게 됩니다.

진실한 선지식은 여래와 보살이오. 여래와 보살은 지혜로운 의사와 같소. 중생의 병과 그 약을 알고 병에 따라 약을 주어 낫게 하기 때문이오. 중생에게는 탐욕과 성냄과 어리석음의 세 가지 병이 있소. 탐욕의 병에 걸린 사람은 해골을 생각하게 하고, 성냄의 병에 걸린 사람은 자비한 것을 생각하게 하며, 어리석음의 병에 걸린 사람은 12인연을 생각하게 하여 각기 그 병을 낫게 하는 것이오. 여래와 보살은 또 뱃사공과 같소. 나고 죽는 괴로움의 바다에서 중생을 건너주기 때문이오.

여래와 보살은 모든 선한 법의 바탕이오. 그러므로 중생들은 여래와 보살로 인해 선한 법을 갖추게 되는 것이오. 마치 모든 약초가 히말라야에서 나오듯이, 모든 선한 법은 여래와 보살로부터 나오는 것이오.

이와 같이 여래와 보살은 선지식이오. 중생들이 선지식의 가르침에 따르면 번뇌의 병을 없애고 열반의 평안을 누리게 될 것이오.

《대승열반경》 〈고귀덕왕보살품高貴德王菩薩品〉

사문의 법과 사문의 과果가 있으니, 자세히 듣고 잘 생각하라. 너희들을 위해 설명하리라. 어떤 것이 사문법인가. 이른바 성인의 여덟 가지 길이니, 바른 소견과 나아가서 바른 집중이다. 어떤 것이 사문과인가. 이른바 수다원과須陀洹果·사다함과斯陀含果·아나함과阿那含果·아라한과阿羅漢果이니라.

어떤 것이 수다원과인가. 세 가지 번뇌가 끊어진 것이다. 어떤 것이 사다함과인가. 세 가지 번뇌가 끊어지고 탐욕·성냄·어리석음이 엷어진 것이다. 어떤 것이 아나함과인가. 이른바 욕계의 다섯 가지 번뇌가 다한 것이다. 어떤 것이 아라한과인가, 이른바 탐욕·성냄·어리석음이 모두 다하고 일체 번뇌가 모두 다한 것이니라.

《사문법사문과경沙門法沙門果經》

이 세상에서 그의 고통이 다 끝난 줄 알고 무거운 짐을 내려놓고 초연한 사람, 그를 나는 성인이라 부른다.

지혜가 깊어 어질고, 바른길과 그른 길을 분별하고, 최고의 목적에 도달한 사람, 그를 나는 성인이라 부른다.

《법구경》402-403

아무런 집착도 없고
다 깨달아 의혹이 없고
불사不死의 바닥에 도달한 사람
그를 나는 성인이라 부른다.

이 세상에서 선악을 다 버리고
집착을 초월해
근심이 없고 더러움이 없이 청정한 사람
그를 나는 성인이라 부른다.

달처럼 깨끗하고 흐림 없이 맑고
쾌락이 일지 않게
다 없앤 사람
그를 나는 성인이라 부른다.

이 험하고 힘든 길
윤회와 미망을 넘어 피안에 이르러
마음이 안정되고 욕심 없고
의혹 없고, 집착을 떠나 마음 편한 사람
그를 나는 성인이라 부른다. 《법구경》411-414

〔부록〕

도판목록 및 사진 자료 제공처

- 해인사海印寺 팔만대장경판八萬大藏經板(국립나주문화재연구소 제공) / 19
- 석굴암 본존불(국립민속박물관 제공) / 23
- 간다라 양식 불상(Akuppa John Wigham 제공) / 23
- 보살이 흰 코끼리를 타고 마야부인의 태 속으로 들어가다(도솔래의상兜率來儀相, 송광사 성보박물관 제공) / 24
- 용수龍樹(《삼재도회三才圖會》) / 28
- 마하가섭摩訶迦葉(《삼재도회三才圖會》) / 30
- 아난阿難(《삼재도회三才圖會》) / 31
- 대방광불화엄경변상도大方廣佛華嚴經變相圖(국립중앙박물관 제공) / 33
- 묘법연화경변상도妙法蓮華經變相圖(국립중앙박물관 제공) / 34
- 금동아미타불입상金銅阿彌陀佛立像(국립중앙박물관 제공) / 39
- 유마힐維摩詰(중국 돈황 벽화) / 54
- 전생前生의 싯다르타가 과거불過去佛에게 서원誓願하는 모습(서원화誓願畫, 중국 베제클리크 천불동벽화千佛洞壁畫) / 59
- 범천梵天(신중도神衆圖, 국립중앙박물관 제공) / 64
- 태자 싯다르타가 성城을 넘어 출가하다(유성출가상踰城出家相, 송광

사 성보박물관 제공) / 73

- 태자 싯다르타가 동문에서 노인을 만나고 사람은 왜 늙어야 하는지를 사유하다(사문유관四門遊觀, 송광사 성보박물관 제공) / 85
- 설산에서 고행 중인 싯다르타(설산수도상雪山修道相, 송광사 성보박물관 제공) / 109
- 달마상達磨像(Jean-Pierre Dalbéra 제공) / 137
- 달마도達磨圖(김명국金明國 작作, 국립중앙박물관 제공) / 137
- 보현보살普賢菩薩(석가모니후불탱釋迦牟尼後佛幀, 송광사 성보박물관 제공) / 155
- 《석문의범釋門儀範》(국립중앙도서관 제공) / 157
- 《육조단경六祖壇經》(국립중앙도서관 제공) / 166
- 문수보살文殊菩薩(석가모니후불탱釋迦牟尼後佛幀, 송광사 성보박물관 제공) / 187
- 라훌라羅睺羅(프랑스 국립박물관연합) / 202
- 수월관세음보살도水月觀世音菩薩圖(호림박물관 소장, 공공누리 제공) / 211
- 옥야玉耶에게 가르침을 주다(《석씨원류釋氏源流》, 국립중앙도서관 제공) / 228
- 초전법륜初轉法輪(국립중앙박물관 제공) / 237
- 목조비로자나삼신불좌상木造毘盧遮那三身佛坐像 중 석가불釋迦佛(구례 화엄사華嚴寺 소장, 공공누리 제공) / 243
- 정반왕淨飯王이 싯다르타의 관상을 보다(《석씨원류釋氏源流》, 국립

중앙도서관 제공) / 260
- 태자 싯다르타가 출가를 결심하다(사문유관四門遊觀, 송광사 성보박물관 제공) / 289
- 마군魔軍의 유혹을 이겨내고 보리수 밑에서 깨우침을 얻다(수하항마상樹下降魔相, 송광사 성보박물관 제공) / 291
- 녹야원에서 최초의 설법을 하시는 붓다(녹원전법상鹿苑轉法相, 송광사 성보박물관 제공) / 294
- 사라쌍수 아래서 열반에 들다(쌍림열반상雙林涅槃相, 송광사 성보박물관 제공) / 299
- 조계사曹溪寺 대웅전大雄殿(공공누리 제공) / 303
- 혜능慧能(《삼재도회三才圖會》) / 308

붓다의 설법과 생애

1. 영산회상도靈山會上圖

2. 팔상탱八相幀

1) 도솔래의兜率來儀

2) 비람강생毘藍降生

3) 사문유관四門遊觀

4) 유성출가踰城出家

5) 설산수도雪山修道

6) 수하항마樹下降魔

7) 녹원전법鹿苑轉法

8) 쌍림열반雙林涅槃

세계의 불교 미술

1. 인도의 불교 미술

1) 산치의 대탑

2) 붓다 탄생에 관한 부조

3) 간다라 양식의 불상

4) 아잔타석굴 불상

5) 아잔타석굴 벽화 파드마파니 보살

2. 실크로드의 불교 미술

1) 바미얀 석불

2) 돈황 막고불 불상과 벽화

3. 중국 운강석굴 용문석굴

1) 대동大同 운강석굴雲崗石窟

2) 하남성河南省 용문석굴龍門石窟

4. 일본의 불상

1) 나라(奈良) 주구지(中宮寺) 목조 반가사유상

2) 가마쿠라 대불(鎌倉大佛)

3) 나라(奈良) 도다이지(東大寺) 대불

4) 고후쿠지(興福寺) 아수라상阿修羅象

5. 동남아시아 불상

1) 타이 왓 수탓 불상

2) 수코타이 좌불상

3) 스리랑카 폴로나루와 와불

전통문화연구회 도서목록

범례 : 毛詩正義 1~8〔全15〕 - 전체 15책 계획, 현재 1~8책만 간행된 경우.
별도 표시 없는 경우는 완간.

新編 基礎漢文教材

新編 四字小學·推句	고전교육연구실 編譯	11,000원
新編 啓蒙篇·童蒙先習	고전교육연구실 編譯	11,000원
新編 明心寶鑑	李秉坤·元周用 譯註	15,000원
新編 擊蒙要訣	咸賢贊 譯註	12,000원
新編 註解千字文	李忠九 譯註	12,000원
新編 原文으로 읽는 故事成語	元周用 編譯	15,000원
新編 唐音註解選	權卿相 譯註	22,000원

漢文讀解捷徑시리즈

(개정판) 漢文독해기본패턴	고전교육연구실 著	20,000원
논어독해 첫걸음	고전교육연구실 著	17,000원
맹자독해 첫걸음		근간
한문독해첩경 - 文學篇	朴相水·李和春 외 著	17,000원
한문독해첩경 - 史學篇	朴相水·李和春 외 著	17,000원
한문독해첩경 - 哲學篇	朴相水·李和春 외 著	17,000원

五書五經讀本

論語集註 上·下	鄭太鉉 譯註	合 49,000원
孟子集註 上·下	田炳秀 外 譯註	合 60,000원
大學·中庸集註	李光虎 外 譯註	15,000원
小學集註 上·下	李忠九 外 譯註	合 50,000원
詩經集傳 上·中·下	朴小東 譯註	合 90,000원
書經集傳 上·中·下	金東柱 譯註	合 90,000원
周易傳義 元·亨·利·貞	崔英辰 外 譯註	合 120,000원
詳說 古文眞寶大全後集 上·下	李相夏 外 譯註	合 64,000원
春秋左氏傳 上·中·下	許鎬九 外 譯註	合 109,000원
禮記 上·中·下	成百曉 外 譯註	合 90,000원

東洋古典國譯叢書

大學·中庸集註 - 개정증보판	成百曉 譯註	12,000원
論語集註 - 개정증보판	成百曉 譯註	30,000원
孟子集註 - 개정증보판	成百曉 譯註	30,000원
詩經集傳 上·下	成百曉 譯註	合 70,000원
書經集傳 上·下	成百曉 譯註	合 66,000원
周易傳義 上·下	成百曉 譯註	合 80,000원
小學集註	成百曉 譯註	30,000원
古文眞寶 後集	成百曉 譯註	32,000원

東洋古典譯註叢書

〈經部〉

〔十三經注疏〕

周易正義 1~4	成百曉 外 譯註	合 147,000원
尙書正義 1~7	金東柱 譯註	合 241,000원
毛詩正義 1~8〔全15〕	朴小東 外 譯註	合 288,000원
禮記正義 1~3, 中庸·大學	李光虎 外 譯註	合 117,000원
論語注疏 1~3	鄭太鉉 外 譯註	合 117,000원
孟子注疏 1~4〔全5〕	崔彩基 外 譯註	合 124,000원
孝經注疏	鄭太鉉 外 譯註	35,000원
周禮注疏 1~4〔全15〕	金容天 外 譯註	合 129,000원
春秋左傳正義 1~2〔全18〕	許鎬九 外 譯註	合 59,000원
春秋公羊傳注疏 1〔全7〕	宋基采 外 譯註	合 37,000원

春秋左氏傳 1~8	鄭太鉉 譯註	合 255,000원
禮記集說大全 1~6〔全10〕	辛承云 外 譯註	合 206,000원
東萊博議 1~5	鄭太鉉 外 譯註	合 172,000원
韓詩外傳 1~2	許敬震 外 譯註	合 65,000원
說文解字注 1~5〔全20〕	李忠九 外 譯註	合 172,000원

〈史部〉

思政殿訓義 資治通鑑綱目 1~23〔全39〕	辛承云 外 譯註	合 710,000원
通鑑節要 1~9	成百曉 譯註	合 316,000원
唐陸宣公奏議 1~2	沈慶昊 外 譯註	合 88,000원
貞觀政要集論 1~4	李忠九 外 譯註	合 109,000원
列女傳補注 1~2	崔秉準 外 譯註	合 68,000원
歷代君鑑 1~4	洪起殷 外 譯註	合 140,000원

〈子部〉

孔子家語 1~2	許敬震 外 譯註	合 79,000원
管子 1~4〔全5〕	李錫明 外 譯註	合 130,000원
近思錄集解 1~3	成百曉 譯註	合 106,000원
老子道德經注	金是天 譯註	30,000원
大學衍義 1~5〔全7〕	辛承云 外 譯註	合 148,000원
墨子閒詁 1~7	李相夏 外 譯註	合 267,000원
說苑 1~2	許鎬九 譯註	合 50,000원
世說新語補 1~5	金鎭玉 外 譯註	合 181,000원
荀子集解 1~7	宋基采 譯註	合 238,000원
心經附註	成百曉 譯註	38,000원
顔氏家訓 1~2	鄭在書 外 譯註	合 59,000원
揚子法言 1〔全2〕	朴勝珠 譯註	24,000원